Edition Maritim

Tony Farrington

Rettung im Pazifik

Überleben im Orkan

Edition Maritim

Impressum

Die Deutsche Bibliothek – CIP-Einheitsaufnahme
Farrington, Tony:
Rettung im Pazifik : Überleben im Orkan / Tony Farrington. [Aus dem Engl. von Klaus Berger]. – Hamburg : Ed. Maritim, 1997
Einheitssacht.: Rescue in the Pacific <dt.>
ISBN 3-89225-364-1

Titel der englischen Originalausgabe:
Rescue In The Pacific

Umschlag: Buchholz/Hinsch/Hensinger, Hamburg
Übersetzung: Klaus Berger, Kiel
Satz: Utesch GmbH, Hamburg
Druck und Bindung: Clausen und Bosse, Leck
Titelfoto: The Royal New Zealand Navy

Printed in Germany 1997
1. Auflage
ISBN 3-89225-364-1

Für meine Crew:
Esmae, Harvey und Justine,
weil sie mich in meinen Träumen ermutigt haben

Inhalt

Danksagungen

Unzählige Menschen waren an den Rettungsaktionen während des Sturms beteiligt. Sie alle zu befragen, war weder möglich noch erforderlich. Der Bericht beruht auf dem, was mir die hier aufgeführten Menschen erzählten. Ich weiß es sehr zu schätzen, wie offen, mutig und großzügig sie mir auch heikle und sehr persönliche Dinge mitteilten – in der Hoffnung, daß ihre Erfahrungen eines Tages anderen in schwerem Wetter helfen könnten. Die Dialoge, die ich den Beteiligten zugeschrieben habe, beruhen auf ihren kurz nach den Ereignissen festgehaltenen Erinnerungen. Sämtliche Niederschriften der Funkgespräche sind authentisch, wenn auch redaktionell überarbeitet. Die Folgenden erzählten mir, was geschah: Dana und Paula Dinius, DESTINY; Darryl und Diviana Wheeler, HEART LIGHT; Sigmund, Carol und Anna Baardsen, MARY T; Greg Forbes und Barbara Parks, PILOT; Bill und Robyn Forbes, RAMTHA; Bill und Linda Christieson, WINDORA; Peter und Murray O'Neil, John McSherry und Richard Jackson, SILVER SHADOW; Keith Levy und Uschi Schmidt, SOFIA; John Hilhorst und Cath Gilmour, WAIKIWI II; Kapitän Jim Hebden, TUI CAKAU III; Jon und Maureen Cullen, Kerikeri Radio; Fregattenkapitän Larry Robbins und Hauptgefreiter Abraham Whata, HMNZS MONOWAI (Königlich Neuseeländische Marine); Bob McDavitt, Wetterdienst Neuseeland; Hauptmann Bruce Craies, Hauptmann (weibl.) Dianna Hales, Oberstleutnant Craig Inch, Major Peter Mount, Major Dave Powell und Major Mike Yardley, Königlich Neuseeländische Luftwaffe (RNZAS); Korvettenkapitän Saint-Martin und Offiziere der JACQUES CARTIER (Französische Marine); Don Mundell, Organisator der Tonga-Regatta; Inspektor John Meads, neuseeländische Polizei; Jim McLean und Bill Sommer, neuseeländische Seenotleitstelle (National Rescue Coordination Center – NRCC); Kapitän Bruce White, SAN TE MARU 18; Oberleutnant (weibl.) Erin MacDonald, U.S. Coast Guard, Longbeach, Kalifornien; Don Hall, Alden Electronics, Boston, Massachusetts (USA).

Erklärung des U.S. Senators William S. Cohen aus Maine:

Jedes Jahr besuchen Hunderte amerikanischer Bürger die Gewässer Neuseelands an Bord von Yachten, um die Wirbelsturmzeit im Südpazifik zu meiden. Die Neuseeländer wiederum lassen auch diesen Seereisenden aus aller Herren Länder großzügig Wachsamkeit und Schutz zuteil werden… Ich möchte diesen heldenhaften Männern und Frauen meine Hochachtung aussprechen … und erklären, wie sehr ich ihren selbstlosen Einsatz für andere zu schätzen weiß.

Aus dem amerikanischen Kongreßprotokoll vom 21. 7. 1994

Vorwort

„Die Seen sind haushoch". Das ist die erste Meldung von einem der Segelboote, die in den berüchtigten viertägigen Südpazifikorkan von 1994 geraten waren. Es war seit Jahren der schlimmste Sturm, der ein Feld von Yachten erwischt hatte. An diesen Tagen zeigten einige bemerkenswert mutige seemännische Leistungen, und die Geschehnisse führten bei allen Seglern zu tiefer Nachdenklichkeit über die Boote, die Ausrüstung und die Hoffnungen, mit denen sie auf Fahrt gehen. „Haushoch" war nicht übertrieben. Ein erfahrener Handelsschiffskapitän schätzte, daß manche Wellen 30 m hoch waren. Die Windgeschwindigkeiten erreichten fast 90 Knoten, und dennoch überstanden es viele Yachten.

Wie, das schildert dieses Buch. Aufgrund ausführlicher Gespräche mit Überlebenden und des Abhörens von Tonbänden des mitgeschnittenen Sprechfunkverkehrs berichtet dieses Buch über den „Queen's Birthday-Sturm", der im Juni 1994 nördlich von Neuseeland über den Stillen Ozean fegte. Dieses Unwetter erhielt den Beinamen: „Pazifischer Fastnet-Sturm", weil er viel mit dem Sturm gemeinsam hatte, der 1979 das englische Fastnet-Rennen beim Admiral's Cup heimsuchte, eine Katastrophe, nach der im Hochseesegeln nichts mehr so war wie vorher. Der Pazifiksturm war in manchem noch schlimmer. Im Fastnet-Sturm von 1979 wurden kaum Windgeschwindigkeiten über 60 Knoten oder Wellenhöhen über 15 m gemessen, und er hielt weniger als einen Tag lang an. Damals verloren dabei 15 Segler ihr Leben, und fünf Boote sanken, weit mehr als im Pazifiksturm. Das lag aber sicherlich daran, daß der Fastnetsturm über 303 Yachten hinwegraste, nicht nur über 60 Boote, wie sie 1994 nördlich von Neuseeland unterwegs waren. In zweifacher Weise aber waren sich die beiden Stürme erstaunlich ähnlich: In beiden erlebten und erlitten die unglücklichen Segler, die hineingeraten waren, Unglaubliches, und beide Unwetter erteilten schmerzliche aber wichtige Lektionen über das Hochseesegeln. „Rettung im Pazifik" ist kaum weniger als ein Sicherheitslexikon für Hochseesegler.

Tony Farrington schreibt seinen herausragenden Bericht aus drei verschiedenen Blickwinkeln, zunächst aus der Sicht der beteiligten Segler, dann vom Standpunkt der Helfer an Land aus und schließlich mit den Augen der Retter auf See. Die in die Tragödie geratenen zwei Dutzend Segler auf zehn Yachten sind bunt gemischt aus erfahrenen und unerfahrenen Männern und Frauen. Die meisten von ihnen ertrugen die schwere Prüfung mit unglaublichem Mut. Es folgen die Helfer an Land, besonders die kenntnisreichen Koordinatoren der Rettungsaktion und die Funker von Kerikeri Radio, Jon und Maureen Cullen, die von ihrer Funkstation in einem hübschen nordneuseeländischen Dorf aus aufopferungsvoll das lebenswichtige Verbindungsnetz zwischen Opfern und Rettern rund um die Uhr aufrechterhielten. Und schließlich wird von den disziplinierten, nur an ihre Aufgabe denkenden Rettern berichtet, die 21 Menschen von sieben Yachten bargen – Militärangehörige und Zivilisten an Bord von Flugzeugen und Schiffen, die ihre Einsätze ungeachtet der schwierigen Bedingungen durchführten.

Nicht alle beteiligten Segler waren gründlich auf einen derartigen Sturm vorbereitet. Die Träume von langen und sorglosen Reisen zu fernen Inseln hatten manche von ihnen vergessen lassen, daß die See zum Alptraum werden kann. Jeder Bericht zeigt erschreckend, wie plötzlich sich eine scheinbar sichere Lage durch einen einzigen gewaltigen Brecher ändern kann. Wellen sind wie Schneeflocken: Von weitem gleicht eine der anderen, bei genauerer Betrachtung aber unterscheiden sie sich erstaunlich. Anders aber als bei Schneeflocken kann im Seegang eine einzige hinterhältige See alles verderben, wie ein fauler Apfel eine ganze Kiste voll verdirbt. Die Fachleute sagen, daß im Durchschnitt jede 20. See so ein übler Bursche ist, ein Brecher, der deutlich abweichend im Winkel zu den anderen 19 läuft. Wenn bei stürmischem Wind oder vollem Sturm so ein Wegelagerer kommt, wird der Ozean zum Mahlstrom. Es ist viele Male passiert: Ein Boot lief einigermaßen ruhig vor dem Seegang ab, schleppte vielleicht auch einen improvisierten Seeanker nach, um die Fahrt zu verringern, dann aber wurde es unversehens überrollt und kenterte durch. Besatzung, Ausrüstung, alles an Bord wurde durcheinandergeworfen, meist entstand schwerer Schaden. Robust erscheinende Luken und Kajütfenster zerbrachen in Stücke, kräftig aussehende Masten knickten wie Streichhölzer, alle Ausrüstungsteile wurden von Deck gerissen, das Ruder zerbrach oder klemmte fest. Segler, an deren Mut, Entschlossenheit und Führungskraft bisher keine Zweifel denkbar schienen, verfielen in Panik oder Lethargie. Jedes Boot, von dem hier berichtet wird, wurde innerhalb von ein oder zwei Minuten von einer stolzen Yacht zum hoffnungslosen Wrack.

Künftige Hochseesegler können daraus unzählige Lehren ziehen, etwa, daß die Yacht autark sein, auf sich allein gestellt mit allem fertig werden muß. Nichts zeigt die Schwächen eines Bootes deutlicher auf als eine Durchkenterung. Viele Yachten ließen sich danach nicht mehr steuern, geschweige denn segeln, ihre Lenzpumpen waren beschädigt oder verstopft, Luken und Plicht leckten. Weitere Lektionen hängen mit den Rettungsmöglichkeiten zusammen. Als Jon Cullen wiederholt hörte, daß ein weißes Boot im schäumenden Seegang unauffindbar war, dachte er: „Natürlich weiß, was sonst? Sie haben ja alle weiße Rümpfe." Und über die 406-Megahertz-EPIRB-Seenotfunkbojen[1], die Retter anzogen wie ein Magnet Eisenspäne anzieht, sagte der Pilot eines Suchflugzeugs: „Diese Seenotfunkbojen sind echte Lebensretter. Niemand sollte ohne eine solche Boje auf See dürfen."

Aber so wichtig die Ausrüstung auch sein mag, ausschlaggebend für die Sicherheit ist die Besatzung – das zeigt dieses Buch ebenso deutlich wie mein Bericht über die Katastrophe beim Fastnet-Rennen 1979[2]. Segler ohne eisernen Selbsterhaltungswillen überleben solche Situationen nicht. Ein Skipper, der in einer Bucht, wo er nicht ankern konnte, vom Sturm überrascht wurde, kam mit dem Leben davon, indem er unablässig zwischen zwei GPS-Wegepunkten hin und her motorte. Ein anderer, der ebensowenig kampflos aufgeben wollte, brüllte: „Wie kann es das Wasser wagen, in mein Boot einzudringen?" Zum Überleben braucht man Grips, Entschlossenheit und ein Ziel – vor allem aber Hoffnung. Hoffnung kann man nicht immer aus sich selbst schöpfen. Immer wieder hören wir, wie einzelne Ereignisse eine Bootsbesatzung vor der Verzweiflung bewahrten und ihr neue Hoffnung gaben, wenn z.B. ein SAR-Flugzeug über ihren Köpfen erschien, oder wenn sie aus dem Funkgerät die Stimme der Cullens hörten, die Nachrichten weiterleiteten, Ratschläge zur Sturmtaktik gaben und mitfühlend zuhörten. „Wir halten durch, Jon, wir geben nicht auf", sagt ein erschöpfter Yachtskipper. Die kühlsten Köpfe unter den Helfern behielten neben den Cullens die Kapitäne der kleinen Handels- und Kriegsschiffe, die von den leckgeschlagenen oder halbversunkenen Yachten Segler abbargen, von denen manche schwer verletzt waren. Im Abschnitt „Springen! Springen!" erfahren wir viel über gute Seemannschaft, gekonnte Schiffsführung und entschlossene Führungskraft, wenn wir lesen, wie Kapitän Bruce White sein Fischereifahrzeug an den in Seenot geratenen Katamaran HEART LIGHT heranmanövriert.

Wir erfahren gleichzeitig, woher die Menschen auf der HEART LIGHT die Kraft zum Durchhalten nahmen. Diese ganz andere Methode, den Kampfgeist aufrechtzuerhalten, paßte zwar nicht so recht zu den herkömmlichen Vorstellungen von guter Seemannschaft, rettete nach meiner Ansicht aber Leben. Die unerfahrene Crew dieses amerikanischen Katamarans hätte wahrscheinlich nicht dort draußen sein sollen. Sie waren durch die Tagträume der Ehefrau des Schiffsführers, einer Hellseherin, die sich von der Unternehmung innere Erleuchtung erhoffte, in die Südsee getrieben worden. Als der Sturm zuschlug und die Selbststeueranlage, auf die sie sich bis dahin verlassen hatten, mit dem wie wild gierenden Fahrzeug nicht mehr fertig wurde, war Darryl Wheeler, der Skipper, fast zwei Tage ununterbrochen am Ruder, während seine Frau Diviana immer wieder seinen schmerzenden Rücken massierte und sich zwischendurch in tiefe Meditation versenkte. Ihr mystischer Reisezweck nahm eine seltsame Wendung (sie sah ein Treffen mit Außerirdischen voraus), aber ihre innere Gewißheit beruhigte die Crew und bewirkte, daß sie sich auf das Überleben konzentrierten, bis sie von Kapitän White gerettet wurden. Die menschliche Willenskraft, ganz gleich wie sie sich äußert, ist das beste Mittel zum Überleben. Das ist nur eine der Lehren, die wir aus diesem wertvollen, fesselnden Buch ziehen können.

John Rousmaniere

John Rousmaniere hat ein Dutzend teils unterrichtender, teils historischer Bücher über das Segeln geschrieben. Dazu gehören „Sturmstärke 10“ über das tragische Fastnet-Rennen 1979 und „The Annapolis Book of Seamanship“, ein klassisches Segellehrbuch. Er ist auch Moderator der gleichnamigen Videoserie. Rousmaniere lebt in Stamford/Connecticut und kann auf über 30 000 Seemeilen Hochseesegeln zurückblicken. Er hat als Moderator oder Referent an über 30 Seminaren zur Sicherheit auf See überall in den Vereinigten Staaten teilgenommen.

1 Anm. d. Übers.: EPIRB = emergency position-indicating radio beacon = Automatische Seenotfunkbake

2 John Rousmaniere: Sturmstärke 10. Der schwarze Tag von Fastnet. Bielefeld 1980.

Einleitung

Ab und zu geschieht in der Wirklichkeit etwas so Atemberaubendes, daß man es in einem Roman oder einer Erzählung als Ausgeburt einer überschäumenden Phantasie abtun würde. So ein Ereignis braute sich während der ersten Juniwoche 1994 im Südpazifik zusammen.

Ich war damals an Bord meiner Yacht, die sicher vertäut in der Gulf Harbour Marina/Hobbs Bay an der Whangaparaoa-Halbinsel nördlich von Auckland in Neuseeland lag. Am Kurzwellenempfänger verfolgte ich, wie die Yachten vorankamen, die an einer Fahrtenseglerregatta zu den 1 000 Seemeilen entfernten Tonga-Inseln teilnahmen. Anfangs war ich noch neidisch. Ich hatte vorgehabt, dabei zu sein, aber geschäftliche Pflichten hatten mich in Neuseeland festgehalten.

Im Laufe des Wochenendes jedoch wurde ich zunehmend dankbarer, daß ich nicht dort draußen war. Über Funk hörte ich zwischen Knistern und Rauschen die Stimmen von Menschen in Not. Die Besatzungen von Yachten mit vertrauten Namen berichteten mit bebender Stimme über ihren Kampf mit einem immer schlimmer werdenden Unwetter. Sie waren geradewegs in einen so heftigen Sturm hineingesegelt, wie ihn zu dieser Jahreszeit niemand von uns für denkbar gehalten hätte.

Während die Segler auf See um ihr Leben kämpften, hingen wir im Hafen Tag und Nacht an den Funkgeräten, ohne an Schlaf zu denken, und erlebten den Überlebenskampf auf dem Pazifik hautnah mit. Wir verfolgten gebannt, wie es unseren Freunden erging und wie die anderen, die wir nicht kannten, vorankamen. Wie wurden sie mit dem Orkan fertig? Waren ihre Yachten und ihre Seemannschaft dem grauenvollen Wetter gewachsen? Würden sie durchkommen?

Es waren hochdramatische Tage und Nächte. Mehr als 72 Stunden lang waren die Neuseeländische Marine und Luftwaffe, die Französi-

Ablauf der Ereignisse

Die „Wetterbombe" entstand aus einem sich sehr schnell vertiefenden Tief und zog von den Fidschi-Inseln mit ungefähr 15 Knoten nach Südsüdost. Yachten, die an der 1994er Fahrtenseglerregatta von Neuseeland nach Tonga teilnahmen, wurden durch den Orkan und die steilen, 15 m hohen Seen schwer mitgenommen (Uhrzeiten in neuseeländischer Normalzeit).

Donnerstag, 2. Juni

1500: Die Destiny als nördlichste der betroffenen Yachten empfängt ein Wetterfax mit dem ersten Hinweis auf einen entstehenden Sturm.

Freitag, 3. Juni

1200: Tropische Depression entsteht zwischen Vanuatu und Fidschi. Luftdruck im Zentrum 1001 Hektopascal. Die Destiny dreht bei. Wind nimmt auf 50 Knoten zu.
1600: Destiny läuft unter nackten Masten mit nachgeschlepptem Seeanker ab.

Sonnabend, 4. Juni

0841: Destiny sendet Dringlichkeitsmeldung und macht damit Kerikeri Radio auf die extremen Wetterbedingungen aufmerksam.
0911: Bei 70 Knoten Windgeschwindigkeit geht die Destiny über Kopf. Seenotfunkboje (EPIRB) aktiviert.
1030: RCC (Seenotleitstelle) veranlaßt, daß die Monowai der neuseeländischen Marine ihren Kurs ändert, um der Destiny zur Hilfe zu kommen.
1145: Das erste SAR-Flugzeug vom Typ Orion P3 startet.
1200: Luftdruck jetzt nur noch 986 hPa. Damit ist es amtlich: Die „Wetterbombe" ist da.
1220: Mary T sendet einen Pan-Pan-Ruf, Monowai ändert Kurs in Richtung Mary T.
1440: Orion-Flugzeug erreicht die Destiny. Handelsschiff Tui Cakau III kommt, um die Besatzung der Yacht zu retten.
1548: Quartermaster wurde von der See überrollt und funkt Mayday, widerruft aber bald.
2211: Auf der Sofia wird die Seenotfunkboje eingeschaltet.

Sonntag, 5. Juni

0035: Quartermaster erneut überrollt.
0204: Letzter Funkspruch von der Quartermaster
0440: Eine weitere Seenotfunkboje aufgefunden, vermutlich von der Quartermaster.
0500: Die Ramtha bittet Monowai um Hilfe.
0745: Heart Light aktiviert Seenotfunkboje.
0800: Ein Hercules-SAR-Flugzeug meldet, daß die Sofia in Seenot ist.
1000: Die Monowai birgt die Crew der Ramtha. Französisches Kriegsschiff Jacques Cartier wird der Sofia zur Hilfe geschickt.
1210: Hercules-Maschine findet entmastete Silver Shadow.
1446: Leere Rettungsinsel der Quartermaster gefunden.
1738: Fischereifahrzeug San Te Maru gerufen, um Heart Light zu helfen.
1800: Luftdruck des Tiefdrucksystems geht mit 978 hPa in den Keller (Tiefststand). Geschätzte Seegangshöhe 9–15 m.
2000: Die Orion findet Yacht Pilot in Seenot.

Montag, 6. Juni

0020: San Te Maru findet Heart Light
0810: Waikiwi II setzt Funkboje in Betrieb.
0838: Monowai rettet Crew der Pilot.
1000: Die San Te Maru rettet Mannschaft der Heart Light und birgt dann die Rettungsinsel der Quartermaster.
1445: Das Handelsschiff Nomadic Duchess dreht von seinem Kurs ab, um Waikiwi II zu helfen.
1745: Monowai rettet Mannschaft der Silver Shadow.
2009: Jacques Cartier rettet Besatzung der Sofia.
2104: Wetterbesserung, Mary T widerruft ihre Dringlichkeitsmeldung.

Dienstag, 7. Juni

0955: Orion-Flugzeug und Wasp-Hubschrauber von der Monowai setzen Suche nach der Mannschaft der Quartermaster fort.
1503: Nomadic Duchess rettet Besatzung der Waikiwi II.

Mittwoch, 8. Juni

1755: Suche nach der Besatzung der Quartermaster abgebrochen.

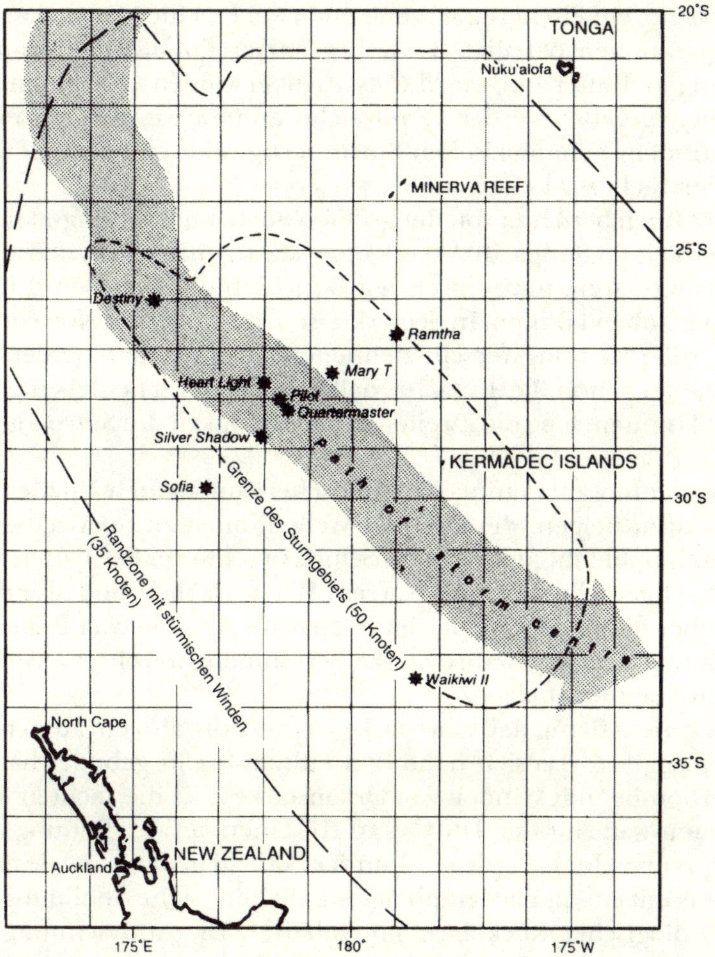

Ungefähre Positionen der DESTINY, SOFIA, SILVER SHADOW, HEART LIGHT, PILOT, RAMTHA *und* WAIKIWI II *bei der Rettung. Position der* MARY T *bei Abgabe des Pan-Pan-Rufs. Letzte bekannte Position der* QUARTERMASTER. *(Mit freundlicher Genehmigung von Graeme Cooper, Consultus NZ Ltd., auf der Grundlage von Informationen des neuseeländischen Wetterdienstes.)*

sche Marine, ein Fischereifahrzeug und zwei Frachter an wagemutigen Rettungsaktionen beteiligt. Trotz begrenzter Einsatzmittel und trotz der riesigen Entfernungen, die es zu überwinden galt, konnten 21 Menschen gerettet werden. Zahlreiche andere wurden aus eigener Kraft mit dem heimtückischen Sturm fertig, während drei Menschen von einer Yacht ihr Leben auf See verloren.

Dieses Buch berichtet von der größten Such- und Rettungsaktion der neueren Zeit im Südpazifik. Das Wetter war so entsetzlich, daß alle, die nicht dabei waren, nur schwer den Berichten der Retter und Überlebenden glauben können. In Seglerkreisen, besonders in Nordamerika, gab es große Meinungsverschiedenheiten darüber, wie stark der Sturm wirklich war. Schon die Tatsache, daß so viele Menschenleben gerettet werden konnten, mag die Zweifel an der Heftigkeit des Sturms genährt haben.

Es ist weithin anerkannt, daß Menschen auf kleinen Yachten ohne Absicht dazu neigen, die erlebten Wellenhöhen zu übertreiben. Die heftigen Beschleunigungen eines Schiffs in schwerer See halten Augen und Gleichgewichtssinn zum Narren. Wie verläßlich sind also die Berichte über diesen Orkan, der im Südpazifik aus dem Nichts entstand? Wie können wir seine wahre Stärke bestimmen, obwohl die Wetterstationen weit entfernt lagen?

Alles spricht dafür, daß eine starke Depression, also ein ausgeprägtes Tiefdruckgebiet, das sich nahe den Fidschi-Inseln gebildet hatte, als „Wetterbombe" mit Winden von Orkanstärke über die Yachten hereingebrochen war. Auf der TUI CAKAU III, einem an der Rettungsaktion beteiligten Frachter, wurde der Luftdruckabfall in der Nähe des Sturmzentrums mit einem Barographen festgehalten (siehe Abbildungen bei „Meteorologischer Rückblick" im Anhang). Die Aufzeichnung zeigt, wie der Luftdruck in einem Zeitraum von 24 Stunden um ungefähr 20 hPa absackte. Das ist ungefähr doppelt so viel wie der Grenzwert, ab dem man in diesem Seegebiet amtlich von einer „Wetterbombe" spricht. Daß die Bedingungen so außerordentlich hart waren, und die Yachten ihnen ungewöhnlich lange ausgeliefert waren, das beides verursachte die fürchterlichen Schäden an Bord, die Erschöpfung und Verzweiflung, durch die Schiffe und Menschenleben verlorengingen.

Die hier aus Angaben des neuseeländischen Wetterdienstes zusammengestellte Karte des Sturmgebietes zeigt seine riesige Ausdehnung. Das Zentrum des Orkans mit Windgeschwindigkeiten von 50 Knoten und mehr zog über 234000 Quadratmeilen.* Stürmische Winde erfaßten über 1,25 Millionen Quadratmeilen des „Stillen“ Ozeans.

Die Karte gibt jedoch keine Antwort auf die entscheidende Frage: Wie stark war der Wind im Zentrum? Sie erklärt aber, warum einige Yachten, die sich auch zu den Opfern des Sturms zählten, nur stürmische Winde hatten und andere nicht mehr als Windstärke 10 (48–55 Knoten Windgeschwindigkeit). Obwohl auch diese Schiffe wirklich schweres Wetter aushalten mußten, waren sie keineswegs direkt im Sturm, sondern nur in seinem Randgebiet. Die Boote jedoch, die mitten in den Wirbel gerieten, meldeten über 64 Knoten Wind, also Stärke 12.

Als erste Yacht erwischte es die DESTINY, die näher bei den Fidschi-Inseln stand, als die übrigen. Wahrscheinlich platzte die Bombe direkt über dieser Yacht. Der Skipper berichtete, daß sein elektronisches Windmeßgerät 75–80 Knoten Wind von achtern anzeigte. Wenn man die Eigengeschwindigkeit des Bootes hinzurechnet, muß der wahre Wind mit 80 bis 90 Knoten geweht haben, in Böen noch stärker. Andere Segler, die unabhängig voneinander befragt wurden, ohne sich absprechen zu können, meldeten, daß sie auf ihren Anemometern Windstärke 12 abgelesen hätten.

Jim Hebden, der Kapitän des Frachters TUI CAKAU III, ist ein erfahrener Nautiker, der nicht zu Übertreibungen neigt. Als er unterwegs zur DESTINY war, um die Mannschaft abzubergen, notierte er in seinem Logbuch Windstärke 10. Er räumt jedoch ein, daß er absichtlich zurückhaltend geschätzt hätte, und bezweifelt die Messungen der DESTINY nicht. Er selbst konnte die Windstärke nur schätzen, weil sein Schiff kein Windmeßgerät an Bord hatte. Er schätzt auch, daß manche Seen um die 25 m hoch waren, ein weiteres Anzeichen für einen Orkan.

K. Adlard Coles schreibt an verschiedenen Stellen seines Buches „Schwerwettersegeln“, daß er Anemometermessungen als genau ansehe, aber bezweifle, daß ein Mensch ohne Meßgerät die Windstärke exakt einschätzen könne.

Flieger der Neuseeländischen Luftwaffe meldeten dicht über der See Windgeschwindigkeiten von 70–80 Knoten. Ihre Flugzeuge flogen nicht höher als 60 m über dem Meeresspiegel, wobei sie 30 m hohe Wellen maßen.

August Auer, der leitende Meteorologe des neuseeländischen Wetterdienstes, ist überzeugt, daß die Yachten Windstärke 12 ausgesetzt waren. Auer, der früher Professor für Meteorologie an der Universität Wyoming gewesen war, sagte, daß die in dem Seegebiet eingesetzten Orion P 3-Flugzeuge mit Geräten ausgerüstet seien, die die Bedingungen auf der Meeresoberfläche genau messen können. Nach den Berichten der Flieger erreichte der Wind 70 Knoten, die Böen müßten aber nach Auers Ansicht an 100 Knoten herangekommen sein.

Beaufortskala der Windstärken

Beaufortgrad	Windgeschwindigkeit in 10 m Höhe über offenem, flachen Gelände			Bezeichnung	Auswirkungen des Windes auf See
	m/s	km/h	Knoten		
0	0,0–0,2	0–1	0–1	still	Spiegelglatte See.
1	0,3–1,5	1–5	1–3	leiser Zug	Kleine schuppenförmig aussehende Kräuselwellen ohne Schaumkämme.
2	1,6–3,3	6–11	4–6	leichte Brise	Kleine Wellen, noch kurz, aber ausgeprägter. Die Kämme sehen glasig aus und brechen sich nicht.
3	3,4–5,4	12–19	12–19	schwache Brise	Die Kämme beginnen sich zu brechen. Der Schaum ist glasig. Vereinzelt können kleine weiße Schaumköpfe auftreten.
4	5,5–7,9	20–28	11–16	mäßige Brise	Die Wellen sind zwar noch klein, werden aber länger. Weiße Schaumköpfe treten schon ziemlich verbreitet auf.
5	8,0–10,7	29–38	17–21	frische Brise	Mäßige Wellen, die eine ausgeprägte lange Form annehmen. Weiße Schaumkämme bilden sich in großer Zahl (vereinzelt kann schon etwas Gischt vorkommen).
6	10,8–13,8	39–49	22–27	starker Wind	Die Bildung großer Wellen beginnt. Überall treten ausgedehnte weiße Schaumkämme auf (üblicherweise kommt Gischt vor).
7	13,9–17,1	50–61	28–33	steifer Wind	Die See türmt sich. Der beim Brechen der Wellen entstehende weiße Schaum beginnt sich in Streifen in Windrichtungen zu legen.

Beaufortskala der Windstärken

Beaufort-grad	Windgeschwindigkeit in 10 m Höhe über offenem, flachen Gelände m/s	km/h	Knoten	Bezeichnung	Auswirkungen des Windes auf See
8	17,2–20,7	62–74	34–40	stürmischer Wind	Mäßig hohe Wellenberge von beträchtlicher Länge. Die Kanten der Kämme beginnen zu Gischt zu verwehen. Der Schaum legt sich in gut ausgeprägten Streifen in Windrichtung.
9	20,8–24,4	75–88	41–47	Sturm	Hohe Wellenberge; dichte Schaumstreifen in Windrichtung. Das bekannte „Rollen" der See beginnt. Der Gischt kann die Sicht beeinträchtigen.
10	24,5–28,4	89–102	48–55	schwerer Sturm	Sehr hohe Wellenberge mit langen überbrechenden Kämmen. Die entstehenden Schaumflächen werden in so dichten weißen Streifen in Richtung des Windes geweht, daß die Meeresoberfläche im ganzen weiß aussieht. Das Rollen der See wird schwer und stoßartig. Die Sicht ist beeinträchtigt.
11	28–32,6	103–117	56–63	orkanartiger Sturm	Außergewöhnlich hohe Wellenberge (kleine und mittelgroße Schiffe können zeitweise hinter den Wellenbergen aus der Sicht verloren werden). Die See ist völlig von den langen weißen Schaumflächen bedeckt, die in Richtung des Windes verlaufen. Überall werden die Kanten der Wellenkämme zu Gischt verweht. Die Sicht ist herabgesetzt.
12	32,7 und mehr	118 und mehr	64 und mehr	Orkan	Die Luft ist mit Schaum und Gischt angefüllt. Die See ist vollständig weiß vom treibenden Gischt. Die Sicht ist sehr stark herabgesetzt.

Auf der in der Seefahrt international üblichen Beaufortskala der Windstärken gelten Windgeschwindigkeiten über 64 Knoten offiziell als Windstärke 12 oder Orkan. Auer sagte, daß der beschriebene Sturm von seiner Eigenart her ein sehr eng begrenztes Zentrum mit Orkanbedingungen gehabt hätte.

Für diejenigen, die es draußen erwischte, war die genaue Windstärke nur von theoretischer Bedeutung. Ganz gleich, ob es nun 10 oder 12

Windstärken waren, herrschten jedenfalls Bedingungen, die den Seglern und Seeleuten körperlich und psychisch das Letzte abverlangten, um zu überleben.

Ich habe Leute, die sich mit Booten auf das Meer hinauswagen, immer als besonderen Menschenschlag angesehen. Mittlerweile habe ich auch große Hochachtung für das Geschick, den Mut und die Zähigkeit der Menschen gewonnen, die See, Himmel und Radiowellen überwachen.

Dieses Buch berichtet von einem außergewöhnlichen Wochenende ein paar hundert Seemeilen vor den Küsten Neuseelands. Der Hintergrund der Geschichte sind meine eigenen Erfahrungen auf See, die Tatsachen aber beruhen auf Gesprächen mit Überlebenden des Sturms und ihren Rettern. Ich habe mich durchweg bemüht, die Ereignisse genauso darzustellen, wie die Beteiligten sie beschrieben haben. Anders würde ich ihren Leistungen nicht gerecht werden.

* 1 Quadratmeile = 2,49 km^2

Da draußen ist jemand in Schwierigkeiten

Am Sonntagmorgen, den 4. Juni 1994 zog ein Satellit, der die Erde über die Pole hinweg umkreiste, lautlos und exakt über den Südpazifik. Er raste über die Fidschi-Inseln hinweg auf Neuseeland zu und spähte dabei die Erdatmosphäre nach Anzeichen von Wetteränderungen aus. Bis dahin war in dem Gebiet wenig Bemerkenswertes festzustellen gewesen, auf keinen Fall irgendwelche Vorboten eines Wirbelsturms zur falschen Jahreszeit. 400 Seemeilen südlich von Fidschi aber reagierten die elektronischen Sensoren des Satelliten auf einen intensiven Lichtschein von unten. Es war Sonnenlicht, das von einem düsteren Wolkengebirge zurückgeworfen wurde, dessen oberste Schwaden mehr als 15 000 Meter über dem Ozean herumwirbelten.

Während die winzige Sonde hoch über dem aufgewühlten Meer durch den Weltraum raste, taten die Instrumente ihre Pflicht und stellten Bilder des unter ihnen liegenden Wettersystems her. Der Sturmembryo, den der Satellit ausgekundschaftet hatte, war dabei, sich zu der schönen Form eines tropischen Zyklons zusammenzuziehen, die einem zerlaufenen umgedrehten Komma gleicht. Die Bilder und Daten wurden an den U.S.-Amerikanischen Nationalen Wetterdienst (N.O.A.A.) gefunkt. Der Satellit eilte weiter über den Ozean hinweg und sammelte dabei unermüdlich Wetterdaten, die N.O.A.A. die auswerten und an Wetterstationen auf der ganzen Welt weitergeben würde. Die Meteorologen würden aufgrund der gesammelten Angaben stürmischen Wind für dieses Gebiet vorhersagen.

Der Satellit wußte nichts von der Yachtflotte, die in das Seegebiet tief unter ihm hineinsegelte, und er kümmerte sich auch nicht darum. Plötzlich aber löste ein durchdringender Hilferuf einen anderen Sensor aus. Nur ein Impuls, kurz wie ein Herzschlag, ein elektronisches Summen, das nach Bruchteilen einer Sekunde vorbei war. Wenige Sekunden später wiederholte es sich, dann immer wieder, bis der Satellit zu weit weg war, um die elektronischen Signale mit seiner Antenne aufzufangen.

Prozessoren im Satelliten übertrugen den SOS-Ruf sofort an eine Empfangsstation auf Hawaii, die ihn wiederum automatisch an die Such- und Rettungsleitstelle der Vereinigten Staaten in Suitland, Maryland, weiterleitete. Eine amerikanische Yacht war in Seenot, ein mikroskopisch kleiner Fleck auf dem unendlichen Ozean 900 km unter dem Satelliten.

✳

Oberleutnant Erin MacDonald reagierte sofort, als die Nachricht auf ihrem Computerbildschirm in der Kommandozentrale der U.S. Coast Guard im kalifornischen Long Beach erschien. Es war der 3. Juni 1994, 1422 Uhr Ortszeit.

Die Leitstelle des 11. Küstenwachdistrikts ist für alle SAR-(Such- und Rettungs-)Aktionen in einem Gebiet zuständig, das von der Grenze zwischen Kalifornien und Oregon im Norden bis zur Grenze zwischen Mexiko und Guatemala im Süden und im Westen halb bis nach Hawaii reicht. Ungefähr 15 000 mal im Jahr wird die Leitzentrale alarmiert, um Schiffen und Flugzeugen in Not zu helfen. 5000 dieser Notrufe führen zu echten SAR-Einsätzen, bei denen es um Menschenleben geht.

Oberleutnant MacDonald sah sich die Nachricht genau an. Der Satellit gab für die havarierte Yacht zwei mögliche Positionen an und für jede von beiden die Wahrscheinlichkeit, abgeleitet aus dem Standort des Satelliten bei Empfang des Notrufs: Entweder 26°04,55′S 175°48,05′E oder 20°31,30′S 151°05,90′E. Die Wahrscheinlichkeit sprach mit 53 % für das erste Koordinatenpaar gegenüber 47 % für das zweite, aber beide Schiffsorte lagen mindestens 6500 Seemeilen von Long Beach entfernt jenseits der Datumsgrenze. Es war völlig undenkbar, daß Leutnant MacDonald aufgefordert würde, der Yacht, die der Satellit als DESTINY identifiziert hatte, Flugzeuge oder Schiffe zur Hilfe zu schicken.

Nach Computerauskunft war Long Beach Heimathafen der DESTINY. Oberleutnant MacDonald rief die Telefonnummer der angegebenen Kontaktadresse an. Es war Paul Norman, der Schwiegervater des Yachtskippers Dana Dinius. Norman bestätigte, daß seine Tochter Paula und ihr Ehemann vier Jahre zuvor in die Südsee ausgelaufen waren und geplant hatten, Auckland in Neuseeland am 30. Mai mit dem Ziel Fidschi-Inseln zu verlassen.

Norman machte alle erforderlichen Angaben über die Segelerfahrungen des Ehepaars Dinius und gab außerdem nützliche Informationen über ihre umfangreiche Sicherheitsausrüstung, zu der ein Sextant, eine Rettungsinsel und ein GPS-Empfänger gehörten. Die Crew war Anfang 40 – fähige, erfahrene Segler.

Oberleutnant MacDonald leitete die Informationen an den 14. Coast Guard-Distrikt in Hawaii weiter. Die in Seenot geratene Yacht war aber auch von Hawaii zu weit entfernt, um von dort aus Hilfe zu bekommen.

Sonnabend, 4. Juni

Fast 11 000 Meter über dem Ozean erfüllte das auf- und abschwellende Geräusch einer Sirene das Cockpit einer Boeing 737 der Air Pacific. Die Sirene war durch das Funksignal einer EPIRB-Funkboje ausgelöst worden. Das Flugzeug war auf dem Weg von Nadi auf den Fidschi-Inseln nach Auckland in Neuseeland. Im Laufe der nächsten Stunde bestätigten drei Flugzeuge der neuseeländischen Airline die Position der Seenotfunkboje.

Bill Sommer war gerade vom morgendlichen Joggen in sein Haus nahe der neuseeländischen Hauptstadt Wellington zurückgekommen, als das Telefon läutete.

„Bill, ein Flugzeug der Air Pacific hat ein EPIRB-Signal empfangen", sagte ihm der Fluglotse aus Auckland. „Die Meldung ist gerade von drei neuseeländischen Flugzeugen bestätigt worden. Irgend jemand ist da draußen in Schwierigkeiten."

Als Koordinator der neuseeländischen Seenotleitstelle (NRCC oder RCC = National Rescue Coordination Centre) hatte Bill Sommer rund um die Uhr Rufbereitschaft. Es war seine Aufgabe, für Suchaktionen nach Schiffen und Flugzeugen in Not alles Erforderliche zu koordinieren.

Sofort begann er damit, die SAR-Mannschaften zusammenzustellen. Systematisch ging er seine Liste durch, rief die Luftwaffe, die Marine, die Polizei und die Schiffssicherheitsbehörde an.

„Das wird ein Kinderspiel", sagte er zu der im Rettungszentrum versammelten Mannschaft. „Die Funkboje ist laut und deutlich zu hören, und wie der Wetterdienst sagt, ist das Wetter nicht allzu schlimm. Wir werden in ein paar Stunden da sein und dann das restliche Wochenende für uns haben."

Er bat das 5. Geschwader der Air Force, ein Orion P 3-Flugzeug startbereit zu machen.

*

Früher an diesem Morgen hatte in dem malerischen Städtchen Kerikeri an der Nordspitze der neuseeländischen Nordinsel, gut 900 Kilometer von Wellington entfernt, eine Frauenstimme das Gespräch zwischen dem Funker Jon Cullen von Kerikeri Radio und einem anderen Boot unterbrochen.

Stimme: Pan Pan Pan! Hier ist DESTINY.
Jon: DESTINY, hier Kerikeri. Bitte Dringlichkeitsmeldung bringen. Over.
DESTINY: Wir stehen auf 26°4′S 175°46′E. Die Seen sind haushoch. (Keucht und atmet schwer zwischen den Worten)
Jon: Habe alles verstanden, DESTINY. Ist an Bord alles klar? Over.
DESTINY: Na ja, gekentert sind wir noch nicht. Wir lenzen vor einem Seeanker.
Jon: Roger, alles klar, wir bleiben hörbereit. Ruft uns einfach, wenn irgend etwas ist. Over.
DESTINY: Also, ich gehe jetzt wieder raus. – noch immer atemlos – Wir werden jetzt sowieso an Deck sein, ich melde mich wieder, wenn ich, wenn ich .....
Jon: Roger, nicht vergessen, Gurte anzulegen. Over.
DESTINY: Verstanden. Verstanden.
Jon: Alles klar, viel Glück!

Während der nächsten drei Stunden hielt Jon von seiner Amateurfunkstation in einem Kellerraum seines Hauses aus Verbindung mit der Flotte von Yachten, die auf dem Südpazifik unterwegs war, und von denen viele von einem Sturm gebeutelt wurden, der anscheinend zulegte. Jon stand mit mindestens 60 Booten zwischen Neuseeland und Fidschi in Verbindung, jedes von ihnen so unbedeutend wie ein Sandkorn in der Sahara – Nußschalen, die über 600 000 Quadratmeilen Ozean verstreut waren.

Jedes Jahr, meist vor dem November, eilen unzählige Yachten aus Amerika, Deutschland, Australien und anderen Ländern nach Neuseeland, um dort Schutz vor den Pazifik-Wirbelstürmen zu suchen, die während des Sommers auf der südlichen Halbkugel zwischen Oktober und März über das Gebiet fegen. Die Yachten segeln im Mai oder Juni wieder fort, zusammen mit Hunderten von neuseeländischen Booten, auf der Suche nach den sanften Winden, die sie zu den romantischen Tonga-, Fidschi- und Vanuatu-Inseln bringen sollen. Sie alle verlassen sich darauf, daß die Wirbelsturmzeit dann vorüber ist. Von diesen Zwischenstationen aus ist die Reise zum Indischen Ozean und weiter zum Mittelmeer oder durch den Panamakanal in den Atlantik hinein verhältnismäßig leicht. Unter den 60 Booten, die am 4. Juni dort unterwegs waren, nahmen 34 an einer zwanglosen Regatta zwischen Neuseeland und dem Königreich Tonga teil. Andere, mit deren Besatzungen Jon sprach, waren von Australien aus über den Pazifik unterwegs oder segelten von Insel zu Insel auf der Suche nach Paradiesen, von denen sie in Amerika, Europa oder Südafrika geträumt hatten.

Jon Cullen war seit 11 Jahren mit Haut und Haaren der Leidenschaft verfallen, denen zu helfen, die sich auf See hinauswagen. Seine Frau Maureen und er waren bei den Yachtseglern der ganzen Welt zur Legende geworden. Es schien, daß alle Segler mit den Cullens Verbindung aufnahmen, sobald ihre Boote in Reichweite von Kerikeri Radio waren. Sieben Tage in der Woche und 24 Stunden am Tag waren die Cullens für jedes Schiff zwischen dem Äquator und der Antarktis erreichbar, das Unterstützung brauchte. Sie arbeiteten im Keller ihres zweistöckigen Hauses in einem Raum, der ihr Schlafzimmer gewesen war und den sie zur Funkstation umgebaut hatten. Von dort aus antworteten sie jedem einsamen Seefahrer, der ein freundliches Wort oder etwas Trost, einen Wetterbericht oder Ratschläge brauchte, sei es über das Einklarieren bei Zoll und Einwanderungsbehörde in Neuseeland, über die Wiederbelebung einer streikenden Maschine oder das Abwettern eines Sturms.

Am Samstagabend war Jon tief besorgt. Das erste ungute Gefühl hatte ihn schon 48 Stunden vorher überkommen, als er die Isobaren auf den Wetterfaxen studierte, die er von den Wetterdiensten Neuseelands und Australiens empfangen hatte. Über dem Südpazifik lag ein kräftiges Hochdrucksystem, es erstreckte sich vom Randgebiet der Antarktis südlich von Neuseeland bis in die Subtropen. Dieses Hoch hatte sich solange ungehindert über den weiten Ozean bewegt, bis es auf zwei Tiefdruckgebiete getroffen war: Ein voll entwickeltes östlich Neuseelands und ein kleineres, das sich in der Nähe der Fidschi-Inseln bildete. Von diesen beiden Tiefs in die Zange genommen, hatte die Antizyklone – das Hochdruckgebiet – eine Einbuchtung gebildet, die für Jons geübtes Auge auf einen Trichter hindeutete, in dem es stärker wehen würde – vielleicht mit 10–15 Knoten mehr. Schon damit drohte stürmischer Wind. Auch eine Kaltfront war im Anmarsch, aber Jon glaubte nicht, daß sie allzuviel Wind bringen würde.

Das über Neuseeland festliegende Hochdruckgebiet war schuld daran, daß der Wind an den Fenstern seines Hauses rüttelte und daß kalte Luft vielen Menschen einen Strich durch ihre Feiertagspläne machte. Der Druck im Kern der Antizyklone betrug nicht weniger als 1034 hPa, für Jon ein Grund zur Sorge. Der Wind strömte aus dem Kern spiralförmig gegen den Uhrzeigersinn heraus. Die Energie der Antizyklone, die zwischen zwei Tiefs eingeklemmt war, konzentrierte sich auf einen schmalen Korridor und verstärkte sich dadurch. Das war der Stoff, aus dem eine Wetterkatastrophe oder Wetterbombe über dem Ozean entstehen könnte.

Zwei Tage lang hatte Jon sich eingehend mit den Wetterkarten befaßt und Meldungen von Booten abgehört. Die meisten hatten begeistert von einem Wetter berichtet, wie sie es sich während der monate- oder jahrelangen Reisevorbereitungen erträumt hatten: blauer Himmel, eine sanfte Brise und wohltuende Wärme. Das angenehme Wetter machte einige Segler sorglos. Sie bemerkten nicht, was sich um sie herum ganz allmählich änderte. Um den leichten Wind einzufangen, setzten sie alles verfügbare Tuch oder starteten ihre Motoren, weil sie den flauen Wind satt hatten. Andere faulenzten an Deck, sie lasen, tranken, aßen und klönten. Einige wenige lagen in ihrer Koje und kämpften mit der Seekrankheit, weil ihr Körper sich noch nicht an die Ozeandünung gewöhnt hatte. Vielen entgingen die ersten Anzeichen des bevorstehenden Wetterumschwungs.

Während die Yachten weiter nach Norden segelten, sagte Jons Gespür ihm, daß die Boote nach Westen, Richtung Australien, ablaufen oder Landschutz suchen sollten. Obwohl der örtliche Wetterdienst nichts Ungewöhnliches meldete, hatte Jon aufgrund der Berichte, die er von den Seglern erhielt, ein unbehagliches Gefühl. Er spürte es in den Knochen, daß sich irgend etwas zusammenbraute, war sich aber nicht sicher, denn nichts in den amtlichen Wetterdaten stützte seine bösen Ahnungen.

DESTINY

In den ersten Tagen ihrer Reise mit der DESTINY hatten Paula und Dana Dinius ihre Freude an der Brise gehabt, die sie von Auckland aus der subtropischen Wärme bei 25°S näher brachte. Während sie nach Norden vorankamen, beglückwünschten sie sich, keiner einzigen Kaltfront begegnet zu sein – ein seltener Luxus, wenn man von Neuseeland aus in See geht.

„Wir haben es nicht schlecht getroffen“, sagte Dana zu seiner Frau. „Bis hierher ohne einen Sturm zu kommen, ist verdammt gut. Wir dürften bald im Passat sein.“

Obwohl die beiden während einiger Winter in einem Wintersportort in der Sierra Nevada gearbeitet hatten, hatten sich ihre kalifornischen Knochen doch nicht an den kalten neuseeländischen Winter gewöhnt. So gern sie in Neuseeland waren, freuten sie sich doch, es hinter sich zu lassen.

Sie waren seit 1991 in Neuseeland gewesen, nachdem sie zwei Saisons vor der mexikanischen Küste und dann zu den Marquesas-Inseln, nach Tahiti, Amerikanisch-Samoa und Tonga gesegelt waren. 1992 waren sie wieder nach Tonga gesegelt und hatten danach den größten Teil der

Saison zwischen den Fidschi-Inseln verbracht, bevor sie nach Neuseeland zurückgekehrt waren. Jetzt waren sie wieder unterwegs nach Fidschi, anschließend wollten sie nach Neukaledonien und Australien, um dort während der nächsten Wirbelsturmperiode Schutz zu suchen.

Während der letzten Jahre war Neuseeland der Ausgangspunkt für ihre Südseefahrten gewesen. Wenn weiter nördlich die Wirbelsturmzeit herrschte, hatten sie mit ihrer Yacht die Schönheiten Neuseelands kennengelernt oder das Schiff dort überholt und instandgesetzt. Es war dort billig, das Land war sicher, die Menschen ehrlich, und die Handwerker arbeiteten ausgezeichnet.

Am Donnerstag, den 2. Juni bemerkte Dana auf dem Wetterfax, daß eine Isobare etwas westlich von Fidschi eine Schleife bildete. Er glaubte aber nicht, daß viel Wind darin steckte, und schob es geistig in die unterste Schublade, als er Jon Cullen von Kerikeri Radio bei seinem nächtlichen Rundruf berichten hörte, daß sich vor den Fidschi-Inseln anscheinend ein flaches Tiefdruckgebiet entwickelte.

„Nichts Bedrohliches", versicherte er Paula, nachdem er bei Kerikeri Radio nachgefragt hatte. „Wir könnten zwar Windstärke 7 bekommen, aber allzu schlimm kann es nicht werden. Immerhin stehen wir ein ganzes Stück nördlich des 27. Breitengrades, und der Passat müßte bald durchkommen."

Am nächsten Morgen waren sie beide müde, deshalb drehten sie bei, indem sie die Yacht einfach hoch am Wind langsam treiben ließen. Dabei ruhten sie sich aus und räumten auf. Nach vier Tagen auf See war alles an Bord ein wenig durcheinander. Als erfahrene Segler drehten sie oft auf diese Weise bei, wenn sie müde waren, oder bei schwerem Wetter.

Die Wettervorhersagen sorgten aber weiter für Beunruhigung. Im Laufe des Vormittags empfingen sie ein Wetterfax, auf dem zu erkennen war, daß sich zwischen Fidschi und Vanuatu, wo häufig Wirbelstürme entstehen, ein schwaches Tief bildete. Dana machte sich Sorgen, weil die Isobaren auf der Wetterkarte so dicht zusammenlagen. Sie ließen südlich der Depression 35 Knoten Windgeschwindigkeit (Windstärke 8) erwarten.

Ein weiteres Wetterfax bestätigte, daß sich voraus ein Tiefdruckgebiet entwickelte. Sie machten ihr Schiff sturmklar und überprüften ihre

Sicherungsgurte. Bei 25 Knoten Wind (Stärke 6) refften sie das Großsegel und setzten eine kleinere Fock.

Bei seinem nächsten Gespräch mit Kerikeri Radio erfuhr Dana, daß der Sturm zunahm und möglicherweise 40 Knoten oder mehr erreichen würde. Jon Cullen schlug Dana vor, die Fahrt der DESTINY bis auf 4 Knoten zu verringern oder beizudrehen.

„Nichts Bedrohliches", sagte Jon. „Dürfte während der Nacht durchziehen." Man schrieb den 3. Juni.

MARY T

Weiter südlich segelte eine andere kalifornische Familie nach Norden: Sigmund und Carol Baardsen mit ihrer 16jährigen Tochter Anna und Lianne Audette aus Connecticut, einer Freundin der Familie. Hinter den Baardsens lagen 18 Monate, in denen sie ziemlich unbequem an Bord ihrer Yacht, der MARY T, in Whangarei, Neuseelands nördlichster Stadt, gehaust hatten. Sie hatten das 23 Jahre alte Boot dort von Grund auf überholt, dazu gehörten auch umfangreiche GFK-Arbeiten, um Lecks zu reparieren, die sich 1992 auf der Fahrt von Mexiko nach Neuseeland entwickelt hatten.

Das ungemütliche Wohnen an Bord einer 12-m-Yawl während der Überholung in einem Schuppen war nicht spurlos an der Familie vorübergegangen. Monatelang hatten sie mit Staub, Spänen und den stechenden Ausdünstungen von Epoxidharz leben müssen. Jetzt endlich waren der Schmutz und die Enge vorbei. Auch die MARY T schien jetzt, da sie wieder im Wasser war, aufzuleben. Innen schien mehr Platz zu sein, das Deck schien größer geworden. Die Seeluft war frisch und sauber. Carol war begeistert, wie die Yacht bei blauem Himmel und 5 Windstärken zischend durch das Wasser stob.

Vor der Abreise hatten sie lange diskutiert, ob sie auf diese Reise gehen sollten. Sigmund war drauf und dran, das Boot zu verkaufen und nach San Pedro in Kalifornien heimzukehren. Er hatte von Staub und Bootswerften die Nase voll. Er wollte wieder eine Stellung annehmen, ein paar Dollars verdienen und an Land bleiben. Anna wollte weiter in Neuseeland zur Schule gehen und bei ihren dortigen Freunden und

Freundinnen bleiben – Teenager können beim Langfahrtsegeln sehr leicht vereinsamen und sich langweilen. Anders war es für Carol. Sie mußte dem Lockruf der See folgen. Nach langen Debatten beschloß die Familie, nach Vanuatu zu segeln, um dort über ihre Zukunft zu entscheiden.

Mit Ausnahme Annas, die seekrank wurde, freuten sich alle, wieder auf See zu sein. Besonders froh war Sigmund, Lianne an Bord zu haben, denn sie war mit ihrer Regattaerfahrung ein leistungsfähiges Besatzungsmitglied. Ihre starken Seiten waren Segelwechsel und die Vorschiffsarbeit.

SOFIA und PILOT

Ungefähr zur gleichen Zeit verließen zwei 9,75 m lange Spitzgatter, ein von William Atkin entworfener Kutter aus Holz mit dem Namen SOFIA und eine kuttergetakelte Westsail 32, die PILOT, den Hafen von Auckland mit dem Ziel Tonga.

Für den Neuseeländer Keith Levy und seine Freundin Ursula („Uschi") Schmidt war die SOFIA der Zauberteppich, der sie zu den Perlen der Südsee und weiter tragen würde. Keith und Uschi hatten sich im Jahr davor auf den Tonga-Inseln kennengelernt. Sie als Rucksacktouristin, er als Fahrtensegler. Uschi kam aus Kleinandelfingen im Kanton Zürich in der Schweiz und war vorher noch nie gesegelt. Das einzige Wasser in der Nähe ihres 50 km von Zürich entfernten Heimatdorfes war der Fluß, der sich an ihrem Haus vorbeischlängelte. Sie genoß ihre erste Segeltour aus vollem Herzen. Es war ein Abenteuer, von dem andere 25jährige nur träumen konnten.

Sie schien auf See zu Hause zu sein. Angeleitet von Keith eignete sie sich im Nu seemännische Fertigkeiten an. Er zeigte ihr, wie man einen Palstek knotet, und schon sah man überall an Bord Palsteks. Uschi war auch die geborene Rudergängerin, sie wußte instinktiv, wie man mit der SOFIA am besten umging.

Keith und Uschi hatten ihre amerikanischen Freunde Barbara Parks und Greg Forbes kennengelernt, als diese im Dezember mit der PILOT von den Fidschi-Inseln nach Neuseeland segelten. Alle vier hatten lange und schwer gearbeitet, um ihre Yachten für diese Reise vorzubereiten. In der Freizeit hatte Greg Keith und Uschi in die Kunst des „Containerwühlens“ eingeweiht. Bald durchkämmten alle vier die großen Abfallbehälter in den Yachthäfen, Müllcontainer, die wahre Schätze an Ersatzteilen und Ausrüstungsgegenständen bargen, die weniger sparsame Yachtsegler weggeworfen hatten. Greg ließ seine Freunde nach Pumpen, Werkzeug und allem möglichen nützlichen Zeug ausschwärmen, das sich mit etwas Geschick und Geduld reparieren ließ und noch viele tausend Seemeilen seinen Dienst tun konnte. Sie wurden fast jedesmal fündig. Noch immer dachten sie gern an ihre beste Beute zurück, eine Toilette, die so neu war, daß Greg sie gegen drei Dosen teurer Antifoulingfarbe eintauschen konnte.

Uschi trug bei dieser Schatzsuche häufig zur Erheiterung bei. Trotz ihrer 25 Jahre sah sie erst aus wie sechzehn. Ihr kleiner, zierlicher Körper verschwand immer vollständig in den Behältern, so daß die anderen das kichernde Mädchen an ihren Beinen wieder herausziehen mußten.

Keith bewunderte Gregs Findigkeit und die Seemannschaft, die er sich in 22 Segeljahren angeeignet hatte. Greg war so einfallsreich und vertraute so sehr auf seine Fähigkeiten, daß er es nicht einmal für nötig hielt, auf der PILOT eine Rettungsinsel mitzuführen oder auch nur Seenotsignalmittel. Darüber machte Keith sich Sorgen und schenkte Greg vor der Abreise aus Auckland einen Satz alter Fallschirm-Leuchtraketen. Er war überzeugt, daß sie noch funktionieren würden, obwohl das Verfallsdatum längst überschritten war.

Die beiden Boote waren gemeinsam an der Ostküste von Neuseelands Nordinsel entlang nach Norden gelaufen und hatten einander ständig in Sicht gehabt, bis PILOT günstigeren Wind und Strom fand und einen großen Vorsprung herausholte.

RAMTHA und WINDORA

Nicht weit davon entfernt befand sich der 11,6-m-Katamaran RAMTHA in Schwierigkeiten. Die Australier Bill und Robyn Forbes waren auf der von Roger Simpson entworfenen RAMTHA gemeinsam mit 30 anderen

Booten aus Auckland mit dem Ziel Vava'u ausgelaufen. Das ist die Insel, die die Tonga-Insulaner als Kronjuwel in ihrer Ansammlung von 170 großartigen Atollen bezeichnen.

Die RAMTHA hatte den Hafen gegen Ende eines Sturms verlassen, aber Wind und Seegang hatten bald nachgelassen, so daß das Ehepaar ebenso angenehmes Wetter hatte wie die übrigen Yachten.

Jetzt aber, am zweiten Tag auf See, wollte das Boot nicht mehr Kurs halten. Das Steuerrad ließ sich nicht drehen. Robyn fummelte mit dem Autopiloten herum. Sie hatte den Verdacht, daß die Ruder festgeklemmt waren.

„Bill, da ist was nicht in Ordnung", rief sie ihrem Mann zu.

Bill war ziemlich sicher, daß sie es mit demselben Problem zu tun hatten, das schon einmal aufgetreten war, bevor sie Auckland verlassen hatten. Er brachte über den Bug einen Fallschirmtreibanker aus, der das Boot halten sollte, und ging unter Deck, um der Sache auf den Grund zu gehen. Seine Vermutung traf zu, wieder war ein Drahtseil vom Ruderquadranten abgesprungen.

Obwohl das Wetter angenehm war, lief die See durcheinander, klatschte zwischen den Rümpfen hoch und warf den Katamaran dabei umher. Bill fühlte sich unwohl, als er in dem engen Motorraum steckte und sich abmühte, das Steuerseil wieder auf den Quadranten zu bekommen. Es glückte ihm nicht.

Robyn drängte ihn, über Funk Rat zu holen, wie er den Schaden beheben könnte. Es antwortete ein 15-m-Motorsegler, die WINDORA, die 15 Seemeilen entfernt stand. Die Eigner der WINDORA, Bill und Linda Christieson, ein junges Ehepaar aus Neuseeland, hatten vorher noch nie eine Hochseereise unternommen. Zusammen mit den zahlreichen anderen Yachten waren sie auf dem Weg nach Tonga. Mit typisch neuseeländischer Hilfsbereitschaft boten sie an, vorbeizukommen, um der RAMTHA zu helfen. Robyn traute kaum ihren Augen, als die WINDORA sie drei Stunden später tatsächlich eingeholt hatte, und ein Mann der Besatzung mit dem Beiboot durch den fast drei Meter hohen Seegang herübergepullt kam, um ihnen behilflich zu sein.

Inzwischen hatte Bill Forbes die Ruderanlage mit australischem Erfindungsreichtum und altem Tauwerk schon fast selbst wieder hinbekommen. Dann aber war ihm das Verbindungsglied der Ruderkette heruntergefallen und irgendwo in der Bilge auf Nimmerwiedersehen verschwunden. Geduldig hatte er aus Aluminium ein neues Verbindungsglied gemacht. Als er es aber ausprobierte, funktionierte die Ruderanlage noch immer nicht. Das Verbindungsglied war zu weich und dehnte sich, so daß sich die beiden Ruder nicht mehr parallel bewegten.

David Reed, der von der WINDORA herübergekommen war, sah sich die Sache an und ruderte zurück zum Motorsegler, wo Bill Christieson, der Maschinenbauer war, ein neues Glied fertigte. Dave kam wieder herüber und baute es ein.

„Was sagst du dazu?" sagte Robyn, als die Reparatur erledigt war. „Wenn das nichts ist, mitten auf dem Ozean brauchen wir einen Maschinenschlosser, und schon ist er da. So guten Service gibt es nicht mal an Land."

Sie luden Dave ein, noch auf einen Schluck an Bord zu bleiben. Er erzählte ihnen, daß Bill und Linda ihr Haus verkauft hätten, um die WINDORA anzuschaffen. Sie waren gerade dabei gewesen, ein Strandhaus zu bauen, als sie erfuhren, daß der Motorsegler zu verkaufen sei. Kurz entschlossen erwarben sie das Schiff, verkauften ihr Grundstück und begannen damit, den Motorsegler für die Fahrt nach Tonga vorzubereiten. Bevor sie die Segel setzten, hatten sie nur mit Runabouts, schnellen offenen Motorbooten, etwas Erfahrung. Dave räumte ein wenig Erfahrung als Windsurfer ein.

Nachdem sie ihre Reiseerlebnisse ausgetauscht hatten, trank Dave sein Glas aus und sprang dann in sein Beiboot, um zur WINDORA zurückzukehren. Bill und Robyn winkten ihm zum Abschied, noch immer staunend, welches Glück sie gehabt hatten. Aber Bill war durch die Reparaturarbeiten ausgepumpt. Er hatte die letzten Stunden über der Maschine zusammengekrümmt verbracht und fühlte sich noch immer leicht seekrank. Daher beschlossen die beiden, den Katamaran die Nacht über vor Seeanker treiben zu lassen.

Silver Shadow

Weit südlich davon, nahe der Südspitze von Neuseelands Nordinsel genossen vier Männer auf der 12,8-m-Sloop Silver Shadow phantastische Segelbedingungen. An der Rückseite eines Tiefs segelten sie mit einem Nordwestwind von 20 Knoten, der sie nach Osten voranbrachte, raumschots die Küste entlang. Es war die zweite Reise der Yacht nach Tonga, und das Boot war für drei Monate Segeln, Tauchen und Ausspannen gut ausgerüstet.

Die Besatzung unter dem Skipper Peter O'Neil gehörte zu den erfahrensten Seglern auf den Schiffen, die jetzt nach Tonga unterwegs waren. Sie hatten viele Jahre an Segelregatten über die Cook-Straße teilgenommen. Das ist ein 14 Seemeilen breiter Sund zwischen Neuseelands Nord- und Südinsel, der für seine unberechenbaren Stürme und Strömungen berüchtigt ist. Daher sind die Einheimischen überzeugt, daß jemand, der dort segeln kann, überall segeln kann. Diese Crew hatte auch schon die Tasmansee durchquert, die 1300 Seemeilen stürmischen Ozeans, die Australien und Neuseeland trennen.

Die Erfahrung hatte sie gelehrt, daß gründliche Vorbereitung entscheidend für sicheres Seesegeln ist. Sie hatten ihr Boot noch besser vorbereitet und ausgerüstet, als es die strengen neuseeländischen Hochseesegelbestimmungen fordern. An Bord war Werkzeug und Material für Reparaturen an der Takelage, Teile aus rostfreiem Stahl, mit denen man einen gebrochenen Mast reparieren konnte, Aluminium-Reservematerial, ein umfangreiches Sortiment von rostfreien Beschlägen und Schrauben sowie Blöcke, Reservefallen, Sperrholz und vieles mehr, darunter auch eine große Handlenzpumpe, die „für alle Fälle" unter Deck verstaut war.

Waikiwi II

Am südlichsten von den Yachten, die nach Tonga unterwegs waren, stand die 13,4 m lange hölzerne Sloop Waikiwi II mit fünf Personen an Bord – drei davon aus Neuseeland und zwei aus Großbritannien. Das Eignerpaar, Cath Gilmour und ihr Ehemann John Hilhorst, hatte das

Boot 18 Monate vorher eigens für eine Weltumsegelung gekauft. Ihr erster Zwischenstopp sollten die Tonga-Inseln sein, vor allem, weil sie es für sicherer hielten, die Hochseestrecke gemeinsam mit den anderen Regattateilnehmern zurückzulegen.

Seit zwei Jahren hatte der Weltreiseplan sie gepackt, seit sie darüber mit Geoff Spearpoint gesprochen hatten, einem Freund, mit dem John einen großen Teil seiner Freizeit auf Wanderungen durch die Berge und Täler Neuseelands verbracht hatte. Das Vorhaben, das sie gemeinsam bei einer Tasse Tee ausgebrütet hatten, wurde jetzt Wirklichkeit, und Geoff war mit an Bord, um den Traum wahrzumachen.

Shirley und Merve Bigden, das britische Paar, waren 1989 in Neuseeland eingetroffen, nachdem sie ausgiebig in der Welt herumgereist waren. Auf der Waikiwi erarbeiteten sie sich die Überfahrt zurück nach England, wo sie entscheiden wollten, ob sie nach Neuseeland auswandern sollten.

Die fünf hatten nur ein einziges Wochenende gemeinsam an Bord verbracht, bevor sie in Lyttelton, dem größten Hafen der Südinsel, ihren Freunden und Familien Lebewohl winkten. Zu Anfang hatten sie einige Stunden motort, bis guter Wind aufgekommen war, so daß sie Segel setzen und den Kurs auf Tonga absetzen konnten.

Das Eignerpaar hatte drei Leute als Besatzung an Bord genommen, weil Caths Arme schwach waren. Drei Jahre zuvor hatte eine Gelenkerkrankung ihr so zugesetzt, daß sie zu keiner körperlichen Tätigkeit in der Lage war. Damals konnte sie sich kaum bewegen, ohne wahnsinnige Schmerzen zu erleiden. Aber seit sie die Yacht gekauft hatten, hatte sich ihr Zustand erheblich gebessert. Sie hofften, daß die wärmere Luft und das angenehmere Leben im Passatgebiet zu Caths Genesung beitragen würden.

Begleitet von Delphinen und Robben segelten sie an der Ostküste der Südinsel entlang nach Nordosten, bis sie in der Cook-Straße die tiefhängenden schwarzen Wolken einer Kaltfront sahen. Statt Großsegel und Genua setzten sie nur eine Sturmfock. John verbrachte die anschließenden 24 Stunden fast ausschließlich am Ruder. Der Wind war zu stark für Caths Arme, und die anderen fühlten sich dem Wetter nicht gewachsen. Allerdings wurde John ab und zu von Geoff abgelöst. In Regen und Gewitter brachte raumer Wind von Steuerbord sie bis auf 9 Knoten.

Die Seen türmten sich bis zu 15 m Höhe. Weil es bitterkalt war, vermummte die Crew sich mit Pudelmützen, Schals und Handschuhen. Dann bargen sie auch die Sturmfock und brachten übers Heck einen Autoreifen an einer Trosse aus, den sie als behelfsmäßigen Seeanker nachschleppten, um die Fahrt zu verringern. Dadurch lief das Boot während der Nacht ruhiger, obwohl es unter nackten Masten in den steilen Seen stark rollte. Am nächsten Morgen holten sie den Reifen wieder ein, setzten erneut die Sturmfock und segelten bei 40 Knoten Windgeschwindigkeit weiter die Küste entlang. Erst nach drei Tagen hatte sich der Sturm ausgeweht, danach genossen sie leichten Wind und ruhige See wie die anderen Regattateilnehmer auch.

Heart Light

Bevor der 12,5 m lange Katamaran Heart Light in Richtung Fidschi-Inseln ausgelaufen war, hatte es erhebliche Meinungsverschiedenheiten über den Tag der Abreise gegeben, aber am Ende bekam Darryl Wheeler seinen Willen. Die Heart Light ging am Dienstag, den 31. Mai 1994 mit Darryl, seiner Frau Diviana, ihrem Sohn Shane und ihrer Schwiegertochter Stephanie von Auckland aus in See. Für Shane und Stephanie war es die erste Segelfahrt.

Die Wheelers hatten den Katamaran vom Typ Catalac 1987 in Florida gekauft. Diviana, eine Hellseherin, hatte eine Botschaft empfangen, daß sie das Schiff kaufen, in Pleiades Child umtaufen und damit die Vereinigten Staaten verlassen sollten. (Später nannten sie das Boot wieder Heart Light.) Keiner von ihnen hatte Segelerfahrung, aber darüber machten sie sich keine Gedanken. Diviana hatte die Gewißheit erlangt, daß ihnen die Segelkunst offenbart würde. Sie verließen Amerika, segelten nach Süden an der Küste entlang, über den Pazifik zu den Marquesasinseln, nach Tahiti und dann weiter nach Neuseeland, wo sie im November 1989 eintrafen. Segeln lernten sie unterwegs sicherlich.

Danach arbeitete Darryl in Neuseeland als Marketingberater. In der Zwischenzeit hatten sie einige Male wieder die USA besucht, waren aber wieder zu ihrem Boot zurückgekehrt, um noch mehr von der Südsee zu entdecken.

Jetzt waren sie an einem Scheideweg ihres Lebens angelangt. Man hatte Diviana angeboten, eine Rundfunktalkshow in Australien zu leiten, sie hatte aber abgelehnt. Statt dessen strebte sie nach persönlicher Erleuchtung, die nach ihrer Ansicht auf See leichter zu erlangen war.

Diviana machte sich Sorgen, daß Darryl dem verfallen könnte, was sie als Materialismus bezeichnete, denn seine Fähigkeiten wurden immer gefragter. Die beiden diskutierten ausgiebig über ihre Gefühle und Wünsche. Diviana befürchtete, daß ihr gegenwärtiger Weg fort vom Meer ihr keine Möglichkeit zu der angestrebten Verinnerlichung geben würde. Auf See würden sie der Natur nahe sein, mit dem Mond schlafen gehen und mit der Sonne aufstehen. Uhren, Radio, Fernsehen – alles überflüssig. Keine Umweltverschmutzung, kein Bosnien, kein Ruanda. Weder Ärger noch Streß würden sie davon abhalten, höhere Bewußtseinsebenen zu erreichen. Das Schiff war ihr Guru, der ihnen helfen würde, sich selbst zu erkennen, wer sie waren, wie sie waren, ihren Glauben und ihre Ziele.

Diviana hatte daran gedacht, kurz in die Vereinigten Staaten zurückzukehren, um einige persönliche Dinge zu regeln, während die HEART LIGHT weiter zu den Fidschi-Inseln segeln würde. Aber sie entschied sich anders, nachdem sie eine Botschaft erhalten hatte, daß sie die Reise mitmachen sollte. Allerdings wurde sie durch eine Warnung beunruhigt, daß sie in einen Sturm geraten würden, wenn sie sich an Darryls Zeitplan hielten.

Über die Jahre hatte Darryl gelernt, den Eingebungen seiner Frau zu vertrauen. Viele Male hatten sie sich bewahrheitet. Diesmal aber hielt Darryl Divianas Vorahnung für unlogisch. Die Wetterkarten gaben keinerlei Hinweise auf Stürme. Im Gegenteil, das Seegebiet lag in warmer Sonne unter einem der größten Hochdruckgebiete seit dem Sommer. Er hielt die Bedingungen für ideal. Es war nicht viel Wind, aber er wollte lieber die ganze Strecke bis zu den Fidschi-Inseln motoren, als unter Segeln gegen 30 Knoten Westwind anzukämpfen. Solche Westwinde waren zu dieser Jahreszeit an der neuseeländischen Küste häufig. Er erklärte Diviana das, aber sie blieb dabei, daß ein Sturm kommen würde, und drang darauf, abzuwarten.

Darryl konnte es nicht erwarten, aufzubrechen, so daß sie einen Kompromiß schlossen. Sie würden bis Great Barrier Island (ungefähr

40 Meilen östlich von Auckland) laufen und dort vor Anker gehen, um die Lage neu zu überdenken. Falls sich das Wetter verschlimmern würde, könnten sie dort bleiben, bis es vorbei wäre. Auf diese Weise wären sie jedenfalls schon unterwegs.

Obwohl sie Auckland erst spät verlassen hatten, waren sie zuversichtlich, Fitzroy Bay an der Nordwestspitze der Insel vorm Dunkelwerden zu erreichen. Wie Darryl vorhergesagt hatte, war das Wetter auf der ganzen Fahrt durch den Haurakigolf, das großartige Segelrevier zwischen dem Festland und der Insel, friedlich. Er bezweifelte nicht, daß sie ihr Ziel ohne Zwischenfälle erreichen würden.

Sie waren schon beinahe angekommen, als ein 40-Knoten-Sturm sie völlig unerwartet aus dem Nichts überfiel. Das Boot halste, und das Großsegel kam back, weil der Bullenstander den Baum festhielt. Gemeinsam mit seinem Sohn schaffte Darryl es, die Fock herunterzuholen, aber es gelang ihm nicht, das Boot in den Wind zu drehen, um das backgeschlagene Großsegel zu bergen.

„Fier den Bullenstander", rief er Shane zu. Er war sicher, daß das Schiff in den Wind drehen würde, wenn der Großbaum entlastet wäre. Shane aber, der unerfahren war und nicht wußte, unter welchem Zug die Leine stand, warf sie los, statt sie vorsichtig über die Klampe zu fieren. Die Leine wurde ihm durch die Hände gerissen, und der Sturm warf das Großsegel mit solcher Wucht herum, daß am Mast einige Nieten brachen und ein Teil der Großsegelschiene vom Mast abgerissen wurde.

Shane war vor dieser Fahrt noch nie gesegelt, und Diviana merkte, daß er sehr mitgenommen war. Der Katamaran stampfte und klatschte, der Baum fegte gefährlich über dem Deck hin und her. Bei zunehmendem Wind und Seegang mühten sie sich ab, die Dinge wieder in den Griff zu bekommen. Es wurde dunkel, als eine Bö über den Golf fegte. Regen peitschte ihnen ins Gesicht, und Blitze erleuchteten die Wolken. Mitten in dem Durcheinander hörten sie ein Krachen. Es hätte wieder Donner sein können, hörte sich aber metallisch an. Dann sahen sie es. Der Sturm hatte den Rohrträger mit dem Windgenerator abgeknickt.

Obwohl Darryl und Diviana schon 16000 Seemeilen gesegelt waren, hatten sie so etwas noch nicht erlebt – das urplötzlich hereinbrechende Unwetter, die Gewalt des Windes, das Heulen in der Takelage, das schlagende Großsegel und dazu den Regen und das Gewitter.

„Bringt das noch Spaß?“ brüllte Diviana voller Wut, in diese Lage geraten zu sein.

Aber ganz gleich, wie sie es versuchten, bekamen sie das Boot nicht in die Gewalt. Die HEART LIGHT schien ihren eigenen Willen zu haben. Schließlich entschieden sie, daß der Versuch, in die kleine, felsige Bucht einzulaufen, selbst unter Motor zu gefährlich wäre. Also drehten sie von Great Barrier Island ab und motorten weiter. Sie waren erleichtert, als der Wind auf erträgliche 25 Knoten zurückging.

Darryl war sich sicher, daß sie den Sturm, den Diviana vorhergesehen hatte, jetzt abgewettert und das Schlimmste hinter sich gebracht hätten. Diviana jedoch war davon nicht überzeugt. Als Great Barrier Island 100 Seemeilen hinter ihnen lag, wehte der Wind noch immer mit 25 Knoten aus Südsüdwest. Er warf quer zu der etwa zwei Meter hohen Dünung eine kabbelige Windsee auf, in die der Katamaran krachend einsetzte. Er hob und senkte sich, erzitterte und bebte in der aufgewühlten See. Diviana machte sich Sorgen um die starke Belastung des Bootes. Die GFK-Rümpfe ächzten gequält. Als sie immer besorgter wurde, wußte Diviana, daß sie ihr Orakel I Ching befragen mußte, dessen Weisheit – davon war sie überzeugt – sich seit über 6000 Jahren bewährt hatte.

Die Warnung war eindeutig: Sie würden an den Rand des Verderbens geraten.

Mayday! Mayday!

Sonnabend, 4. Juni, 1145 Uhr (neuseeländische Zeit)

Während Oberleutnant Erin MacDonald in Long Beach Paul Norman das Vorgehen bei der Rettungsaktion in groben Zügen erläuterte, suchte ein Orion P3-Flugzeug der neuseeländischen Luftwaffe nach der DESTINY. Auch die Flugzeugbesatzung wurde vom Sturm durchgeschüttelt. Der Kommandant, Hauptmann Bruce Craies – selbst Segler – war sehr beunruhigt über das, was er sah. Bei Beginn der Suche nach der Yacht war er bis auf 5000 Fuß (gut 1500 Meter) heruntergegangen und hatte die Geschwindigkeit auf knapp 200 km/h verringert. Mit dem Suchverfahren, an das er sich hielt, würde er die Seenotfunkboje der DESTINY einpeilen und finden können. Die Maschine war bis auf 300 m herunter, als die Yacht schließlich in Sicht kam.

Bestürzt sah Craies die fürchterliche See. Der Seegang unter ihnen sah fast aus wie Brandung, die auf einen flach ansteigenden Strand donnert. Soweit man sehen konnte – das war nur etwa eine Seemeile –, rollten riesige Wellenberge dahin und brachen mit tosenden Schaumkämmen. Das war ganz bestimmt nicht das Wetter, das der Wetterdienst ihnen für dieses Gebiet angekündigt hatte.

Als sie 80 Minuten vorher von ihrem Stützpunkt in Auckland gestartet waren, hatten sie erwartet, nur fünf oder sechs Stunden im Einsatzgebiet zu sein. Man hatte sie informiert, daß die MONOWAI, ein Vermessungsschiff der neuseeländischen Marine, nur wenige Stunden von der DESTINY entfernt stünde. Eine spätere Meldung ergab aber, daß irgendwie die falschen Koordinaten durchgegeben worden waren. Die MONOWAI befand sich in der Nähe von 175°W, nicht bei 175°E, wie zuerst angegeben. Beim Blick auf den Ozean unter ihm ahnte Hauptmann Craies, daß der Tag hart und mühsam sein würde.

Da unten kämpfte die DESTINY ums Überleben. Mit 80 Knoten Windgeschwindigkeit peitschte der Sturm die See auf und riß lange Schaumfetzen von den Wellenkämmen. Die fast 14 m lange kuttergetakelte Yacht sprang hoch, stürzte nach vorn und wurde zur Seite geschleudert.

Sie war schon stark beschädigt. Der gebrochene und verdrehte Mast lag gefährlich über dem Kajütdach, und ein Maststück war an Steuerbord außenbords unter den Rumpf geknickt. Brecher wuschen über Deck und rauschten durch das Gewirr aus Seerelingstützen, Relingsdraht und Riggtrümmern. Eine leuchtend rote Rettungsinsel hatte sich voll aufgeblasen und ruckte steuerbords achtern bösartig an ihrer Fangleine.

„DESTINY, DESTINY!" Paula Dinius hörte, wie diese Worte die Kajüte des Bootes erfüllten. „DESTINY, DESTINY! Hier ist Kiwi 315. Hören Sie uns? Over." Einen Augenblick lang verwirrte die Stimme Paula. Sie war gerade mit viel Mühe damit fertig geworden, Dana zu versorgen, der durch Knochenbrüche grausame Schmerzen litt. Dann wurde ihr klar, daß die Stimme aus dem UKW-Funkgerät kam.

Dana, der bewegungslos in seiner Koje in der Achterkabine lag, war überrascht, daß das Funkgerät funktionierte, obwohl die Masttoppantenne jetzt unter Wasser war. Paula griff zum Mikrofon.

Orion-Flugzeug: DESTINY. Hier ist Kiwi 315.
Paula: Kiwi 3, ja (Die Verbindung brach vorübergehend ab, als das Flugzeug außer Reichweite geriet. Es kehrte dann zurück und kreiste wieder über dem Boot.)
Orion: DESTINY, verstehen Sie uns jetzt? Over.
Paula: Ja, danke.
Orion: Gut, Paula, wir haben einen Arzt an Bord. Brauchen Sie seinen Rat? Over.
Paula: Also, ich habe Dana wegen eines Schocks unten hingelegt. Ich habe ihm Tylenol 3* gegeben. Ich habe ihm anderthalb davon gegen die Schmerzen gegeben. Ich glaube, er ist bei klarem Bewußtsein, und sein Zustand ist stabil. Kann ich sonst noch etwas für ihn tun?
Orion: Hier ist der Arzt. Wann ist der Unfall passiert? (Bevor Paula antworten konnte, traf eine große See die DESTINY. Der unter dem

Boot baumelnde abgeknickte Mast schlug mit einer Saling wie mit einer Spitzhacke gegen den Rumpf.)
Paula: Oh, oh! (Die Flugzeugbesatzung hörte die Angst in Paulas Stimme.) Vielleicht ... vielleicht vor drei Stunden.

Vor drei Stunden? Was bedeutete das schon? Sie waren noch am Leben und hörten eine Stimme, eine Verbindung zur Zivilisation, zur Sicherheit. Eine starke, zuversichtliche, hoffnungsvolle Stimme, die Rat gab und Hilfe verhieß.

*

Wenn Paula zurückdachte, konnte sie sich noch immer nicht mit der Lage abfinden, in die sie geraten waren. Nachdem sie das Boot am 3. Juni den ganzen Vormittag beiliegen lassen hatten, hatten sie bei 25 Knoten Wind die Segel gekürzt. Obwohl Jon über Kerikeri Radio gewarnt hatte, daß sie mit einem Sturm von 40 Knoten rechnen müßten, waren sie noch immer zuversichtlich. So ein Wetter war für sie nichts Neues.

Nach und nach war der Seegang etwa 5,5 m hoch geworden, mit vielen Brechern. Dadurch gierte die Destiny hin und her. Dana war unzufrieden damit, wie das Schiff sich benahm. Es lief zu schnell. Er beschloß, unter nackten Masten zu lenzen und den Sea Squid-Treibanker übers Heck auszubringen. Dieser Seeanker war so konstruiert, daß er das Boot langsamer und damit besser beherrschbar machte. An 4,5 Metern 10-mm-Kette und 60 Metern Leine nachgeschleppt, sollte das trichterförmige Kunststoffgebilde mit seinen Öffnungen Wasserwirbel erzeugen und dadurch die nötige Bremswirkung haben.

Dana benutzte die Vorrichtung zum ersten Mal, obwohl er das Ding rund um die Welt mitgeschleppt und oft darüber geflucht hatte, weil es so sperrig war. Jetzt, bei der ersten praktischen Anwendung, bewährte sich das Gerät. Dana war mit der Bremswirkung sehr zufrieden. Die Werbeprospekte hatten nicht zuviel versprochen. Mit der nachgeschleppten „Bremse" lief das Boot vor der immer gröber werdenden See langsamer und kursstabiler.

Als es Nacht wurde, begannen sie mit ihrem Wachrhythmus. Sie vertrauten auf das Boot, das mit 3–4 Knoten vor Wind und See ablief, und auf ihre eigene Fähigkeit, mit dem Wetter fertig zu werden, das zwar grob war, aber nicht schlimmer als sie es schon manchmal auf anderen Reisen erlebt hatten.

Aber sie bekamen in der Nacht nicht viel Schlaf. Wind und See wurden Stunde um Stunde schlimmer. Der Wind heulte zunächst mit 30, dann 40 Knoten, tobte bald mit 50, 60, ja 70 Knoten, bis er nach ihren Beobachtungen mit 80 Knoten den Spitzenwert erreichte.

„Wenn du noch unsere eigene Fahrt berücksichtigst, sind es ungefähr 90 Knoten. In Böen müssen es über hundert sein", sagte Dana ungläubig.

Die DESTINY schoß jetzt schon mit 7–8 Knoten die Wellenhänge hinunter, aber Paula und Dana meinten immer noch, alles im Griff zu haben.

Während der Nacht schlug das Tuch der Spritzkappe unaufhörlich im Sturm, bis es in Fetzen ging. Die überkommenden Seen verbogen auch das Niro-Gestell der Sprayhood und rissen dann sogar die Relingskleider weg.

Während die beiden so in der Plicht kauerten, wurde ihnen allmählich klar, daß dieses Unwetter nicht mit anderen Stürmen vergleichbar war. Die Nacht war so schwarz, wie sie noch keine erlebt hatten, so finster, daß sie im Cockpit kaum einander sehen konnten. Grelle, zakkige Blitze zerfetzten gleißend den Himmel. Donner grollte unheimlich durch die Nacht.

Während ringsumher Blitze niedergingen, dachten die beiden darüber nach, ob sie diesen Ansturm der Elemente wohl überleben würden. Jedesmal, wenn der Himmel grünlich-weiß aufleuchtete, bekamen sie kurz zu sehen, wie der Sturm die Wellenkämme mitriß. Sie mühten sich ab, die DESTINY mit dem Heck zur See zu halten, aber jedesmal, wenn eine Welle die Yacht anhob, erfaßte der Sturm das Achterschiff und versuchte, das Boot herumzudrücken und seitwärts bergab zu schleudern. Dana kämpfte am Ruder dagegen an. Er steuerte nur nach seinem Gefühl und dem matt leuchtenden Kompaß.

Paula spürte die wilden Bewegungen des Bootes in ihren schmerzenden Gliedern. „Sie geht nach Backbord weg", rief sie.

Dana gab Gegenruder.

„Sie luvt immer noch an, mehr Gegenruder", schrie Paula.

Dana wirbelte das Rad herum und hielt hart Ruder – anscheinend eine Ewigkeit lang. Langsam, ganz langsam, reagierte die DESTINY. Dieses Spiel wiederholte sich die ganze Nacht immer wieder. Vor dem nachgeschleppten Seeanker, der sein Bestes tat, das Boot zu verlangsamen, lief die DESTINY mit vier Knoten durch die Wellentäler und mit sieben Knoten die Wellenhänge hinab. Die Besatzung hatte das Gefühl, daß ihr Schiff durch den achtern ausgebrachten Treibanker so ruhig vor dem Sturm lenzte, wie man es unter diesen Bedingungen überhaupt erwarten konnte.

Sie lagen in einem Wellental, das nach ihrer Schätzung 15 Meter tief war, wobei das Meßgerät 78 Knoten Windgeschwindigkeit anzeigte. „Wie auf einem Skihang", sagte Dana. Zu den Wellenkämmen vor und hinter ihnen mußten sie aufblicken.

Ungläubig staunend sahen sie die aufgewühlte See im Licht der Blitze. Nie zuvor hatten sie etwas Derartiges erlebt, und beide spürten sie, ohne es erklären zu können, die Feindseligkeit, die darin steckte. So mächtig kam ihnen die Natur vor, daß die Angst sie zum ersten Mal überwältigte. Ringsum, in der Plicht ebenso wie vor ihnen, hinter ihnen, an Backbord und an Steuerbord fühlten sie sich von Unheil umzingelt. Und dann der Lärm – nichts dergleichen hatten sie je erlebt. Um sie herum und über sie hinweg tobten und fauchten die Seen, die DESTINY schüttelte sich, bebte und krachte, wenn sich Tonnen von Wasser mit aller Gewalt gegen ihren Rumpf warfen und versuchten, ihre Fahrt zu stoppen.

Dreimal dachte Dana in jener Nacht, daß sie nicht davonkommen würden. Jedesmal blickte er Paula an und sagte nur: „Ich liebe dich."

Sie erwiderte seinen Blick. Wortlos beschwor sie ihn, nicht aufzugeben, sondern gegen die Erschöpfung anzukämpfen. *Bleib am Ruder, steuere weiter,* sagten ihre Augen. *Laß die See nicht siegen.*

Aber von achtern überkommende Brecher überschwemmten die Plicht. Das Boot war dadurch noch verwundbarer, bis das Wasser durch die Lenzrohre allmählich wieder abgeflossen war. Der Windmesser zeigte 90 Knoten.

Sie machten sich jetzt mit dem Gedanken vertraut, daß sie umkommen könnten, fürchteten sich aber nicht mehr. Als der Morgen graute, hatte ein glühender Überlebenswille die Angst verdrängt. Sie hatten sich auf die Umstände eingestellt. Sie spürten weder Müdigkeit noch Erschöpfung, obwohl sie das Boot durch die Nacht gesteuert hatten, ohne Schlaf zu bekommen.

Am 4. Juni, kurz vor dem Hellwerden begann der Wind nachzulassen. Er ging auf 47 Knoten, mit Böen bis zu 55 Knoten, zurück.

„Wir haben es geschafft, wir sind durch!" rief Dana aus. Doch es war noch nicht vorüber.

Das Tageslicht offenbarte schonungslos ihre bedrängte Lage: Um sie herum eine trostlose, gewalttätige Welt, eine farblose, verschwommene Wasserwüste aus Grau und Weiß. Meer und Himmel waren kaum zu unterscheiden. Gischtwolken, nein Gischtinseln, so groß wie Häuser, wurden von den Wellenkämmen weggerissen. Der Mast war fast 20 m hoch, wenn die Yacht aber im Wellental lag, schienen die Kämme noch weit höher zu sein. Obwohl Dana wußte, wie schwierig es war, Wellenhöhen auf See zu beurteilen, selbst unter guten Bedingungen, erschienen ihm die Seen jetzt deutlich über 20 m, vielleicht 30 m hoch. Es waren Lawinen, die unter den tonnenschweren Wassermassen, die in den Kämmen steckten, zusammenstürzten, um das Cockpit zu überfluten, sie zu durchnässen und herumzustoßen.

„Sieht aus wie im Gebirge", sagte Dana, während er das Panorama auf sich wirken ließ. „Die Schaumkämme wirken wie Schnee auf den Gipfeln. Unglaublich."

Gegen Abend änderte sich der Seegang. Obwohl die Windgeschwindigkeit zurückging, wurden die Seen kürzer, steiler und brachen heftiger. Aber der Wind hatte nur vorübergehend nachgelassen. Der Sturm ließ noch nicht von ihnen ab. Dana und Paula sahen mit Schrecken, daß der Windmesser wieder auf über 60 Knoten kletterte.

Dana war noch immer zuversichtlich, daß sie es schaffen würden, den Sturm abzureiten. Das Boot benahm sich leidlich, und nach allem, was sie nachts durchgemacht hatten, mußte das Schlimmste vorbei sein. Es war zwar unmöglich, die DESTINY auf einem gleichbleibenden Kurs zu halten, Dana hatte aber bewußt den Wind an Backbord gehalten, um aus dem gefährlichen Quadranten des Sturms herauszukommen.

Trotz seiner Zuversicht hielt Dana es für vernünftig, mit Kerikeri Radio Verbindung aufzunehmen. Paula sollte den Cullens von ihren

Schwierigkeiten berichten, dabei aber deutlich machen, daß sie nicht in einer lebensbedrohlichen Lage seien.

Paula war froh über die Pause. Sie hatte stundenlang im Cockpit gesessen und Dana bestärkt, sich auf das Steuern zu konzentrieren. Zwischen den Knien hatte sie einen Pumpenschwengel gehabt, mit dem sie jedesmal kräftig pumpte, wenn im Boot der Bilgealarm zu hören war. Sie war durchnäßt und steif.

Sie rief Kerikeri Radio mit der Einleitung „Pan-Pan", dem Dringlichkeitszeichen, das aufgrund internationaler Übereinkunft eine Bitte um Hilfe ankündigt, jedoch ohne die äußerste Dringlichkeit einer Mayday-Meldung. Dann kam sie wieder in die Plicht zurück, um Dana Gesellschaft zu leisten. Sie befestigte ihren Sicherheitsgurt mit kurzer Leine am Boot, um nicht von der See über Bord geworfen zu werden.

Stunde um Stunde wurde die DESTINY angehoben, in wütende Gischt eingehüllt, von Wasserfäusten niedergeschlagen und dann wieder bergab gejagt. Rütteln, Schütteln, Rollen, und noch mal dasselbe. Wieder bergauf, dann kommt der Brecher – und abwärts gesurft. Dann aber ist es plötzlich anders. Die 15-m-Wellen scheinen sich übereinander zu türmen. Der Wind packt die DESTINY, der wild gischtende Schaumkamm hüllt sie ein, aber die Yacht schießt nicht bergab. Den Bruchteil einer Sekunde hängt sie freischwebend über einem senkrechten Wasserfall, der mehr als 20 m lotrecht abstürzt.

„Das kommt mir anders vor, Paula! Irgendwas ist anders!" schrie Dana, als sich das Vorschiff senkte, und er voraus nichts als Luft sah. Kein Wasser spülte über Bug und Seitendecks.

„Oh Gott!" schrie er, als das Schiff aus dem Wasser katapultiert wurde und kurz in der Luft schwebte, bis die Schwerkraft die DESTINY zurück in ihr wütendes Element zog. Dana stand wie erstarrt am Ruder. Hart Steuerbord? Hart Backbord? Es war einerlei. Plötzlich schossen 16800 kg Yacht kopfüber zu Tal. „Oh Gott!"

„Das war's wohl!"

Dana klammerte sich schwerelos am Steuerrad fest, während das Boot, beinahe in Zeitlupe, durch die Luft fiel und ins Wasser tauchte. Der Bug grub sich tief ein, und die gewaltigen Sturzseen schlugen gegen den ausgetauchten Kiel – die DESTINY ging über Kopf. Dana merkte, daß er unter Wasser war.

Das ist schön, dachte er. *Hier ist es warm und friedlich.*

Ihm fielen seine Surferfahrungen wieder ein, und er wartete geduldig darauf, wieder an die Oberfläche zu kommen. Das Boot beendete seinen Purzelbaum und richtete sich wieder auf. Plötzlich war wieder Luft da. Er atmete wieder. Er sah Wasser. Er spürte und hörte das Wasser ablaufen. Er suchte nach Paula.

Hat sie's überstanden? Ja, ich sehe sie. Sie ist an Bord. Gott sei Dank! Auch ich bin noch da. Schwimmt das Boot noch? Ja, es liegt aufrecht. Diese Fragen schossen ihm während der halben Sekunde durch den Kopf, als das Schiff sich wieder aufrichtete. Ihre Blicke trafen sich, sie lebten. Er bewegte sich auf sie zu.

Unerträgliche Schmerzen wollten ihn zerreißen. Er merkte, daß sein Körper um das verbogene Steuerrad geschlungen war. Er versuchte, sich zu befreien. Der Mast war heruntergekommen und lag zerbrochen und verwunden über dem Deck. Mit Schrecken stellte er fest, daß er unter dem Großbaum und anderen Riggteilen eingeklemmt war. Irrsinnige Schmerzen durchbohrten ihn, als er versuchte, sich durch das Gewirr von Spieren und Takelage zu Paula hinzuziehen. Sie hatte sich am anderen Ende der Plicht unter dem Gestell der Spritzkappe eingekeilt. Trotz aller Mühe und aller Schmerzen konnte er sich nicht bewegen. Ein Oberschenkelknochen war zertrümmert, wie von einer Handgranate zerfetzt. Paula schaffte es, sich aus dem Durcheinander von Metall zu befreien, das sie in der Plicht festgehalten hatte. Sie kroch zu Dana und versuchte, ihn unter dem Baum herauszuziehen. Er schrie vor Schmerzen, als sie ihn an Backbord in eine Cockpitecke setzte.

„Ich bin zu stark verletzt, um zu helfen oder mich zu bewegen", keuchte er.

„Was soll ich tun?" fragte sie.

„Wir müssen das Rigg losschneiden, eine Notantenne installieren und das Boot überprüfen, um zu sehen, wieviel Wasser eingedrungen ist." Nach jahrelanger Notfallplanung kam diese Liste fast automatisch.

Aber der Ernst ihrer Lage wurde ihm schlagartig bewußt. Diesen Fall hatte er nie eingeplant: Er konnte sich nicht bewegen. Noch nie hatte er sich vorgestellt, ganz und gar außer Gefecht gesetzt zu sein. Er hatte immer gedacht, daß er in der Lage sein würde, an Deck entlangzukriechen, um die Takelage zu lösen. Im Geiste hatte er die Bilge ausgepumpt, eine Notantenne und ein Notrigg aufgetakelt, war in die Rettungsinsel gestiegen. Jetzt aber, wo gehandelt werden mußte, konnte er sich nicht rühren.

Paula würde alles allein machen müssen. Das war nicht eingeplant. Sie hatte dafür weder genügend Kraft, noch die Erfahrung oder die Kenntnisse.

Sie konnte die DESTINY überall auf der Welt navigieren, kannte sich mit der richtigen Segelführung und dem Amateurfunkgerät aus, konnte mit dem Radargerät umgehen und Wetterfaxe lesen, und sie war seine Schiffsärztin. Aber auf das, was jetzt auf sie zukam, war sie nicht vorbereitet.

Sollten sie in die Rettungsinsel gehen? War sie noch an Bord fest? Ja. Ihr Behälter war in der von oben gekommenen Takelage eingeklemmt. Nein! An Bord der DESTINY bleiben, solange sie nicht unterging. Das war die eiserne Regel. Es war ein stark gebautes Boot. Eine kümmerliche Rettungsinsel würde dieses Wetter vielleicht nicht überstehen.

„Wir müssen das Rigg kappen", wiederholte er.

„Und was davon zuerst?" Sie dachten an die Metallsägen mit Hartmetallsägeblättern, die sie für einen solchen Notfall an Bord hatten. Paula ging unter Deck, um sie zu holen. Sie erschrak, wie es dort unten aussah. Wasser platschte mit dem Schlingern und Stampfen des Bootes über den Bodenbrettern hin und her. Kojen- und Sofapolster lagen verkehrt herum. Bodenbretter waren herausgefallen, Kajüt- und Schapptüren aus den Scharnieren gerissen, und vorher sorgfältig gestaute Ausrüstung lag jetzt überall im Boot verstreut. Der Boden war von zerbrochenem Geschirr übersät. Ihr alter Teddybär schwamm zerzaust in dem herumschwappenden Wasser. Glücklicherweise funktionierten die Batterien noch. Sie waren festgezurrt. Paula stellte die elektrische Bilgepumpe an.

Jedesmal, wenn das Boot überholte, schabte und hämmerte der gebrochene Mast an Backbord gegen den Rumpf. Dana spürte in sich eine Welle sinnloser Wut. Dieser verdammte Mast zerkratzte die saubere Lackierung, mit der sie sich vor der Abreise so viel Mühe gegeben hatten.

Aber sie hatten ernstere Sorgen als den Ärger wegen einiger Schrammen. Der Aluminiummast hatte sich offenbar um das Unterwasserschiff herumgewickelt. Er führte an Steuerbord ins Wasser, war unter dem Rumpf herumgebogen und tauchte an der Backbordseite wieder auf. Was jetzt so hartnäckig gegen den Kunststoffrumpf hämmerte, war die Spitze einer Saling.

Während Paula darauf wartete, daß die Bilge lenz wurde, besichtigte sie die übrigen Schäden. Ganz vorn war die Ankerkette aus dem Kettenkasten herauskatapultiert worden und hatte sich auf den V-Kojen des Vorschiffs verteilt. Die Wucht der durch die Luft geschleuderten Ankerkette hatte die Tür zur Vorderkajüte glatt aus dem Schott geschlagen. Der Kühlschrankdeckel war auf die gegenüberliegende Seite der Yacht geflogen, und der Inhalt des Gefrierfachs lag überall in der Kajüte verstreut, dazwischen Erde aus Paulas Blumentöpfen.

Die gute Nachricht war, daß das Schiff kein Wasser mehr machte. Paula kehrte ins Cockpit zurück und schaltete die EPIRB-Funkboje an. Es war das neueste Modell, das dazu vorgesehen war, überfliegende Satelliten auf der Funkfrequenz 406 Megahertz zu erreichen. Als sie das Gerät angeschaltet hatte, begann seine Blitzlampe zu blinken. Sie hoffte, das sei das Zeichen, daß die Boje funktioniere. Die Funkantenne war mit dem Mast heruntergefallen, und bis auf weiteres war die Funkboje das einzige Mittel, um Hilfe zu rufen.

Paula dachte an ihre Mutter, und welche Sorgen sie sich bei einem Anruf der U.S.-Küstenwache machen würde. Die blitzende Funkboje war für Paula jetzt so wichtig wie das Atmen, etwas, das über Leben und Tod entschied.

„Bitte, lieber Gott", sagte sie. „Bitte, Gott, mach, daß sie funktioniert."

Sie klemmte Dana wieder in die Plichtecke, aus der er durch eine Welle herausgerutscht war, während sie unter Deck war. Dann kroch sie auf dem Bauch über Deck, um zu versuchen, einige der verhedderten Takelageteile zu lösen. Sie mußte den Mast frei bekommen, um ihn vom Rumpf zu entfernen, weil er sich alle Mühe gab, die Außenhaut aufzureißen.

Die Eisensäge am Arm festgebunden, so robbte sie Stück für Stück an der Backbordseite entlang. Die Seereling, deren Drahtdurchzug schlaff zwischen den verbogenen Stützen hing, war nutzlos. Paula konnte sich nur festklammern. Das Boot schlingerte fürchterlich. In ihr blitzte der Gedanke auf, daß auf Hunderte von Seemeilen kein anderes

Schiff in der Nähe war. Es war so weit nach Amerika. *Ach, wäre doch die Coast Guard hier!*

Paula war wütend, daß sie an Deck nicht aufrecht stehen, sondern nur auf dem Bauch rutschen konnte. Sie ärgerte sich, daß sie nur Stück für Stück vorankam, weil die Wellen über Deck wuschen und sie überspülten.

Sie begann, ein Want durchzusägen. Das Schiff rollte, und sie hörte, wie der Mast unter ihr mit der Saling gegen den Rumpf krachte.

Er zerkratzt mir die Farbe, dachte sie.

Aber es war hoffnungslos. Sie konnte nicht gleichzeitig den Draht zersägen und sich am Boot festhalten. Das Schiff arbeitete zu wild. Immer wieder lag sie mit dem Gesicht nach unten, während das Wasser über sie hinwegrauschte, und wartete, bis die DESTINY ruhig genug zum Weitersägen lag. Dann konnte sie ein paar Sekunden lang mit der kleinen Eisensäge am rostfreien Wantendraht herumkratzen. Aber schon kamen neue Brecher über, weil die DESTINY quer zu den Wellen lag. Paula mußte aufhören zu arbeiten, um sich mit beiden Händen festzuhalten.

Ihre Kraft ließ schnell nach. Sie zog sich langsam und mühevoll nach hinten zum Cockpit zurück. Hilflos blickte sie auf den Mast, der jetzt kraftlos auf dem Kajütdach lag. Verzweiflung überkam sie.

„Ich kriege ihn nicht ab, Dana, ich habe getan, was ich konnte", sagte sie.

Dann zwang sie sich erneut zur Arbeit. Sie ging unter Deck, um zu hören, wie der Mast am Rumpf bohrte, und kam zu dem Schluß, daß er nicht stark genug schlug, um die Bordwand zu durchdringen.

Als sie in die Plicht zurückkam, war Dana schon wieder aus seiner Ecke herausgeschleudert worden. Diesmal lag er an der Reling und hatte schlimme Schmerzen. Sie zog ihn behutsam zurück in die Sicherheit des Cockpits.

Dana hatte offensichtlich einen Schock erlitten. Er war leichenblaß. Seine Lippen waren zwei dünne blaue Striche. Er zitterte und murmelte zusammenhangloses Zeug, anscheinend wollte er ihr sagen, daß sie eine Notantenne anbringen solle, um Mayday funken zu können.

Paula wollte Dana nach unten bringen. Aber wenn er erst einmal unter Deck wäre, würde sie ihn nicht wieder an Deck tragen können, wenn sie das Boot aufgeben müßten. Aber sie wußte, daß er bei diesem Wetter nicht lange in der Plicht überleben konnte.

„Ich muß dich unter Deck schaffen, bevor du dich in der Takelage verhedderst und über Bord gerissen wirst“, sagte sie zu ihm.

„Eine Antenne“, beharrte er, „du mußt eine Antenne anbringen.“ Er erklärte ihr, was sie zu tun hätte. Er sagte, sie müsse das Achterstag kappen. Sie protestierte. Nicht schon wieder. Schon einmal hatte sie versucht, stehendes Gut zu zersägen.

Dana bestand aber darauf. Deshalb machte sie sich vorsichtig auf den Weg zum Heck. Als sie erst einmal dort war, fühlte sie sich tatsächlich sicherer als auf dem ungeschützten Seitendeck. Sie schaffte es zu ihrem eigenen Erstaunen schließlich, das Achterstag durchzusägen, löste die Antenne des Funkgeräts und brachte sie so hoch wie möglich an dem verbogenen Antennenmast aus rostfreiem Stahl an.

Wieder in der Plicht, stellte sie fest, daß Dana benommen aussah, daß ihm übel war, und daß er noch schlimmer zitterte. Paula entschloß sich, nicht länger zu warten, er mußte unter Deck, und zwar schnell.

Von Schmerzen gequält, schwang Dana sich zum Niedergang, indem er seine 90 kg mit der Kraft seiner Arme hob. Er hielt inne, der Schmerz war so durchdringend, daß er meinte, er würde es nicht schaffen.

Paula aber bestand darauf. Er mußte einfach ins Warme kommen, wenn er überleben wollte. Aber wie sollte sie ihn unter Deck schaffen? Sie versuchte, aus einer Innentür eine Trage zu machen, nur um festzustellen, daß sie nicht durch die Luke paßte. Dann versuchte sie, Dana unter Deck zu ziehen, aber er war zu schwer und schrie vor Schmerzen. Der Gedanke, daß er sterben könnte, weil es nicht in ihrer Macht stand, ihm zu helfen, entsetzte sie. Sie beschwor ihn, sich trotz der Schmerzen nach unten zu zwingen.

*

Schließlich fügte er sich in das Unvermeidliche und schwang sich durch den Niedergang. Paula ging rückwärts voran und stützte dabei seinen Unterkörper. Hart an der Grenze zur Bewußtlosigkeit hing er dort in der Lukenöffnung, seine Hände klammerten sich beim Überholen und Schlingern des Bootes am Rand des Niedergangs fest. Sein verletztes Bein baumelte bei den Bewegungen der Yacht leblos herum. Er löste sein gesundes Bein aus Paulas Griff und stützte sich damit auf dem Kajütfußboden ab, als er unten angekommen war. Paula führte ihn nach hinten, wo er sich auf die Achterkoje fallen ließ. Dort stopfte Paula Kissen um Dana herum, um seinen zerschmetterten Körper an der Backbordseite der Kajüte festzuklemmen.

Es hatte eine ganze Stunde gedauert, Dana die wenigen Meter aus der Plicht in die Kajüte zu schaffen.

Paula räumte das Boot auf, so gut sie konnte: Sie legte herausgefallene Bodenbretter wieder ein und schaufelte gefrorene Hähnchen und anderes herumliegendes Zeug zusammen, das die Bilgepumpen verstopfen konnte. Kaum war sie damit fertig, als erneut eine schwere See die DESTINY breitseits traf. Das Schiff rollte durch einen Winkel von 120°, und ein guter Teil der gerade weggeräumten Sachen stürzte wieder in heillosem Durcheinander auf den Boden.

Paula rief mit dem weitreichenden SSB-Funkgerät um Hilfe, bekam aber keine Antwort. Sie hoffte, daß die Funkboje funktionierte, es gab aber keine Möglichkeit, sich davon zu überzeugen.

Die See schlug weiter auf das hilflos treibende Boot ein. Mit beängstigender Regelmäßigkeit krachten ungeheure Wellen gegen die DESTINY, hoben sie an und ließen sie erzittern. Auf das ohrenbetäubende, explosionsartige Geräusch folgte jedesmal ein Moment der Schwerelosigkeit, bevor sich die Yacht, durch Tonnen von Wasser niedergedrückt, auf die Seite legte. Jedesmal wurde Dana aus seiner Koje geworfen und prallte zuerst gegen die Wegerung der Backbordwand, dann an die Steuerbordseite der Schlafkabine. Dort schien er eine ganze Weile freischwebend zu verharren, bevor er in die Koje zurückfiel, wenn das Boot sich wieder aufrichtete. Die DESTINY wurde mindestens sechsmal durch riesenhafte Wellen auf die Seite geworfen, unzählige Male war sie kurz davor. Trotz allem schaffte Paula unermüdlich all den zerbrochenen Kram beiseite, der die Bilgepumpen verstopfen konnte.

Dana litt jedesmal schlimme Schmerzen, wenn er sich gegen das Überholen des Bootes abstützen mußte. Bis dahin war er noch nie so schwer verletzt gewesen. Er fühlte sich ausgelaugt und unnütz. Trotz seiner eigenen Schwierigkeiten machte er sich Sorgen um Paula. Wenn sie nicht gerade dabei war, das Boot aufzuklaren, saß sie vor ihm wie ein lebender Leichnam, starrte vor sich hin und reagierte nicht auf die heftigen Schiffsbewegungen. Auch sie war ausgepumpt und stand unter Schock. Sie hatte Angst, und er konnte nichts tun, um sie aufzumuntern. Sie waren an Bord wie lebendig begraben, jeder war mit seinen Schmerzen allein, keiner von ihnen wagte zu sprechen, weil ihre innersten Gedanken zu düster waren, um sie mit dem Partner zu teilen.

Paula saß auf dem Fußboden und hörte zu, wie der Mast gegen den Rumpf hämmerte. Er schien entschlossen, das Boot zu durchlöchern und es mit ihnen zu versenken. Sie konnten nichts tun, außer zu warten und zuzuhören. Sie hatte nicht die Kraft, bei diesem Wetter an Deck zu gehen. Jedesmal, wenn die DESTINY vom Seegang flachgelegt wurde, hörte sich das Geräusch der am Mast befestigten Saling, die am Rumpf kratzte und schlug, anders an. Aus einem harten Klopfen war ein weiches Patschen geworden. Hatte die Saling das Kernmaterial der Sandwich-Außenhaut durchdrungen? War sie dabei, die innere GFK-Schicht wegzuraspeln?

Paula überlegte gerade, wie sie Dana wieder an Deck bekommen sollte, falls das Boot anfangen sollte zu sinken, da geschah ein kleines Wunder: Eine menschliche Stimme erfüllte die Kajüte. Die Stimme eines Mannes. Eine Stimme mit neuseeländischem Akzent.

„DESTINY, DESTINY, hier ist Kiwi 315. Können Sie mich empfangen? Over."

Unglaublich, das UKW-Gerät funktionierte. Seine Antenne befand sich an der Spitze des gebrochenen Mastes, die jetzt abwechselnd eintauchte und aus dem Wasser kam. Paula griff zum Mikrofon. Zu ihrer Freude stellte sie fest, daß die Stimme aus einem Flugzeug der Neuseeländischen Luftwaffe kam, das auf einem SAR-Flug über der Yacht kreiste. Auch ein Arzt war an Bord des Flugzeugs.

*

Das Gespräch war schwierig. Der Funkkontakt brach immer wieder ab, wenn die Orion P 3-Maschine weiter als anderthalb Seemeilen wegflog, oder wenn die Yacht nach Backbord rollte und die Antenne dabei untertauchte. Nur Häppchenweise konnte Paula Danas Zustand, seine Schmerzen und seine Atemschwierigkeiten beschreiben. Sie sagte, daß seine Rippen und sein Oberschenkelknochen gebrochen seien. Die Orion-Besatzung machte sich Sorgen, daß die Rippen einen Lungenflügel durchbohren könnten, wenn der Verletzte in seiner Koje herumgeworfen würde.

Während die Flieger über Funk mit Paula sprachen, konnten sie hören wie der Mast gegen den Rumpf schlug. Bruce Craies war sehr besorgt über die damit verbundene Gefahr. Er mußte sich genauer ansehen, in welcher Notlage die DESTINY war. Als er noch bei den „Red Checkers", der Kunstflugstaffel der neuseeländischen Luftwaffe, geflogen war, hatte er sich den Spitznamen „Crazy" Craies verdient. Diesem Spitznamen machte er jetzt alle Ehre, als er mit der Maschine bis auf etwa 60 m hinunterging und bei peitschendem Regen und schlechter Sicht die Wellenkämme rasierte. Er verringerte die Geschwindigkeit, soweit es ging, und verschaffte sich beim Überfliegen der havarierten Yacht einen Überblick über die Lage.

Paula sprach noch immer mit dem Arzt über Danas Zustand, als die Orion vorbeiflog. „Oh", rief sie aus, „ich höre das Flugzeug. Mein Gott, wenn Sie mich doch hochziehen könnten."

Es war ein anrührender, hilfloser Ruf, der die Flieger mit Mitleid für die verzweifelte Frau erfüllte, von der sie nur die Stimme kannten. Im Tiefflug konnten sie sich überzeugen, daß die DESTINY in einer ernsten Lage war. Sie war übel zugerichtet. Die Orion-Crew befürchtete, daß das Schiff diese Mißhandlung nicht überstehen würde.

Weiter hinten im Flugzeugrumpf saß der für die Taktik zuständige Offizier, Major Mike Yardley, vor einer Reihe von Bildschirmen und elektronischen Geräten, mit denen das Flugzeug normalerweise U-Boote oder Schiffe von Drogenschmugglern aufspürte. Während Craies sich auf das Fliegen konzentrierte, hielt Yardley Funkkontakt mit der neuseeländischen Seenotleitstelle, mit Rettungsschiffen, Kommandozentralen und den in Not geratenen Schiffen. Auch die Navigation und die Überwachung des Treibstoffvorrats gehörten zu seinen Aufgaben. Ihm gehörte eine der Stimmen, die Paula aufbauten.

Yardley war froh, daß er diesen Einsatz zusammen mit Craies flog. „Crazy" Craies war selbst Segler und fand dadurch schneller einen direkten Draht zu Paula Dinius. Er gab Ratschläge, an die Yardley nie gedacht hätte, so empfahl er z. B., mehr Trossen oder Ähnliches als

Seeanker nachzuschleppen, damit das Boot langsamer und stetiger vor der See lief.

„Die 406er-EPIRB hat einiges für sich, stimmt's?“ sagte er über die Seenotfunkboje, die der Außenwelt die Not der DESTINY gemeldet hatte.

„Ja, verdammt“, antwortete Craies beim Blick auf den trostlosen Ozean unter ihnen. Die See war voller scheußlicher, brechender, rollender und sich überstürzender Wellen, die chaotisch in alle Richtungen liefen. Lange Gischtstreifen zogen sich über die See, soweit man sehen konnte. Eine weiße Yacht sah im Hafen vielleicht gut aus, aber hier auf See war ein weißes Boot kaum auszumachen. Der halbe Ozean hatte diese Farbe. „Anders hätte niemand das Boot finden können.“

Während die Orion in der Luft war, wurden in der Rettungsleitstelle in Wellington die Aufzeichnungen nach Schiffen in dem Seegebiet durchkämmt, die der DESTINY zur Hilfe kommen könnten. Man hielt das 7246 BRT große Containerschiff TUI CAKAU III für die beste Wahl.

Die Orion rief den Frachter auf Kanal 16 an. Der Schiffsführer, Kapitän Jim Hebden, sagte, daß sie gegen einen Sturm mit gewaltigen Seen ankämpften. Das Schiff stand nur 30 Seemeilen entfernt, aber wer konnte bei einem Sturm von Windstärke 10, in Böen bis 12, schon wissen, wie lange das Schiff zur DESTINY brauchen würde?

Craies glaubte nicht, daß die DESTINY die Nacht überstehen würde. Aus 60 m Höhe sah er tatsächlich, daß der Mast sich vollständig unter dem Boot herumgeschlungen hatte. Die Saling würde wahrscheinlich die Außenhaut durchschlagen, wenn der Tanz so weiterginge. Es gab keine Anzeichen für ein Nachlassen des Sturms.

Hinzu kam, daß die Besatzung der DESTINY in schlechter Verfassung war. Paula hörte sich erschöpft und verzweifelt an. Ihr Ehemann konnte sich nicht bewegen, möglicherweise lag er infolge von Komplikationen seiner Verletzungen und mit vielleicht durchstoßenen Lungenflügeln im Sterben. Das Flugzeug konnte kaum mehr tun, als über der Yacht zu kreisen und mit den Seglern Kontakt zu halten.

Craies vereinbarte mit Paula, alle halbe Stunde Verbindung mit ihr aufzunehmen, und malte ihre Rettungsaussichten in freundlicheren Farben, als er sie tatsächlich beurteilte. Er war nicht einmal sicher, daß die Batterien der Yacht viel länger mitmachen würden. Danach wäre es mit dem Funkkontakt zu Ende. Der Pilot sprach stündlich mit der TUI

CAKAU auf einer anderen Frequenz als mit der DESTINY, so daß Paula nicht hören konnte, was Kapitän Hebden berichtete. Der einzige Lichtblick war, daß der Kapitän des Schiffs, das sich durch den Sturm boxte, um ihnen zur Hilfe zu eilen, Jim Hebden war. Sie hatten große Hochachtung vor seiner Entschlossenheit und vor seinen Fähigkeiten als Nautiker.

Orion: Paula, hier ist der Arzt.
Paula: Ja, hier bin ich.
Orion: Noch eine Frage, wie alt ist Dana?
Paula: Dana ist 42. Haben Sie verstanden?
Orion: Verstanden, zweiundvierzig. Sie haben alles getan, was Sie können, und Hilfe ist unterwegs. Ich bin sicher, es geht ihm bald besser.
Paula: Ja, das glaube ich auch. Aber ich mache mir große Sorgen über dieses heftige Schlagen am Rumpf, obwohl ... (Die Verständigung begann abzubrechen, als das Flugzeug aus der Reichweite des Senders flog.) ... Ich weiß nicht, ob ich Dana nach draußen schaffen kann.

„Scheiße!“ rief jemand im Flugzeug vor Ärger über die abgebrochene Funkverbindung aus.

„Wenn sie diesen Spargel nicht loswerden, wird er mit Sicherheit ein Loch ins Boot schlagen“, sagte Craies. „Das wird bestimmt innerhalb von acht Stunden passieren.“

Paula war kurz wieder über Funk zu hören. „Könnten Sie bitte in Verbindung mit mir bleiben ...?“ Dann war wieder nichts mehr zu hören.

Orion: Paula, hier ist Mike im Flugzeug. Wir werden über Ihrer Position bleiben und versuchen, ununterbrochen mit Ihnen zu sprechen. Over.
Paula: Ah, ja, werden Sie über uns kreisen oder so? Gerade sind Sie laut und deutlich zu hören.
Orion: Paula, wir überfliegen jetzt gerade Ihr Boot und werden direkt über Ihnen bleiben. Wir können hier bleiben und gleichzeitig mit Ihnen sprechen und dieses andere Schiff im Radar sehen.
Paula: In Ordnung. Sie meinen also, daß es in acht Stunden hier sein wird. Das ist dann nachts. Was ist dann vorgesehen?

Orion: Ich denke, wir machen uns darüber Gedanken, wenn das Schiff etwas näher ist. Ich muß mit dem Kapitän der TUI CAKAU selbst sprechen. Over.
Paula: Ich verstehe. Okay. Also ich bin nicht sicher, ob ich rausgehen sollte und versuchen, diesen Mast loszuwerden. Man kann sich wirklich nirgends festhalten. Viele Relingstützen sind weg, und das Boot legt sich so weit über, daß ich nur, oh (sie unterbrach das Gespräch, um sich gegen das Rollen des Bootes abzustützen) und wenn ich rausgehe, Dana ... Er kann nicht, er kann sich nicht bewegen. Ach, ich weiß nicht, was ich tun soll.
Orion: Ja, Tag Paula, hier ist Bruce. Was ich tun werde, ich werde weiter runtergehen und im Tiefflug am Boot vorbeifliegen und zu erkennen versuchen, was mit dem Mast los ist. Dann werde ich Ihnen von hier aus etwas raten können. Over.
Paula: Ich meine, daß er am Mastfuß noch etwas fest ist. (Die Verbindung begann wieder abzubrechen, weil die Orion außer Reichweite flog.)
Orion: Gut, bleiben Sie hörbereit, ich werde gleich an Ihnen vorbeifliegen.

Er flog erneut sehr niedrig vorbei und besprach mit Paula, ob sie an Deck gehen und die Wanten kappen könnte. Nach dem, was sie vorher durchgemacht hatte, hatte sie aber zu viel Angst und war zu müde. Craies fand auch, daß es zu gefährlich wäre, weil sie vom Boot heruntergespült werden könnte. In diesem Fall hätte niemand sie wieder an Bord ziehen können. Sie mußten alle Hoffnung auf die TUI CAKAU setzen.

Er schlug vor, daß Paula in der Zwischenzeit weitere Trossen über das Heck ausbringen sollte, um das Boot möglichst mit dem Heck gegen die Seen zu halten statt quer zur See, wie es jetzt trieb. Wenn diese Maßnahme Erfolg hätte, würde das Boot sicherer und ruhiger liegen, sagte er. Dana würde dann auch weniger herumgeworfen werden. Craies verschwieg, warum er sie wirklich wieder an Deck schickte. Er befürchtete, daß die Yacht erneut überrollt werden könnte, wenn sie quer zur See liegenbliebe.

Zum zweiten Mal und mit der gleichen Angst wagte sich Paula vorsichtig zum Heck. Der Anblick der Rettungsinsel ermutigte sie dabei nur wenig. Sie hatte sich selbsttätig aufgeblasen, als das Schiff wieder einmal vom Seegang flachgelegt worden war. Die Rettungsinsel war aber noch mit der Yacht verbunden. Von Wind und Wellen wie ein Ballon hochgehoben, zerrte sie an ihrer Fangleine. Der Gedanke, sich bei diesen Bedingungen der Rettungsinsel anzuvertrauen, gefiel Paula überhaupt nicht. Sie hatte mit Dana über die Möglichkeiten gesprochen, das Boot zu verlassen. Er hatte geplant, sich an Deck zu schleppen, so gut er konnte, sich in Höhe der Insel auf das Schandeck zu stellen und sich dann einfach über Bord ins Wasser fallen zu lassen. Paula sollte dann versuchen, ihn in das Rettungsfloß zu ziehen. Jetzt sah sie, daß dieser Plan undurchführbar war.

Sie schleppte zwei 90-m-Trossen zum Heck. Langsam arbeitete sie mit einer Hand, während sie sich mit der anderen am Schiff festhielt. Sie belegte eine Trosse, wickelte sie mühsam und zeitraubend auseinander und warf dann ein, zwei Meter in den Sturm hinaus, die aber sofort wieder auf sie zuflogen. Sie versuchte es erneut und mußte vor Verzweiflung lachen, als der Tampen zum zweiten Mal wie ein Bumerang zurückkam. Nach mehreren weiteren Versuchen, gelang es ihr schließlich, die beiden Trossen auszubringen, aber trotz all der Mühe drehten sie das Heck der Destiny nicht gegen die Seen.

Als Paula wieder unter Deck war, spürten Dana und sie, wie ihr Kampfgeist und ihre Kräfte dahinschwanden. Die heftigen Schiffsbewegungen und das Getöse des Sturms ließen ihnen nicht die Ruhe, die sie so dringend brauchten, um wieder Kräfte zu sammeln.

Die Besatzung der Orion wußte, daß Paula und Dana unter starker Belastung standen. Über Funk hörten sie ihre Schreie, wenn Wellen das Boot auf die Seite legten. Jedesmal warteten die Flieger unruhig darauf, zu hören, daß die beiden da unten noch am Leben waren. Dana und Paula wurden für sie nach und nach zu mehr als einer Routineaufgabe. Sie wurden allmählich zu Freunden, Freunden in Not.

Die Orion überflog die Yacht wieder einmal. Craies sah die Rettungsinsel nicht. Sie war weg. Er sagte Paula aber nichts davon. Das hätte in ihrer furchtbaren Lage keinen Sinn gehabt. Später ging Paula jedoch an Deck und entdeckte die Wahrheit selbst.

„Oh Gott, die Rettungsinsel ist weg“, hörte man sie über Funk herausplatzen. „Wir müssen sterben, wenn das Boot sinkt.“

Die Flugzeugbesatzung versuchte, ihr die Furcht zu nehmen. An Bord des Flugzeugs waren zwei Rettungsinseln, die notfalls bei der DESTINY abgeworfen werden konnten. Luvwärts der Yacht fallengelassen, würden die Rettungsinseln auf das Boot zutreiben.

Paula wußte den guten Willen der Flieger zu schätzen, aber sie wußte nur zu gut, daß eine solche Aktion auch sehr leicht schiefgehen konnte.

Tatsächlich waren die Rettungsflieger durchaus zuversichtlich, daß es ihnen gelingen würde, der DESTINY Rettungsinseln zuzuwerfen. Sie sagten der Seglerin aber nur das, was sie für richtig hielten. Sollte die DESTINY schließlich leckschlagen und sinken, dann würden sie niedrig über das Boot hinwegfliegen und es mit einer Rettungsinsel bombardieren, an der fast 500 m lange Leinen wie Fangarme befestigt wären. Craies glaubte, daß diese Tentakeln sich mit etwas Glück am Boot verfangen würden, so daß Paula in der Lage sein würde, die Rettungsinsel längsseits zu holen, um mit Dana hineinzusteigen.

Mit dem Tageslicht ließ auch der Moral der Flieger nach. Die Orion-Maschine flog noch einmal niedrig über die DESTINY hinweg und warf eine Sonar-Markierungsboje ab, die normalerweise bei der U-Bootjagd benutzt wird, der Hauptbeschäftigung dieser Flugzeuge. Es war eine Vorsichtsmaßnahme für den Fall, daß die Seenotfunkboje des Bootes über Nacht ausfallen sollte.

Major Yardley fühlte sich so niedergeschlagen, daß er sich nicht aufraffen konnte, Funkkontakt mit Paula zu halten. Er hatte den ganzen Tag mit ihr gesprochen, jetzt war nichts mehr zu sagen. Als Taktikoffizier wußte er auch, daß die Orion nicht die ganze Nacht dort bleiben konnte. Sie würden zum Auftanken und Ausruhen zum Stützpunkt zurückkehren müssen.

Tagsüber hatte Craies zwei Motoren abgestellt und ihre Propeller in Segelstellung gebracht, um Treibstoff zu sparen und länger über die DESTINY wachen zu können. Er hoffte, daß die Tui Cakau rechtzeitig kommen würde. Die hochgehende See hatte Kapitän Hebden aber gezwungen, die Fahrt zu verringern und seinen Kurs etwas abgesetzt von der DESTINY zu steuern. Seine geschätzte Ankunftszeit verschob sich dadurch noch weiter.

---

* Ein Paracetamolpräparat, in Deutschland u. a. als ben-u-ron im Handel – d. Übers.

Wasser im Schiff!

Sonnabend, 4. Juni, 1220 Uhr.

Jon Cullen besprach mit der Orion-Besatzung gerade die Notlage der DESTINY, als er von einem anderen dringenden Funkruf unterbrochen wurde. Es war die 13,7 m lange neuseeländische Sloop QUARTERMASTER, deren Crew, ein Ehepaar und ihr Sohn, schon vorher berichtet hatten wie sie vom Sturm gebeutelt wurde.

QUARTERMASTER: Kerikeri, sind wir zu empfangen? Over.
Jon: Ja. Ich habe gerade mit der Orion gesprochen, die auf dem Weg ist, um Hilfe zu leisten. Bitte kommen, over.
QUARTERMASTER: Ja. Wir haben gerade eine Meldung von der MARY T auf 27°2'S 179°47'E aufgefangen. Das Schiff macht Wasser, und sie kommen nicht ganz gegenan, deshalb haben sie einen Dringlichkeitsruf gesendet.
Jon: Verstanden, alles klar. Bleibt auf Empfang. Ich muß mir meine Funkkladde vornehmen. Ich hatte gerade nichts zur Hand, als ich eure Meldung hörte. Also das ist die MARY T?
QUARTERMASTER: Richtig, Jon.
Jon: Okay, verstanden. Haben die eine Vorstellung, wo das Wasser jetzt reinkommt? Over.

Die Stimme von der QUARTERMASTER kündigte an, die MARY T zu rufen, um die Ursache des Lecks in Erfahrung zu bringen. Ganz schwach durch das Rauschen hörte Jon die Stimme einer Frau, die auf die Fragen der QUARTERMASTER antwortete. Die Stimme hatte einen Akzent, den man hier um diese Jahreszeit oft hörte: Amerikanisch.

Jon: Verstanden, ich kann die MARY T gerade eben hören, gerade so eben. Können Sie mich hören? Over.
MARY T: Ja, ich kann Sie gerade eben durch das Rauschen hören.
Jon: Verstanden, MARY T. Ich höre Sie jetzt in Stärke zwei. Haben Sie irgendeine Vorstellung, woher das Wasser kommt? Over.
MARY T: Nein, das ist gerade das Problem. Wir können es nicht stoppen. (Die Stimme der Frau klang dringlich. Sie wurde immer wieder von den Störgeräuschen übertönt.) Wir laufen im Augenblick unter nackten Masten. Wir versuchen, wegzukommen. Wir machen so viel Wasser, daß ... (Sie war wieder nicht zu hören) ... Also wir versuchen wegzukommen. Können Sie uns zum Wetter irgendeinen Rat geben? Over.
Jon: Verstanden, gut nach Westen zu halten wird etwas helfen, aber nicht viel, fürchte ich, besonders auf 179°. Wir haben gerade die neueste Wetterkarte bekommen, aus der hervorgeht, daß das Tiefdruckzentrum morgen mittag auf 28°S und 180°Länge liegt. Es zieht also nach Südsüdost. Over.

Die Verbindung mit der MARY T verlor sich wieder im Rauschen. Jon rief die QUARTERMASTER. Er berichtete Bob Rimmer, dem Skipper der QUARTERMASTER, von ernsten Problemen auf der MARY T und bat ihn, sich als Relaisstation bereitzuhalten. Bob war einverstanden und meldete, daß auch er mit sechs Knoten vor Topp und Takel lenzte und zwei Seeanker nachschleppte. Er schien ganz gut klar zu kommen und, wie es sich anhörte, war er zuversichtlich, mit dem 50 Knoten-Sturm fertig zu werden.

Die MARY T sendete wieder und rief die QUARTERMASTER. Auch sie meldete 50 Knoten Windgeschwindigkeit.

QUARTERMASTER: Sagen Sie uns bitte, wie viele Personen an Bord sind, die Bootsgröße u.s.w.
MARY T: Wir sind eine 12-m-Yawl und laufen auch unter bloßen Masten vor dem Sturm ab. An Bord sind vier Leute, ich selbst, ein Mitsegler, mein Mann und unsere 16jährige Tochter.
QUARTERMASTER: Gut, das habe ich. Vier Leute an Bord, ja. Ich werde das an Kerikeri weitergeben. Augenblick noch.

MARY T: Bin auf Empfang.
Jon: Verstanden. Alles verstanden. Over.
QUARTERMASTER: Haben Sie alles?
Jon: Ja, verstanden. Ich brauche die Farbe der Yacht und weitere Einzelheiten. Over.
QUARTERMASTER: Ich frage jetzt nach der Farbe.
QUARTERMASTER: MARY T! Hören Sie? Over.
MARY T: Wir hören. Wir sind nicht in unmittelbarer Gefahr, machen aber Wasser. Over.
QUARTERMASTER: Bei der Farbe des Bootes habe ich den Anfang nicht mitbekommen. Können Sie das bitte nochmal durchgeben?
MARY T: Weißer Rumpf. Weißer Rumpf. Over QUARTERMASTER: Weißer Rumpf und graue Spritzkappe. Also, Jon, hast du das? Weißer Rumpf mit grauem Sprayhood.

Weiß, was auch sonst, dachte Jon. *Sie haben alle weiße Rümpfe.*

Jon: Weißer Rumpf und graue Spritzkappe. Gibt es irgendwelche Erkennungsmerkmale? Wir müssen das für alle Fälle wissen, nur falls was passiert. Over.
QUARTERMASTER: Ich versuche nachzufragen. MARY T, er will wissen, ob ihr irgendwas habt, um euer Schiff kenntlich zu machen. Habt ihr ein oranges Signaltuch (Eine Flagge, die über das Deck gezogen werden kann.) mit einer Segelnummer, das ihr zeigen könntet?
MARY T: Äh, nein, haben wir nicht.
QUARTERMASTER: Also, Jon, sie haben keine Erkennungsmerkmale außer der Yawltakelung.
Jon: Roger, Roger. Alles verstanden. Alles mitbekommen. Wir bleiben den ganzen Tag hörbereit. Over.
QUARTERMASTER: In Ordnung. Wir bleiben auch den ganzen Tag auf Standby, MARY T, wenn ihr also etwas durchzugeben habt, hören wir euch.
MARY T: Danke, vielen Dank. Wenn wir vielleicht hören könnten, was da mit diesem Tief los ist, von dem Jon wohl gesprochen hat. War doch ein Tief, oder? Over.

Bob wiederholte die Wettervorhersage, die Jon vorher durchgegeben hatte.

MARY T: Gut, wir hoffen, daß der Wind dreht. Over.
QUARTERMASTER: Ich weiß ... Ich möchte ... Wir laufen nach Westen weg, wie wir können.
MARY T: Wir hatten unterschiedliche Berichte über dieses Tief. Heute morgen sagte jemand, daß es sich nach Südsüdwesten bewegt, gestern abend sagte jemand anders, daß es nach Südosten ziehe. Woher bekommt Jon die Informationen? Ist er sich ziemlich sicher? Over.
QUARTERMASTER: Ja, er bekommt immer die neuen Wetterfaxe vom neuseeländischen Wetterdienst, und ich würde sagen, er macht die besten Wettervorhersagen für den Südpazifik.
MARY T: Verstanden, gut, ich bin froh, das zu hören. Ihr lauft also auch nach Westen und hofft, es umgehen zu können, wenn ihr auf dem Kurs bleibt? Over.
QUARTERMASTER: Ich glaube nicht, daß wir es umgehen können, aber zumindest wollen wir versuchen, den größten Windstärken auszuweichen.
MARY T: Gut, verstanden. Wir wollen versuchen, in Verbindung zu bleiben. Wir melden uns wieder in ungefähr zwei Stunden. Over.
Jon: Verstanden, Bob. Sie melden sich wieder um 1430 Uhr. Das ist auch wichtig. Wir müssen auf dem laufenden bleiben, wenn sie einen Dringlichkeitsruf gesendet haben. Wir werden hörbereit sein. Over.
QUARTERMASTER: Wir sind hier in Hörbereitschaft.
QUARTERMASTER: Over und Ende.
Jon: Bob, achtet darauf, daß eure UKW-Geräte eingeschaltet sind. Eine Orion fliegt in dem Gebiet, also achtet darauf, daß eure UKW-Geräte an sind. Over.
QUARTERMASTER: Ja, ich gebe das weiter. MARY T, MARY T. Könnt ihr bitte euer UKW auf (Kanal) 16 schalten? Eine neuseeländische Orion-Maschine ist auf der Suche nach einem Boot mit Namen DESTINY.
MARY T: Oh, das ist gut. (Die Frauenstimme hörte sich erleichtert an, daß ein Suchflugzeug in der Nähe war.) Gut, ich glaube nicht, daß sie am Ende euch oder uns suchen müssen, vielen Dank dann. Wir lassen unser UKW-Gerät an, und wenn wir etwas von einem Schiff namens

DESTINY sehen, melden wir uns.
QUARTERMASTER: Okay, wir bleiben für euch hörbereit. QUARTERMASTER Ende.
Jon: Kerikeri Radio bleibt hörbereit.

MARY T

Carol Baardsen hatte sich mit der Dringlichkeitsmeldung an Kerikeri Radio gewandt, als sich an Bord der MARY T herausgestellt hatte, daß das Boot so stark leckte, daß man mit dem Pumpen nicht gegenan kam. Sie hatten schon überall nach den Lecks gesucht, als das Wasser über die Bodenbretter stieg.

Unter Deck pumpte Anna. Carol und Sigmund wechselten sich an Deck ab, während Lianne am Ruder blieb und versuchte, die Yawl im Griff zu behalten, wenn sie die gewaltigen Wellenhänge hinunterschoß, die von überall auf sie einstürmten. Jede See packte die MARY T mit wütend tosender Gischt und schob das Boot mit acht Knoten den vorderen Wellenhang hinab.

Dann gierte die Yacht weg, so daß das Achterschiff den wütenden Brechern seitlich ausgesetzt war und das Wasser über die Seitendecks schoß und in die Plicht stürzte, wo die Abflüsse die Menge nicht bewältigen konnten.

Sigmund suchte fieberhaft nach dem Leck. Er fand kleinere Undichtigkeiten: Wasser drang durch den Schlauch der elektrischen Lenzpumpe in die Bilge ein; kleine Löcher in einem Schlauch, der von einer anderen Pumpe kam, machte diese fast nutzlos, und durch die Stopfbuchse der Schraubenwelle leckte es ebenfalls. Das Hauptleck fand er aber nicht. Während die Mannschaft bis zur Erschöpfung pumpte, stieg das Wasser im Schiff weiter an. Er verzweifelte mehr und mehr. Erst vor wenigen Stunden hatte alles noch ganz anders ausgesehen …

Die Reise von Neuseeland aus war gut verlaufen, und als sie 30°S erreicht hatten, feierten sie die wärmeren Breiten und die Aussicht, in Badezeug die warme Sonne zu genießen. Sie dachten daran, zum Minerva-Riff zu segeln, einem trügerischen Atoll, dessen Korallen nur knapp über den Meeresspiegel angewachsen waren. Der Reichtum an

Fisch und anderem Meeresgetier hinter dem Schutzwall aus Korallen war legendär. Es hieß, daß man die Hummer in ihren Unterwasserverstecken in drei Meter Tiefe einfach einsammeln konnte.

Carol war am Kurzwellengerät, als sie eine Stimme aus dem Äther hörte, die bei den Yachtseglern genauso beliebt war, wie die von Jon Cullen. Es war Arnold, der bekannte Funker aus Rarotonga. Sie hatten sich auf dem Weg nach Neuseeland alle auf seine Ratschläge verlassen und machten sich Sorgen, als er mitteilte, daß sich vor den Fidschi-Inseln ein Tief gebildet hatte und direkt auf sie zukam. Er schlug vor, daß sie so schnell wie möglich nach Westen ablaufen sollten.

Nach seiner Beschreibung schien ihnen etwas Schlimmes bevorzustehen. Sigmund hatte noch deutlich vor Augen, welche Verwüstungen der Hurrikan „Raymond" angerichtet hatte, vor dem sie in Mexiko Schutz gesucht hatten. Als er einen Kurs nach Arnolds Rat absteckte, ging ihm durch den Kopf, was alles nötig war, um das Boot auf den Sturm vorzubereiten. In seiner Hektik setzte er aus Versehen einen Kurs entgegengesetzt zu Arnolds Empfehlung ab. Dieser Kurs führte geradewegs ins Zentrum des Sturms. Carol versuchte ihn zu überzeugen, daß das die falsche Richtung sei, aber er wollte nicht darauf hören.

Sie verschlossen alle Luken und Bullaugen. Carol überdachte die gefährliche Lage, während sie im Drucktopf Reis kochte, damit während des Sturms etwas da wäre, das sie einfach mit den Händen aus dem Topf essen konnten. Während Sigmund aber hoffte, daß sie dem Sturm weglaufen würden, wußte sie, daß sie genau darauf zuhielten.

„Gib ihm Zeit, sich zu beruhigen", sagte sie sich. Sie wußte, daß er nicht richtig gelesen hatte, als er Arnolds Warnung verarbeitete. Er hatte die Koordinaten falsch abgelesen und lief mit der MARY T geradewegs in den Sturm hinein, statt ihn zu umgehen. Auch Anna wußte, daß er sich geirrt hatte, aber er wollte nicht auf die anderen hören. Sie warteten beide ungeduldig auf eine Gelegenheit, die Sache zur Sprache zu bringen.

Schließlich bewaffneten sie sich mit Karten und Kursdreiecken und stellten ihn zur Rede. „Hör mal, Sig, du mußt mal herkommen und dir die Karten ansehen", sagte Carol. „Wir müssen jetzt nicht nach Osten, sondern nach Westen."

Sie verstanden das Problem, Sigmund aber begriff nicht, worauf die anderen hinaus wollten, bis Carol alles in eine Karte eintrug. Dann wurde ihm sein Fehler klar.

Die arme Lianne. Sie war mit fremden Leuten zusammen auf einem fremden Boot, das in ein ausgeprägtes Tiefdruckgebiet hineinsegelte, und jetzt saßen sie da und stritten sich, in welche Richtung sie segeln sollten. Das hob weder ihre Stimmung noch ihr Vertrauen zu der Besatzung. Während sie auf dem neuen Kurs liefen, um vom Sturm wegzukommen, tobte sie ihren Ärger aus, indem sie sich draufgängerisch auf die Vorsegelwechsel und alles andere stürzte, das man von ihr verlangte.

Bis zu dem vorgesehenen Funkgespräch mit Arnold am nächsten Morgen segelten sie 86 Seemeilen durch die Nacht. Arnold entschuldigte sich und gab ihnen noch beunruhigendere Nachrichten durch. Nadi Radio hatte ihn falsch informiert. Der Sturm zog tatsächlich fast nach Süden, nur ganz wenig östlich, so daß sie unglücklicherweise direkt in seine Zugbahn liefen. Verwirrt wußten sie nicht, was sie glauben und tun sollten. Um zu entkommen, riet Arnold ihnen, sie müßten den Kurs ändern und hoch am Wind segeln, der jetzt mit 50 Knoten blies. Erst jetzt hatte sich ergeben, daß sie am besten auf dem Kurs geblieben wären, den Sigmund ursprünglich abgesetzt hatte.

Sie befolgten Arnolds Vorschlag. Es war eine Plackerei, aber zumindest kamen sie vorwärts. Die See wurde immer höher, und sie ließen zur Unterstützung die Maschine mitlaufen. Als der Sturm schlimmer wurde, schnitten sie fünf Kanister Brennstoff los, die am Heckkorb verzurrt waren, und warfen sie über Bord. Sigmund befürchtete, daß die Zurrleinen der Kanister sich im Sturm lösen und um die Schraube wickeln könnten.

Sigmund begeisterte sich an der Schußfahrt, mit der die Yacht die Wellenhänge hinabrauschte. Das Wasser, das die Plicht überflutete und sich über ihn ergoß, war warm, wenn es in den Kragen seines neuen Ölzeugs und in die neuen Stiefel hineintroff, die er sich vor der Abreise aus Whangarei als Belohnung für den ewigen Streß und die Unbequemlichkeit während der langen Überholung des Bootes geleistet hatte.

Sie liefen unter gekürzten Segeln hart am Wind. Die MARY T lief gut, schaufelte sich aber viel Wasser aufs Deck und in die Plicht. Anna war erschöpft. Ganz gleich, wie heftig sie pumpte, um das Boot zu retten, das Wasser ging nicht zurück. Zum Glück stieg es aber auch nicht.

Die Wellen krachten über die kleine MARY T, sie bebte, erzitterte und versuchte, weiter voranzustürmen. Das Boot nahm immer mehr Wasser über, bis es zu gefährlich wurde, weiterzusegeln, selbst unter Sturmfock. Sie würden es nicht schaffen, diesem Sturm aus dem Weg zu gehen, deshalb beschlossen sie, vor dem Wind abzulaufen.

Sie jagten unter nackten Masten voran. Fünf Knoten, sieben, neun, zehn Knoten. Viel zu schnell. Die weißen Schaumkämme enormer Wellenungetüme stürzten aus mehreren Richtungen auf sie ein, rauschten, brüllten und zischten so laut, daß die beiden an Deck sich auch schreiend nicht verstehen konnten. Ebensowenig hörten sie das Geräusch ihrer Maschine, während das Boot erst hierhin, dann dorthin gierte, so daß die Mannschaft sich nicht auf den Beinen halten konnte. Jedesmal aber rappelten Sigmund und Lianne sich wieder auf, pumpten und steuerten weiter. Die MARY T wollte der Gewalt der See nicht nachgeben. Obwohl ihre Bilge voll Wasser war, das hin und her schwappte, schlug die Yacht nicht quer.

Das Steuerrad war schwer zu halten. Lianne versuchte verbissen, den Bug der MARY T in der richtigen Richtung zu halten, wenn sie die Hänge hinuntersurften und -glitschten. Mitten in dem Getöse um sie herum glaubte sie plötzlich, ein leises „Klonk" vom Ruder gehört oder vielleicht auch nur gespürt zu haben. Dann war das Schiff steuerlos.

Die MARY T machte sich selbständig, führerlos raste sie in die Wellentäler. Sie wuchteten 90 m lange Trossen ins Cockpit, verknoteten eine davon zu einer riesigen Bucht, belegten den anderen Tampen der Trosse an einer Winsch und warfen diese Leine zum Nachschleppen aus. Es funktionierte. Allmählich ging ihre Fahrt auf sechs Knoten zurück, für diese Bedingungen noch immer viel zu schnell. Sie brauchten noch mehr Bremswirkung.

Sigmund befestigte ein altes Besansegel und einen Beibootanker an einer Schot und warf das ganze über Bord. Es verlangsamte die MARY T um einen weiteren halben Knoten. Er holte ein altes Großsegel hervor, machte es an 18 m Ankerkette fest, knotete 90 m Nylontrosse von 25 mm Durchmesser daran und brachte auch das als Seeanker übers Heck aus.

Die Fahrt der MARY T ging auf drei Knoten zurück – so war es schon besser.

Ungebremst hatte sich die Yacht wie ein bockendes Wildpferd gebärdet. Jetzt war sie gezügelt, konnte es aber gar nicht leiden, mit den nachgeschleppten Leinen wie ein Pferd an der Longe zu laufen. Sie schmollte und legte sich quer zur See. Sie hatte immer noch ihren eigenen Willen und wollte sich bei diesem unwirtlichen Wetter nicht zähmen lassen. Die geschleppten Trossen verliefen rechtwinklig zur Kiellinie in Windrichtung und im Winkel von 45° nach unten auf den Grund des Ozeans zu.

Sigmund wußte, daß die MARY T sicherer mit dem Bug zur See gelegen hätte statt quer zur See, wie sie es anscheinend vorzog. Er kroch auf allen vieren an Deck zum Vorschiff und versuchte, die Trossen an den Bug umzusetzen, so daß sie als Treibanker wirken und das Schiff mit dem Bug gegen Wind und See halten sollten. Aber das ging nicht. Die See war stärker. Er gab es auf und kehrte in die vergleichsweise sichere Plicht zurück.

Das ist also die Weisheit der Lehrbücher, dachte er. *Wir machen alles so, wie es in den Büchern steht, und es nützt nichts. Das Boot liegt nicht richtig.*

Es war Zeit, Kerikeri Radio zu rufen, wie geplant. Carol stellte fest, daß der Empfang besser war, als bei ihrem Dringlichkeitsruf. Sie konnte andere Segler mit Jon sprechen hören.

QUARTERMASTER: QUARTERMASTER an MARY T. Ich empfange euch. Over.

Carol: QUARTERMASTER, ich kann Kerikeri Radio laut und deutlich empfangen. Ich weiß nicht, ob Jon mich verstehen kann. Over.

Jon: Ich verstehe. Ich höre in Stärke 2–3. Bitte kommen. Over.

Carol: Oh, danke, Jon. Ich möchte melden, daß es bei uns etwas besser läuft. Wir schleppen eine schwere Trosse mit einem Gewicht am Ende nach. Wir versuchen abzulaufen. Der Wind fällt leider quer ein. Aber wir liegen einigermaßen ruhig, verglichen mit vorher. Wir waren auf Westkurs, aber leider hat das Boot gehalst, so daß jetzt Südkurs anliegt. Wir versuchen, das zu ändern. Wir konnten das Boot leerpumpen, und solange wir keine Brecher in die Plicht bekommen, wird wohl erst einmal alles gutgehen. Over.

Jon: Verstanden, alles klar. Das Boot liegt also mit dem Bug gegen die See. (Jon hatte es offenbar mißverstanden. Die MARY T lag die meiste Zeit quer zum Seegang.) Habt ihr das Leck gefunden? Wißt ihr, wo das Wasser reinkommt? Over.
Carol: Es leckt leider im Cockpit selbst, vielleicht auch vorn etwas (auf dem Vorschiff), und wir haben viel Wasser über das Vorschiff bekommen. Aber wir kriegen auch einige Wellen in unsere ziemlich ungeschützte Plicht. Over.
Jon: Verstanden. Könnt ihr euch in ein oder zwei Stunden noch mal melden und sobald wie möglich Bescheid sagen, wenn ihr das Leck gefunden habt und alles in Ordnung ist? Over.
Carol: Klar, machen wir. Im Moment bemühen wir uns nicht so sehr darum, weil wir wirklich etwas gegen das Wasser angekommen sind, und wir haben nur einen Mann übrig, um … sie nutzen wirklich nicht viel. Over.
Jon: Ja, verstehe, ihr könnt nicht alles auf einmal machen. Danke für den Bericht. Können wir wieder eine Zeit abmachen? In einer Stunde? Over.
Carol: Vielen Dank und danke, daß du da bist. Es ist soviel leichter, wenn man mit jemandem sprechen kann. Ich hoffe, du weißt das. Kerikeri Radio, wir bleiben hörbereit. Hier ist MARY T, wir rufen euch wieder in einer Stunde.
Jon: Kerikeri bleibt hörbereit. Viel Glück.

Sie hatte Geburtstag. Das fiel ihr plötzlich ein, als sie das Funkgerät abstellte. In ihrem Überlebenskampf hatten sie es alle vergessen. Carol erinnerte die anderen scherzhaft daran. Während das Boot wieder einmal langsam auf eine Welle kletterte, sang die Besatzung der MARY T aus vollem Herzen gegen das Crescendo an, das um sie herum tobte: „Happy birthday, dear Car-ol, happy birthday to you." Eine eigenartige Geburtstagsfeier mitten auf dem Ozean auf einem leckenden Boot während eines unerwarteten Sturms, den sie vielleicht nicht überleben würden. Das einzige Geburtstagsgeschenk, das sie sich wünschte, war ein Nachlassen des Sturms.

Der Text auf einer Geburtstagskarte von ihrer Mutter mutete in dieser Umgebung seltsam an: „Möge der Wind des Lebens euch tragen, wohin eure Herzen sich sehnen." Im Augenblick sehnte sich ihr Herz nur nach einem warmen Bett, trockenen Kleidern und nach warmem Wetter mit strahlender Sonne.

Während das Boot steuerlos quer zu den Brechern trieb, begann die Maschine der MARY T Mucken zu machen. Ohne den Motor hätten sie keine Stromquelle mehr. Die lebenswichtige Funkverbindung mit der Orion und dem Seevermessungsschiff MONOWAI der Neuseeländischen Marine, das auf dem Weg war, ihnen zu helfen, würde dann abbrechen.

*

Die MONOWAI hatte die Wetterstation auf Raoul Island in den Kermadec-Inseln 600 Seemeilen nordöstlich Neuseelands verlassen. Nachdem sie dort Versorgungsgüter gelöscht hatte, war sie mit dem Ziel Tonga auf nördlichen Kurs gegangen. Am folgenden Tag, als das Schiff ein gutes Stück östlich eines Tiefdruckgebiets stand, das sich bei den Fidschi-Inseln bildete, wurde es gebeten, der DESTINY zur Hilfe zu kommen.

Der Kapitän der MONOWAI, Fregattenkapitän Larry Robbins, wunderte sich. Immerhin befand sich die in Not geratene Yacht 420 Seemeilen südwestlich von ihm. Er drehte das Vermessungsschiff in die Richtung der DESTINY. Während er weitere Informationen sammelte, mußte er jedoch peinlich berührt feststellen, daß die MONOWAI falsche Koordinaten durchgegeben hatte, nach denen sie nur 75 Seemeilen von der in Seenot geratenen Yacht entfernt war. Die Seenotleitstelle hatte von der MONOWAI einen Standort westlich der Datumsgrenze erhalten, obwohl das Schiff in Wirklichkeit östlich davon stand. Als die wahre Position geklärt war, wurde die MONOWAI stattdessen zur MARY T geschickt.

Da der Sturm den ganzen Sonnabend zunahm, wurden die Seenotleitstelle (RCC) und Kerikeri Radio mit Meldungen zahlreicher Yachten eingedeckt, die Mühe hatten, mit dem Wetter fertig zu werden. Es war offenkundig, daß das Wetter rapide umschlug, und daß einige der nach Norden segelnden Yachten direkt in der Zugbahn eines heftigen Sturms standen. Die Schwierigkeiten der DESTINY kündigten noch Schlimmeres an.

Die SAR-Mannschaften hatten den Baardsens sehr geholfen. Sie waren mit ihnen eine Checkliste durchgegangen, um sie bei der Suche nach dem Leck zu unterstützen, das auch jetzt noch immer wieder die Bilge vollaufen ließ. Sigmund hatte schon die meisten Stellen überprüft, die die Flieger vorgeschlagen hatten, jedoch ohne Erfolg.

Anna war fürchterlich seekrank, aber sie hielt trotzdem durch. Sie pumpte und übergab sich, pumpte und übergab sich. Sie aß ein wenig Reis und ein paar Cracker, behielt aber nichts bei sich.

Jon: MARY T, MARY T. Hier ist Kerikeri Radio. MARY T, bitte melden! Over.
Carol: Kerikeri Radio. Hier MARY T. (Sie hörte sich jetzt schon zuversichtlicher an.)
Jon: Verstanden, ich kriege euch jetzt laut und deutlich rein. Wie läuft es bei euch? Over.
Carol: Ja, wir bringen eine von unseren besseren Bilgepumpen unter Deck, um gegenanzukommen, wenn wir noch mehr Wasser reinkriegen, aber wir haben unser Leck noch nicht gefunden.
Jon: Ach so. Der Empfang war nicht allzu gut, aber ich habe verstanden, daß ihr das meiste Wasser rausbekommen habt, aber die Ursache des Lecks noch nicht finden konntet. Richtig? Over.
Carol: Richtig.
Jon: Ja, gut. Und im Augenblick ist bei euch alles soweit in Ordnung? Over.
Carol: Im Moment ja, aber die Aussicht, mit dieser Geschichte allein fertig werden zu müssen, begeistert uns nicht gerade. Aber wir können wirklich nicht viel daran ändern und ihr auch nicht. Over.
Jon: Nein, leider nicht. Also gut, wir müssen jetzt Schluß machen. Ihr könnt uns ja rufen, sobald ihr meint, daß sich eure Lage gebessert hat. Over.
Carol: Vielen Dank. Ich will die Dringlichkeitsmeldung noch nicht aufheben. Ich hoffe, daß die MONOWAI sowieso in der Nähe sein wird.
Jon: Nein, das ist schon in Ordnung. Wir wollen kein Risiko eingehen. Laß es, bis ihr mit der Lage wirklich zufrieden seid. Over.
Carol: Kerikeri Radio, das war MARY T, Ende.

Wenn sie nicht am Funkgerät war, pumpte auch Carol. Sie arbeitete mit der größeren Pumpe, die jetzt unter Deck angebracht war. Der Auslaßschlauch führte durch den Niedergang hinaus in die Plicht, von wo das Wasser abfließen konnte. Das ging gut und senkte den Wasserspiegel bis unter die Bodenbretter. Sie wollte gerade eine Pause machen, als das Boot unter der Last einer riesigen See erzitterte und schlingerte. Wasser ergoß sich durch den Niedergang in die Kajüte. Carol begann erneut zu pumpen. Es war zum Verzweifeln. Ihre Arme schmerzten von der mühsamen Arbeit.

Endlich aber kamen sie dem rätselhaften Leck auf die Spur. Nicht das Wasser an Deck war schuld, sondern die Backskisten im Cockpit, dem einzigen Teil des Bootes, den sie in Whangarei nicht neu mit GFK überzogen hatten. Sie hätten daran denken sollen. Welche Erleichterung. Jetzt stand fest, daß der Rumpf selbst nicht leckte.

Lianne und Anna stopften Lappen in die Undichtigkeiten am Rand der Backskistendeckel. Das war die Lösung. Sie brauchten nur noch alle drei Stunden einmal zu pumpen. Vielleicht würden sie mit dem Leben davonkommen.

Carol: Kerikeri Radio, hier MARY T.
Jon: MARY T, bitte kommen. Over.
Carol: Wer ruft MARY T? Der Empfang ist sehr schlecht.
Jon: Verstanden, MARY T. Hier ist Kerikeri Radio. Bitte sprechen. Over.
Carol: Gut, Jon, wir müssen uns diesmal kurz fassen. Es blitzt jetzt sehr stark. Der Wind hat bis auf ungefähr 40 (Knoten) abgenommen, vielleicht nicht mal das. Er hat auf Nord gedreht. Wir laufen mit zwei Seeankern nach Westen, deshalb kommen wir sehr, sehr langsam voran … Wir machen uns schon etwas weniger Sorgen. Over.

Jon: Verstanden. Den Schiffsort bitte. Over. (Obwohl er die Nacht kaum geschlafen hatte, war er noch immer beherrscht und sachlich, ein Profi, der die wichtigen Angaben verlangte, bevor die Nettigkeiten kamen.)
Carol: Warte, ich habe einen Standort von 0500 Uhr (Anm. d. Herausgebers: 0500 Uhr UTC = 1700 Uhr Ortszeit). Ich hoffe, das genügt. Zu der Zeit standen wir auf 27°50′S 179°32′E und das mit Westkurs, wie ich schon sagte, aber wir kommen wirklich kaum vom Fleck.

Jon: Verstanden.
Carol: Ich rechne damit, daß wir wieder 50 oder 60 (Knoten Windgeschwindigkeit) bekommen, weil das Tief näherkommt. Wie ist deine Einschätzung? Over.
Jon: Ja. Ich meine auch, daß der Wind stellenweise zunimmt und ich würde für später sicher mit 50 oder 60 Knoten rechnen. Over.
Carol: Ja, also wir werden uns weiter treiben lassen. Was wäre eine vernünftige Zeit, um euch am Morgen wieder zu rufen? Over.
Jon: Also mal sehen... Ich schätze, ihr braucht etwas Schlaf... Aber, äh, wie wär's, wenn ihr euch um 2100 Uhr oder 0900 Uhr Zulu (UTC) meldet, um uns auf dem laufenden zu halten? Over.
Carol: Ich hatte keinen richtigen Empfang. Kann es irgendjemand weitergeben?
QUARTERMASTER: QUARTERMASTER hört MARY T. Ob ihr sie heute abend um 2100 Uhr rufen könnt.
Carol: Wie bitte? Er will, daß ich mich um 2100 Uhr melde? Over.
QUARTERMASTER: Richtig. Kerikeri möchte, daß ihr euch um 0900 Uhr UTC wieder meldet.
Carol: Alles klar, wir rufen euch um 2100 Uhr wieder. Wir haben hier immer wieder Blitze. Hier ist MARY T, Ende.
Kerikeri: Verstanden.

An Bord der MARY T versuchte man mit Ohrenstopfen zu schlafen. Aber das ununterbrochene Heulen des Sturms und die unberechenbaren, achterbahnartigen Schiffsbewegungen ließen keinen Schlaf zu.

Sigmund lag verhältnismäßig sicher in seiner Koje und vertraute darauf, daß die „Körpersprache" der MARY T ihn rechtzeitig vor Widrigkeiten warnen würde. Er konnte nicht schlafen, aber wenigstens ruhen, damit Körper und Geist sich vor dem nächsten Ansturm des Unwetters regenerieren konnten. Da Carol bei Anna übermäßigen Flüssigkeitsverlust befürchtete, gab sie ihr etwas Wasser aus den Trinkwassertanks der Yacht. Aber es war ekelerregend. Das ewige Stampfen und Schlingern hatte Ablagerungen vom Grund der Tanks aufgewühlt. Im Wasser schwammen braune Flocken. Anna beschränkte sich dann darauf, Bonbons zu lutschen.

Obwohl die nächste Meldung an Kerikeri Radio erst für 2100 Uhr verabredet war, nahm Carol wieder Verbindung mit Jon Cullen auf:

Carol: Äh, Jon... Jetzt hat endlich die ganze Mannschaft lange genug die Arbeit unterbrechen können, um Schiffsrat zu halten, und du hattest ja schon einmal nach dem Pan-Pan-Ruf gefragt. Wir meinen, daß die Lage nicht ernster geworden ist, aber wenn es dem Marinefahrzeug nichts ausmacht, hätten wir es wirklich gern, wenn es weiter auf uns zu halten könnte. Eine unserer beiden Handlenzpumpen läßt sich nur benutzen, wenn keine Brecher überkommen. Außerdem haben wir einen Ruderschaden, der sich bestimmt beheben läßt, aber wir sind noch dabei. Auf jeden Fall würden wir es gern sehen, daß das Marineschiff weiter auf uns zuläuft. Die Crew, drei von uns vier sind ... erschöpft, und wir wüßten es zu schätzen, wenn das Schiff auf dem Kurs zu uns bleiben könnte, um uns beizustehen. Over.

Jon: Gut, in Ordnung. Ich werde RCC jetzt anrufen, um das klarzumachen. Okay, wir überlassen es euch. Ihr müßt selbst wissen, wann ihr soweit seid, den Dringlichkeitsruf aufzuheben. Alles Gute. Wir melden uns später am Abend wieder bei euch. Over.

Carol: Bitte, laß sie erst einmal weiter auf dem Kurs zu uns bleiben. Over.

Jon: Roger, Roger. Ich verstehe, aber, wißt ihr, ich muß jetzt aktuelle Meldungen rausgeben. Over.

Carol: Verstanden. Ich melde mich um 0900 Uhr (UTC) und gebe den neuesten Stand durch. Over. (Ihre Stimme hörte sich sehr eindringlich, gleichzeitig aber auch merklich erschöpft an.)

Jon: In Ordnung, alles Gute dann. Wir kommen später wieder. Erstmal tschüs.

Carol: Jon, danke. Wir wollen uns vergewissern, daß die Marine noch auf dem Weg zu uns ist. Danke.

Jon: Sie sind noch immer unterwegs zu euch. Over.

Carol: Sehr gut. Vielen Dank. Hast du eine Ahnung, wo sie jetzt sind? Over.

Jon: Nein, ich habe die Position nicht. Ich werde versuchen, mich nach dem gegenwärtigen Schiffsort zu erkundigen. Over.

Carol: Verstanden. Kann ich die Position um 0900 Uhr erfahren? Over.

Jon: Ja, es wird etwas dauern, sie zu bekommen, deshalb kann ich sie euch erst um 0900 Uhr durchgeben. Over.
Carol: Das ist gut. Vielen Dank. Wir werden euch um 0900 Uhr hören. Hier ist MARY T, Ende.

Jon hatte es nicht übers Herz gebracht, ihnen zu beichten, daß die MONOWAI ungefähr 200 Seemeilen entfernt war. Sie stand noch viel zu weit weg, um helfen zu können, falls die MARY T schlimmer lecken und sofortige Hilfe brauchen sollte. Bei dem herrschenden schweren Wetter kam die MONOWAI auch nur langsam voran.

Als die Orion über die MARY T hinwegflog, erfuhr Carol in einem Funkgespräch mit der Flugzeugbesatzung, daß die MONOWAI gerade umgeleitet wurde, um einer anderen Yacht in Seenot, der RAMTHA, zu helfen.

Kurz nach 0900 Uhr rief Carol planmäßig Kerikeri Radio:

Carol: Vor nur wenigen Minuten standen wir auf 27°54′S 179°36′E. Seit unserer letzten Meldung sind wir also nicht viel weiter gekommen. Over.
Jon: Roger, vielen Dank. Frage, habt ihr eine Seenotfunkboje an Bord?
Carol: Ja, haben wir. Es ist aber ein älteres Modell nicht registriert. Over.
Jon: Bleibt noch eine Minute auf Empfang, ja? Wir müssen die Seenotleitstelle anrufen.
Carol: Verstanden, bleiben auf Empfang. (Man hörte ungewöhnlich wenig aus dem Funkgerät, als Jon die Angabe über die MARY T an die Seenotleitstelle weitergab.)
Jon: Wie alt, würdet ihr sagen, ist eure EPIRB-Funkboje? Over.
Carol: Die Funkboje könnte ziemlich alt sein. Die Batterie ist erst ein Jahr alt. Over.
Jon: Ich habe das im Rauschen nicht mitbekommen. Bitte wiederholen. Over.
Carol: Die Boje ist alt. Die Batterie ist erst ein Jahr alt. Over.
Jon: Aha. Wartet einen Augenblick… Könntet ihr vielleicht eure EPIRB-Boje einmal ansehen? Auf welcher Frequenz sendet sie? Over.
Carol: Ja, außen drauf steht nichts davon. Da steht nur, daß es eine

Funkboje der Klasse B und eine ACR ist. Over.

Jon: Verstanden, Klasse B. Gut, ausgezeichnet. Kannst du uns die Wind- und Seebedingungen beschreiben, die ihr dort habt? Over.

Carol: Wir haben weniger Wind als vorher. Der Windmesser ist nachts wirklich schwer abzulesen. Es kommt mir vor wie 45 (Knoten), obwohl wir vor kurzem bis zu 60 hatten. Jedesmal, wenn ich sage, daß es weniger wird, frischt es wieder auf. Wir hatten eine ganze Menge Regen und überall um uns herum ist Blitz und Donner. Die See läuft stark durcheinander. Brechende Kämme. Wir haben zum Glück eine Weile kein Wasser in die Plicht bekommen, aber die meisten Seen bekommt das Heck ab, aus unterschiedlichen Richtungen, deswegen schlingern wir ziemlich. Over.

Jon: In Ordnung, ich verstehe. Wie ist es mit dem Wasser? Habt ihr die Sache im Griff? Over.

Carol: Ja, das haben wir unter Kontrolle, weil uns keine Seen mehr in die Plicht eingestiegen sind. Wir haben da in der Plicht einige schlimme Lecks. Solange der Seegang sich in Grenzen hält wie jetzt, ist alles in Ordnung. Wenn es schlimmer wird, was ich annehme, weil die Front näherkommt, könnten wir Schwierigkeiten bekommen. Over.

Jon: Ja, richtig, diese Wetterformation zieht genau dorthin, wo ihr gerade seid. Ja, sie wird während der Nacht über euch sein. Over.

Carol: Verstanden. (Sie lachte nervös.) Das wollten wir nicht gerade hören, aber wir haben es erwartet. Over.

Jon: Roger, bleibt einfach auf Empfang. Ich werde sehen, ob das RCC noch mehr wissen muß. Over.

Carol: Wir bleiben auf Empfang.

Jon: Habt ihr ein GPS, und können wir eure Familie informieren? Over.

Carol: Äh, wir haben ein GPS, aber benachrichtigt unsere Familie nicht. Das ist nur meine Mutter, sie ist sechsundsiebzig und wohnt in Kalifornien. Ich sehe keinen Grund, sie zu beunruhigen. Over. (Ihr Ton war sehr entschieden.)

Jon: Also nicht. Gut, bleibt mal eben auf Empfang.

Carol: Bin hörbereit.

Jon: Okay, gib uns doch lieber die Telefonnummer deiner Mutter. Die Sache ist in die Presse und ins Fernsehen gekommen, so daß es besser

ist, wenn wir ihr zuerst Bescheid sagen, was vor sich geht, um ihr die Gewißheit zu geben, daß ihr alle wohlauf seid. Over.
Carol: Oh Gott, ja, also gut. Hoffentlich ist es in Kalifornien noch nicht in die Presse gekommen. (Sie gab ihm eine amerikanische Telefonnummer.)
Carol: Mein Mann hat einige Fachfragen ... Augenblick ... Gut, hier ist Sigmund, Jon. Ich übergebe an Sigmund.
Jon: Verstanden.

Sigmund: Guten Abend, Jon. Können wir mal über die Sturmtaktik quatschen?
Jon: Verstanden. (Er konnte ein Lachen nicht unterdrücken.) Ja, gut, ich weiß wirklich nicht, ob wir euch bei dem Wetter sehr viel helfen können. Aber stell deine Frage. Over.

Sigmund: Also, die MARY T ist eine Offshore-40-Yawl, und wir haben einige besondere Probleme. Durch die Yawltakelung haben wir achtern eine Menge Windfang. Ich habe es mit improvisierten nachgeschleppten Seeankern versucht: Sie liegt quer zur See. Ich habe die Trossen am Bug belegt: Sie liegt quer zur See. Durch den Windwiderstand des Besanmastes mit seiner Takelung will das Schiff einfach nicht vor dem Wind bleiben. Ich weiß auch nicht so recht, wieviel Fahrt wir laufen sollten. Vielleicht sind meine Seeanker zu groß. Wir versuchen natürlich, kein Wasser in das anfällige Cockpit zu bekommen. Jedesmal, wenn die Plicht voll Wasser ist, läuft es ins Schiff.
Jon: Verstanden. Also, wenn das eure Schwierigkeit ist – habt ihr schon mal versucht, mit gesetzten Segeln beizudrehen und den Bug im Wind zu halten? Over.

Sigmund: Ach, auch mit vier Reffs im Großsegel und voller Motorkraft geht das nicht. Over. (Seine Antwort hörte sich langsam und nachdenklich an.)
Jon: Ach so, ja. Im Augenblick lenzt ihr also vor Topp und Takel und nachgeschleppten Treibankern? Over.
Sigmund: Ja, nackte Masten und Seeanker. Ich habe ein altes Großsegel an einer Ankerleine ausgebracht und eine zweite Ankerleine mit einem alten Besan daran, und damit laufen wir, wenn der Sturm am schwächsten ist, zweieinhalb Knoten und vielleicht nur einen Knoten. Wir lau-

fen also sehr langsam, und ich mache mir etwas Sorgen, wenn sich größere Seen aufbauen. Over.
Jon: Ja, verstanden, daß sie von achtern einsteigen. Wartet mal. Wir wollen mal sehen, ob da irgendjemand ist, der sich mit einer Yawl auskennt und ein paar nützliche Vorschläge machen kann. Hört mich irgendjemand, der ein paar Vorschläge für das Beidrehen mit einer Yawl machen kann und nur dazu? Bitte kommen. Over.
Unbekannte Stimme: Versucht mal, nur unter Besan beizudrehen.
Jon: Der Vorschlag ist also, nur das Besansegel zu setzen und damit beizudrehen? Over.
Stimme: Ich segle eine Ketsch, und genauso mache ich es auch.
Jon: MARY T, habt ihr diese Segelführung schon mal ausprobiert? Over.
Sigmund: Der Bug liegt vielleicht 80 oder 85° am Wind. Over.

Sigmund wußte, daß während der vorigen Segelsaison drei Yachten überrollt worden waren, weil sie quer zur See gelegen hatten. Er befürchtete, daß der MARY T dasselbe passieren könnte, wenn die See gröber würde, was zu erwarten war. Es wehte schon mit 60 Knoten, und Yachten, die dichter am Auge des Orkans standen, hatten noch höhere Windgeschwindigkeiten gemeldet. Seine Befürchtungen verstärkten sich später noch, als er in der Plicht saß und Kaffee trank. Ein lautes Platschen kündigte ihm etwas an. Die MARY T wurde in Gischt eingehüllt. Er verlor das Gleichgewicht und verschüttete seinen Kaffee. Die Yacht holte stark über, sie wurde von einer massiven Wasserwand flachgelegt.

Nachdem das Schiff sich wieder aufgerichtet hatte, betrachtete Sigmund den Besanmast. Vielleicht könnte er ihn abmontieren und an Leinen nachschleppen? Das wäre sicherlich nützlicher, als daran unter diesen Bedingungen ein Segel zu setzen, wie es die unbekannte Stimme von der Ketsch vorgeschlagen hatte.

Carol und er hatten oft darüber diskutiert, wieviel der Besanmast mit seiner Menge an stehendem und laufendem Gut kostete, und das alles für kaum mehr als 8 m² zusätzlicher Segelfläche. Jetzt war nicht die schlechteste Gelegenheit zum Umtakeln, dachte er.

Währenddessen fühlte sich Jon Cullen in Kerikeri machtlos. Er wußte, daß er der MARY T und den anderen Booten im Sturm am besten helfen konnte, wenn er die Segler ermutigte, aber ihnen selbst die Entscheidungen überließ. Der MARY T konnte er nicht mehr bieten als Worte der Hoffnung und des Beistandes. Er konnte nur darauf vertrauen, daß das Schiff mit guter Seemannschaft und etwas Glück die schreckliche Prüfung überstehen würde. Weder die MONOWAI noch irgendein anderes Rettungsfahrzeug würde sofortige Hilfe leisten können.

Hilfe ist unterwegs

Sonnabend, 4. Juni, 1300 Uhr.

Kapitän Jim Hebden, der mit dem 7246 BRT großen Roll-on-Roll-off-Containerschiff Tui Cakau III von den Fidschi-Inseln nach Auckland unterwegs war, hatte beim Empfang der Wetterberichte ein ungutes Gefühl. Als das Schiff am 2. Juni den Hafen Lautoka verlassen hatte, war das Wetter wunderschön gewesen, aber je weiter der Frachter im Südpazifik vorankam, desto besorgter wurde Hebden. Das Gespür, das er in 18 Seefahrtsjahren in dem oft gar nicht so Stillen Ozean entwickelt hatte, warnte ihn, daß etwas im Busch war.

Er betrachtete das Barometer und schrieb ins Logbuch, daß es noch immer absackte. Es war von 1000 hPa Luftdruck um Mitternacht bis auf 985,5 hPa am Mittag gefallen. Das schnelle Fallen war ein alarmierendes Zeichen, daß unangenehmes Wetter bevorstand.

„Kühne Seeleute werden nicht alt." Daran erinnerte er seine aus Fidschi-Insulanern bestehende Besatzung, von denen die meisten schon über ein Jahrzehnt unter ihm gefahren waren. Dieser Spruch stand dafür, daß Hebden ein Mensch war, der kein unnötiges Risiko einging. Er ordnete an, daß die Männer die Laschungen der Ladung festziehen und alle zwei Stunden überprüfen sollten. Das Schiff bereitete sich auf einen Wirbelsturm vor.

Hebden hatte im Südpazifik schon eine ganze Menge Stürme und Zyklone erlebt. In einem Sturm war er aus seinem Brückenstuhl geschleudert worden. In einem anderen Unwetter hatte sich ein Stuhl losgerissen, der auf der Brücke fest verbolzt war. Er hatte auch schon gesehen, wie Deckskisten über das Deck geschleudert und Ladung aus den Laschungen gerissen wurde. Die Erfahrung hatte ihn gelehrt, sich rechtzeitig auf alles vorzubereiten. Man konnte nie sicher sein, daß selbst die vereinten technischen Möglichkeiten der Wetterdienste Australiens, Neuseelands und der Fidschi-Inseln genügten, die oft erstaunlich formschönen Wirbel der Zyklone, Orkane oder anderer Sturmgebilde rechtzeitig aufzuspüren.

Westlich der Tui Cakau meldete ein größeres Frachtschiff auf der Reise von Suva nach Sydney, daß es gegen einen 60-Knoten-Sturm ankämpfte, der an Bord schon einen Radarmast herausgerissen hatte. Das Schiff machte Wasser.

Wenn Hebden rechtzeitig vor schwerem Wetter gewarnt worden wäre und eine Wahl gehabt hätte, dann hätte er es vorgezogen, im Hafen zu bleiben oder von dem Sturm abzulaufen. Jetzt war es aber zu spät für Ausweichmaßnahmen. Sein einziger Trost war, daß die Tui Cakau sich anscheinend am Rand des Sturms befand. Solange sie am Rand bliebe, würde ihr das gröbste Wetter erspart bleiben.

Zwei Stunden später hörten die Regenböen auf, und die See kämpfte mit sich selbst, als sei sie verwirrt, daß der Wind plötzlich weg war. Kapitän Hebden sah in der Ferne Vögel fliegen. Blauer Himmel riß zwischen den Wolken auf. Ein weniger erfahrener Nautiker hätte den Eindruck gehabt, das Schlimmste sei vorüber. Jim Hebden aber argwöhnte, daß er in Wirklichkeit nur den Rand des Orkanauges erreicht hatte.

Sein Verdacht bestätigte sich, als Wind und Seegang erneut zunahmen. Die Tui Cakau wurde von Riesenseen, die aus allen Richtungen kamen, immer wieder angehoben, durchgeschüttelt und fallengelassen. Der Kapitän sah auf den Barographen. Der Luftdruck war um weitere drei Hektopascal gefallen.

Hebden studierte noch einmal die Wetterfaxe. Die Hochdruckzone über dem Südpazifik war von zwei Tiefs in die Zange genommen worden wie von feindlichen Truppen. Drei mächtige Gewalten maßen ihre Kräfte wie Armeen. Kalte Polarluft, die das südliche Tiefdruckgebiet aus der Antarktis herangeholt hatte, wirbelte gegen die Warmluft an, die das nördliche Tief in den Tropen geerntet hatte. Dieser Zusammenprall unsichtbarer Streiter wurde immer heftiger, je näher sie einander kamen. Wie kämpfende Hirsche mit ineinander verkeilten Geweihen rasten die kreisenden Luftmassen wütend über mehr als 20000 Quadratmeilen des Stillen Ozeans hin. Es war eine „Wetterbombe“, ein hinterhältiges Sturmungeheuer, das nicht in diese Jahreszeit gehörte.

Bei solchen Wetterkatastrophen oder -„bomben" in den Subtropen kann der Druck schneller fallen, als die Wetterkarten es zeigen können. Das daraus entstehende Wetter kann sich rascher verschlechtern als ein Boot vorankommt. Englische Segler kennen die Wetterbomben des Nordatlantik (z. B. den Fastnet-Sturm vom August 1979). Wie oft solche Stürme im Südpazifik vorkommen, ist noch nicht genau bestimmt worden, aber man schätzt ihre Häufigkeit auf zwei- bis viermal pro Jahr. Im Juni 1983 vernichtete so eine Wetterbombe die LIONHEART, und sieben Mann der Besatzung verloren bei dem Versuch, in Whangaroa Harbour einzulaufen, ihr Leben. Im Juni 1989 brachte eine andere Wetterbombe den Trimaran ROSE NOËLLE zum Kentern. Die vierköpfige Besatzung driftete anschließend fünf Monate lang auf See.*

Jetzt steckte die 137 m lange und über 18 m breite TUI CAKAU III gemeinsam mit 60 Yachten, von denen nur wenige über 15 m Länge maßen, in dem Sturmgebiet. Im Sturmzentrum trieb die Yacht DESTINY, winzig klein und verwundbar, entmastet und ganz allein. Es war die erste Yacht, auf die der Sturm sich gestürzt hatte.

Als die Luftwaffe die TUI CAKAU auf UKW-Kanal 16 gerufen hatte, hatte der Kapitän sofort seine Hilfe angeboten. Er war sich jetzt nicht mehr sicher, ob dieser Entschluß richtig war, aber er hätte es niemals abgelehnt, einem in Not befindlichen Fahrzeug zur Hilfe zu kommen, solange er mit dem Rettungsversuch nicht eindeutig die Sicherheit seines eigenen Schiffs und der Besatzung aufs Spiel setzte. Mit nicht mehr als 1000 Tonnen Fracht an Bord war das Schiff nur leicht beladen. Dadurch wurden die Katamaranrümpfe des Frachters nicht so gut mit den Riesenseen fertig. Hebden mußte immer wieder den Bug aus den Seen wegdrehen. Als das Wetter sich verschlimmerte, ging der Kapitän mit der Fahrt auf 3,5 Knoten zurück und machte sich mehr und mehr Sorgen, ob das Schiff in der Lage sei, die Fahrt zur Yacht fortzusetzen. Die Orion-Flieger hielten regelmäßigen Funkkontakt mit ihm, und er hörte besorgt zu, wie sie alle halbe Stunde mit der Frau auf der DESTINY sprachen.

Die DESTINY konnte er wegen ihrer schwachen Sendeleistung nicht hören, entnahm aber aus dem, was die Flieger zur DESTINY funkten, daß die Lage der Yacht verzweifelt war. Die starke, vertrauenerweckende Stimme des Fliegerhauptmanns Bruce Craies gab der Seglerin immer wieder Rat und Ermutigung, verriet aber nicht, wie der Pilot die Erfolgsaussichten der Rettungsaktion wirklich einschätzte.

„Paula, sind Sie da?“, hörte er Craies. Die Antwort konnte er wieder nicht hören.

Er vernahm dann eine Stimme aus dem Flugzeug: „Paula, hier ist der Arzt... Noch eine Frage, wie alt ist Dana?“

„Verstanden, zweiundvierzig. Sie haben alles getan, was Sie können, und Hilfe ist unterwegs. Ich bin sicher, es geht ihm bald besser.“

Jim Hebden war nicht so zuversichtlich, wie es aus der Stimme des Arztes klang. Er schätzte 10 Windstärken (bis zu 55 Knoten) und erfuhr von der Flugzeugbesatzung, daß es in der Nähe der DESTINY mit über 80 Knoten blies.

„Wir haben noch 50 Seemeilen. Bei dieser Fahrt werden wir nicht vor 0200 Uhr morgens bei der Yacht sein“, sagte er zu seinen Offizieren.

Jedesmal, wenn die TUI CAKAU auf einen Wellenkamm kletterte und dabei gefährlich überholte, strudelte die See in der Lücke zwischen ihren Doppelrümpfen. Heftige Wellen donnerten gegen die Bordwände. Bei jedem Krängen des Schiffs hielt die Besatzung sich irgendwo fest und stützte sich ab. Ein Offizier, der das Mikrofon eines UKW-Funkgerätes in der Hand hielt, wurde quer über die Brücke geschleudert. Wasserkaskaden stürzten über das Vorschiff und erreichten sogar die Brücke, die vier Decks über dem Wetterdeck lag, das selbst schon vier Decks über Wasser war.

Kapitän Hebden hatte gewaltigen Respekt vor den Kräften, die dahintersteckten. Selbst von der Brücke aus, fast 15 m über dem Meeresspiegel, mußte er zu einem Wellenkamm, der vor dem Schiff überbrach, *aufblicken.* Er betrachtete das Toben der See genau. Nach einer Serie ungefähr 12 m hoher Wellen brach ein vielleicht 30 m hohes Monstrum, noch höher als die Brücke, über das Schiff herein. Der Ablauf wiederholte sich, wenn auch mit Abweichungen. Die überstürzenden Kämme der Kaventsmänner reichten höher als Hebden stand, und die weiße Gischt verdeckte den Himmel.

„Mein Gott, schon wieder eine!“ rief er aus, als eine neue Riesensee über das Schiff fegte.

Der Seegang faszinierte ihn. Die Täler waren so lang wie die TUI CAKAU, die überstürzenden Wellenfronten fast senkrecht.

Jim Hebden und seine Offiziere hatten alle Hände voll zu tun. Sie brauchten all ihre Fähigkeiten, um das Schiff in der Gewalt zu behalten. Jedesmal, wenn sie den Ansturm einer See vorhersahen, gingen sie mit der Fahrt etwas herunter. Die TUI CAKAU trat dann einen Augenblick auf der Stelle, bis der Boxhieb des Ozeans kam. Dann, genau dann, gaben sie Stoff, um das Schiff auf Kurs zu halten.

Trotz ihrer Tüchtigkeit behielten sie nicht immer die Oberhand. Oft wurde der Frachter auf dem falschen Fuß erwischt. Einmal rangen zwei große Wellen miteinander und überstürzten sich vor dem Schiff. Sie hoben den Frachter an und ließen ihn mehr als 40° krängen. Die TUI CAKAU erzitterte, als die im Laderaum gestaute Holzladung durcheinandergeworfen wurde wie alte Streichhölzer. Ein von den Fidschi-Inseln stammender Seemann wurde in die Luft geschleudert, als hätte man ihm einen Teppich unter den Füßen weggezogen. Der 1. Offizier wurde aus seinem Stuhl gehoben und durch die Luft gewirbelt. Er krachte auf den Boden und brach sich dabei ein Bein.

Die Mannschaft des Orion-Flugzeugs befürchtete jetzt offensichtlich, daß die DESTINY leckschlagen würde. Sie riefen die TUI CAKAU und baten um Bestätigung, daß das Schiff die Yacht noch erreichen könne. Die Frau auf der DESTINY hatte berichtet, daß sich das Geräusch des gegen den Rumpf schlagenden Mastes verändert hätte. Es sei jetzt nicht mehr so hart, eher schwammig, ein Zeichen, daß die Salingspitze möglicherweise in das Kernmaterial des Sandwichrumpfs eingedrungen sei.

Jim Hebden antwortete über Funk, daß er nach wie vor versuche, seine Aufgabe zu erfüllen. Er schätzte seine Ankunftszeit auf 0200 Uhr morgens, fragte sich aber, ob er die DESTINY in der nachtdunklen, aufgewühlten See finden würde. Es war keineswegs unwahrscheinlich, daß er geradewegs vorbeifahren oder – schlimmer noch – aus Versehen mit der Yacht kollidieren würde. Selbst mit Hilfe des Radars würde er die DESTINY nicht ausmachen können, weil Regen und Gischt das Radarbild störten.

Die Flugzeugbesatzung berichtete von ihrer Besorgnis über das nachlassende Durchhaltevermögen der Yachtbesatzung. Als die waidwunde DESTINY immer neue Schläge einstecken mußte, hörte man über Funk Schreie aus der Yacht. Die Flieger wußten, daß Dana sich nicht bewegen konnte und schlimme Schmerzen litt. Der Arzt in der Orion wies darauf hin, daß der Mann sich eventuell eine Rippe gebrochen hätte, die möglicherweise in die Lunge eingedrungen sei. Es bestand auch der Verdacht auf eine Oberschenkelfraktur.

Kapitän Hebden ließ sich von dem Arzt Anweisungen geben, wie Dana zu behandeln wäre, sobald es gelungen wäre, ihn an Bord der Tui Cakau zu nehmen. Während der Frachter sich zur Yacht vorkämpfte, wurde ein Bordlazarett für die Besatzung der Destiny hergerichtet. Die Sauerstoff-Flasche eines Autogen-Schweißgeräts wurde herbeigeschafft und mit einem Schlauch eine behelfsmäßige Gesichtsmaske für den Fall daran angeschlossen, daß eine Sauerstoffgabe nötig würde. Kapitän Hebden hielt es für einen glücklichen Zufall, daß er selbst vor kurzem im Krankenhaus gelegen hatte und sich erinnerte, auf welche Weise man eine Infusion an seinen Arm gelegt hatte. Er vergewisserte sich noch einmal genau, daß die Tui Cakau mit dem anliegenden Kurs ganz dicht nördlich der havarierten Yacht ankommen würde.

Am Sonntag, den 5. Juni meldete die Crew der Orion über Funk, daß ihr Treibstoff knapp werde, so daß sie nach Nadi auf den Fidschi-Inseln zurückfliegen müßten. Sie waren 13 Stunden geflogen. Das war sehr anstrengend gewesen. Die Orion war ein bewährtes, 27 Jahre altes Flugzeug, übriggeblieben aus der Zeit des kalten Krieges, als Neuseeland, Australien und die Vereinigten Staaten mit solchen Maschinen den Pazifik nach sowjetischen U-Booten abgesucht hatten. Die Inneneinrichtung der Maschine war spartanisch, es gab kaum Bequemlichkeiten für die elfköpfige Besatzung.

„Das ist das schlimmste Wetter, das ich in meinen vielen tausend Flugstunden mitgemacht habe", sagte Hauptmann Craies zu seinem Kopiloten, „so etwas habe ich noch nie erlebt."

Major Yardley stimmte zu. Er räumte ein, sich unwohl zu fühlen. Die Luftkrankheit plagte die ganze Besatzung. Stundenlang hatte die Orion gebockt und getanzt. Ein besonders unangenehmer Ausdauertest war das für die hinten im Flugzeugrumpf auf ihren Sitzen angeschnallten Mannschaftsmitglieder, die an den entlang der Bordwand angebrachten Instrumenten und Geräten arbeiteten. Die Beobachter, die unten stundenlang aus Glaskuppeln auf die See hinabstarrten, mußten auch einiges aushalten.

Den ganzen Tag hatte Yardley Funkverbindung mit dem RCC, der DESTINY und der TUI CAKAU gehalten, das Flugzeug navigiert und aufgrund des Treibstoffvorrats die Reichweite im Auge behalten. Um länger in der Luft bleiben zu können, waren sie bis auf 8000 Fuß (2440 m) gestiegen, wo die Bedingungen überraschenderweise besser waren als weiter unten. Dort fanden sie blauen Himmel, ruhige Luft und nur acht Knoten Windgeschwindigkeit vor. Um Treibstoff zu sparen, flogen sie nur mit zwei der vier Motoren.

Vor dem Abstellen von zwei Motoren hatte Craies die Risiken genau abgewogen. Das Flugzeug konnte nicht mit einem Motor allein fliegen. Mit nur einem Motor hätte es sich im Sinkflug mit 500 Fuß pro Minute dem Meeresspiegel genähert. Dann wären noch 16 Minuten geblieben, um einen der übrigen Motoren zu starten. Feuchtigkeit hätte in die abgestellten Motoren eingedrungen und gefroren sein können. Dadurch hätte die Zündung versagen oder die Motoren gar beschädigt sein können.

Durch die enge Bindung, die zwischen den Fliegern und der amerikanischen Frau entstanden war, die sie nie persönlich gesehen hatten, zögerte die Flugzeugbesatzung, die DESTINY bei den noch immer herrschenden gefährlichen Wetterverhältnissen im Stich zu lassen. Es war eine eigenartige, sehr enge Bindung, genährt durch stundenlange Gespräche über die Radiowellen. Die Orion-Crew empfand Mitleid für die Frau. Sie hörte sich stark, aber doch sanft an; verängstigt, doch entschlossen. Sie teilten mit ihr Bestürzung, Hoffnung, Verzweiflung, Sanftheit, Zuversicht und Mutlosigkeit. Für Paula waren sie vom Himmel gesandt, die einzige Überlebenshoffnung, an die sie sich klammerte. Sie flogen so niedrig, so dicht vorbei, daß sie fast neben ihr waren, manchmal kaum 100 m entfernt. Dennoch konnten sie ihr keine Hand reichen, um sie aus dem fürchterlichen Mahlstrom herauszuziehen. Es war grausam, so nahe und doch so hilflos zu sein. Nichts konnte frustrierender sein.

Als sie die DESTINY wieder einmal niedrig überflogen, empfingen die Männer einen erbarmungswürdigen Klageruf, den sie nie vergessen würden: „Ich höre das Flugzeug. Mein Gott, wenn Sie mich doch nur hochziehen könnten."

Paulas seelischer Zustand machte Dr. Powell Sorgen. Falls die Lage sich verschlimmern sollte, würde sie sehr viel psychische und physische Kraft brauchen. Es war lebenswichtig, daß sie bei Kräften blieb und einen klaren Kopf behielt, um bei der Rettung mitzuwirken. Er schlug vor, daß die Orion-Besatzung versuchen sollte, Paulas Moral durch eine Art Beschäftigungstherapie zu verbessern. Mit diesem Ziel drängten sie sie, die Batterien zu überprüfen, das Boot aufzuklaren und über Dana zu wachen.

Als der Tag fortschritt, war Dr. Powell beeindruckt, welchen guten Einfluß Craies und Yardley auf die Stimmung der Frau hatten. Die zuversichtliche Art der beiden gab Paula Hoffnung, diese Hölle zu überleben. Powell versorgte die Männer laufend mit Ideen für neuen Gesprächsstoff, um die Unterhaltung mit Paula nicht versiegen zu lassen.

Aber das unaufhörliche Stampfen und Schlingern des Bootes ging nicht spurlos an der Seglerin vorbei. „Oh Gott!" hörten sie ihre verzweifelten Schreie, als das Boot wieder und wieder überholte. „Oh Gott!"

Bei Einbruch der Nacht war es mit ihrer leicht verbesserten Stimmung vorbei: Sie bezweifelte, ob sie den Überlebenskampf durchstehen würden.

„Ich weiß nicht, ob ich es schaffe", gestand sie Dr. Powell einmal. „Sagten Sie, daß das Schiff morgens hier sein würde? Ich bin nicht sicher, daß wir solange durchhalten."

Yardley war durch diese Bemerkung so bedrückt, daß er nicht mehr mit Paula reden konnte, obwohl Dr. Powell ihn dazu drängte. Craies hielt das Gespräch im Gange, um sie aufzumuntern.

Es schien zu wirken, denn gegen 2100 Uhr meldete sie sich wieder und sagte: „Dana sagt, daß er eine Dose Fidschi-Bier möchte. Er meint, es würde ihm gut tun."

Bei vorangegangenen SAR-Einsätzen hatte Yardley sich noch nie so eng mit den in Not geratenen Menschen identifiziert. Er hatte immer versucht, distanziert zu bleiben. In den letzten 10 Stunden aber hatte er Paula laufend getröstet, ermutigt und beraten und ihre schlimme Prüfung dabei mit durchlitten. Oft wollte die qualvolle Angst nicht enden. Sie hatten gehört, wie das unglückliche Paar um sein Leben betete, und die beiden bedauert, wenn man aus dem Funkgerät ihre Schrekkensrufe beim Schlingern des Bootes hörte.

Es war schon anstrengend genug, das Flugzeug in der Luft zu halten.

Welche Konzentration das erforderte, wurde besonders deutlich, als neben der DESTINY eine Sonar-Markierungsboje abgeworfen werden sollte, um die DESTINY während der Nacht nicht zu verlieren, falls die Seenotfunkboje oder die Batterien der Yacht versagen sollten. Die Sonarboje in Betrieb zu setzen, hätte Craies leichtfallen müssen, Routine wie bei unzähligen früheren Einsätzen. Sie überflogen die Sonarboje einfach und drückten dabei einen Knopf im Cockpit, um sie zu aktivieren.

Diesmal waren die Flugbedingungen aber so schlecht, daß selbst die einfachste Aufgabe schwerfiel und Craies es nicht fertigbrachte, im richtigen Moment den Knopf zu drücken. Im Scherz verfluchte er seine langsamen Reflexe und entschuldigte sich bei Yardley dafür, der auf seinen Schirm blickte und auf das elektronische Signal der Sonarboje wartete. Aber die Besatzung wußte, daß Craies seine volle Aufmerksamkeit brauchte, um das Flugzeug auf Kurs zu halten, das bockend und springend nur wenige hundert Fuß über dem Ozean flog. Erst beim dritten Überflug gelang es ihm, zur richtigen Zeit auf den Knopf zu drücken.

Es war wie Fliegen im Gebirge, fliegerische Maßarbeit, die äußerste Anspannung und Geschicklichkeit erforderte. Auch hatten sie es nicht mit einem festen Ziel zu tun, denn die DESTINY trieb mit ungefähr 2 Knoten weiter. Trotz der hochentwickelten elektronischen Ausrüstung der Orion hatten die Flieger oft Mühe, die Yacht zu orten. Sie konnten das Boot nur in einem Umkreis von zwei Seemeilen elektronisch im Auge behalten. Selbst wenn die Maschine mit ihrer Mindestgeschwindigkeit von knapp 200 Stundenkilometern flog, blieb nur sehr wenig Zeit, mit dem Boot Fühlung aufzunehmen. Wenn sie tief heruntergingen, um nach der DESTINY zu suchen, konnten sie selbst bei Tageslicht nur wenig sehen. Regen und Hagel peitschten die Cockpitfenster, Himmel und See verschwammen in einem Grauschleier, der die Sicht auf ein Minimum beschränkte.

Als der Kraftstoff knapp wurde, riefen die Flieger die Seenotleitstelle:

Kiwi 315: Schlage vor, Kiwi 315 durch anderes Flugzeug abzulösen.
RCC: Kiwi 315, verstanden ... Sind dabei, Möglichkeiten australischer oder amerikanischer Unterstützung zu ermitteln. Müssen nachfragen.

Kommandozentrale sorgt dafür, daß ein Flugzeug startet und zu Ihrer Ausgangsposition fliegt. Over.

Kiwi 315: RCC. Verstanden. Flugzeug muß auf jeden Fall bei DESTINY bleiben, da sie jederzeit leckschlagen könnte und keine Rettungsinsel hat.

RCC: Verstanden. DESTINY keine Rettungsinsel. Einverstanden, daß Ablösungsflugzeug ständig über der Yacht bleiben muß. Over.

Kiwi 315: Machen Sie sich auf über 70 Knoten Windgeschwindigkeit gefaßt. Seegang Stärke neun. Over.

RCC: Verstanden. Nach unserer Information hat die Yacht eine Rettungsinsel. Können Sie bestätigen, daß sie beschädigt oder über Bord gegangen ist? Over.

Kiwi 315: Rettungsinsel hat sich vom Boot losgerissen und ist inzwischen weggetrieben. Over.

RCC: Werden besprechen, ob vor Dunkelwerden eine Rettungsinsel bei dem Boot abgeworfen werden muß, so daß die Segler rechtzeitig umsteigen können, wenn die Yacht während der Nacht leckschlagen sollte. Over.

Kiwi 315: Werde Vorschlag an Bord besprechen, glaube aber, daß er undurchführbar ist, weil die einzige Person auf der Yacht, die gehen kann, wegen des Wetters nicht an Deck will. Over.

RCC: Das war alles. Werden Ihnen aktualisierten Wetterbericht durchgeben, sobald er vom Wetterdienst vorliegt. Over.

Kiwi 315: Bleiben hörbereit. Ende.

In der Seenotleitstelle versuchte Bill Sommer, ein Flugzeug und eine Besatzung zur Ablösung der Orion P 3 aufzutreiben. Die Luftwaffe hatte zwar ein weiteres Flugzeug in Bereitschaft, aber dienstfreie Flieger als Besatzung heranzuholen war am Feiertagswochenende nicht leicht.

Er wußte, wie wichtig es war, während der Nacht ein Ablösungsflugzeug unmittelbar im Einsatzgebiet zu haben, um den Durchhaltewillen der Yachtcrew aufrechtzuerhalten und die TUI CAKAU III heranzuführen.

Er nahm mit Hawaii und Australien Verbindung auf, um festzustellen, ob Schiffe oder Flugzeuge der amerikanischen Marine oder Küstenwache in dem Gebiet wären, oder ob die Australier Einheiten in Fidschi oder bei der Norfolk-Insel hätten, mit denen sie Unterstützung leisten könnten. Aber die U.S.-Marine kreuzte nicht mehr in dem Seegebiet, und die Australier hatten bei diesen Inseln nichts stationiert.

Schließlich schaffte es die neuseeländische Luftwaffe, eine Flugzeugbesatzung zusammenzutrommeln, die dann sofort startete, um die Kiwi 315 abzulösen.

Während des Rückflugs zu den Fidschi-Inseln gab die Besatzung der Kiwi 315 ihrer Ablösung Informationen über die DESTINY, den psychischen Zustand der Segler, Danas vermutete Verletzungen sowie die Wind- und Seegangsverhältnisse durch. Dr. Powell war alles andere als optimistisch. Er bezweifelte, daß Danas Zustand bis zu Rettung stabil genug bleiben würde, und der Arzt glaubte auch nicht, daß Paulas Durchhaltewillen die endlosen, düsteren und kalten Nachtstunden überstehen würde. Die größte Sorge der Flugzeugbesatzung war aber, daß das Boot jederzeit leckschlagen könnte.

Während des Flugs zu den Fidschi-Inseln herrschte an Bord der Kiwi 315 nervöse Spannung. Die Mannschaft machte sich Gedanken um ihr eigenes Überleben, weil der Treibstoff sehr knapp geworden war und keinerlei Reserve für Umwege mehr geblieben war. Als die drei Offiziere und die Mannschaftsmitglieder endlich die Lichter von Nadi überflogen und die Orion dann mit kaum noch 500 Litern Treibstoff in den Tanks auf den Asphalt der Landebahn setzten, waren sie müde und verdrossen.

Auf dem Weg nach Fidschi hatten sie über Kerikeri Radio vom Schicksal einer anderen Yacht, der MARY T, erfahren, die 200 Seemeilen von der DESTINY entfernt stand und Wasser machte. Es hörte sich nach einem neuen Auftrag für die abgekämpften Flieger an.

Aber als die Motoren der Orion beim Abkühlen nach dem anstrengenden Patrouillenflug inspiziert wurden, mußten die Flugingenieure der Maschine feststellen, daß aus dem Motor Nr.2 Öl leckte. Es war eine erhebliche Undichtigkeit, die vor einem neuen Start behoben werden mußte. Die Besatzung erklärte sich bereit, die Reparatur sofort in Angriff zu nehmen, aber Hauptmann Craies hielt sie davon ab. Schließlich war es schon nach 0200 Uhr morgens. 15 Flugstunden waren an diesen

Männern nicht spurlos vorübergegangen. Sie brauchten alle ein paar Stunden Schlaf, bevor sie am Vormittag wieder starten könnten, voraussichtlich gegen 1000 Uhr am Sonntag, den 5. Juni.

*

Währenddessen konnten sich Paula und Dana auf der DESTINY nicht vorstellen, wie sie abgeborgen werden sollten. Dana, der hilflos im Ölzeug in seiner Koje lag, wußte nicht, ob er es schaffen würde, aus der Kajüte an Deck zu kommen, ohne das Bewußtsein zu verlieren. Paula war nicht stark genug, um ihn zu tragen. Durch die Kälte hatten sich seine Bein- und Hüftmuskeln angespannt, was die qualvollen Schmerzen durch die Knochenbrüche noch verschlimmerte.

Während die beiden so grübelten, hörten sie aus dem Funkgerät eine neue Stimme, wieder mit einem ab und zu schwer zu verstehenden neuseeländischen Akzent. Die Ablösungsmaschine war eingetroffen. Diese Orion würde das Rettungsschiff heranführen. Ganz gleich, wie die Rettung vor sich gehen sollte, erschien sie ihnen jetzt greifbar nahe. Obwohl sie hundemüde waren, spürten sie durch eine Mischung aus Furcht, Aufregung und Vorfreude keinerlei Schlafbedürfnis.

* Siehe: Steven Callahan/James Nalepka, Gekentert. 119 Tage im Pazifik verschollen. Zürich 1993. Weiterhin: 119 Tage kieloben, in: Yacht Nr. 9/1993 vom 21. April 1993.

Wir sind gerade durchgekentert!

Als Jon Cullen am Samstagabend, den 4. Juni die Yachten auf seiner Liste nacheinander über Funk rief, erhielt er immer neue Meldungen, daß das Wetter sich verschlimmerte. Er gewann daraus den Eindruck, daß der Sturm schwerer war, als vom Wetterdienst vorhergesagt. Noch vor wenigen Stunden hatte Bob Rimmer, der Skipper der QUARTERMASTER, über den Äther Zuversicht ausgestrahlt, als er Meldungen der MARY T weitergab. Er hatte gesagt, daß er bei 60 Knoten Windgeschwindigkeit vor nachgeschleppten Trossen lenzte. Jetzt klang er erschöpft und etwas unsicher:

Jon: QUARTERMASTER! Hörst du, Bob?
QUARTERMASTER: Ja ..., Mensch, bei uns hat es gerade ziemlich reingehauen. Unsere Position ist 28°25'S 178°24'E. (Er war ein wenig außer Atem.) Der Wind ist immer noch sehr stark. In den Sechzigern (Knoten). Sehr hoher Seegang hier. Wir lenzen mit ungefähr vier Knoten vor Topp und Takel. Winde aus östlicher Richtung.
Jon: Verstanden.
Bob: Ach, wir sind hier draußen alle etwas verängstigt, aber wir sind alle wohlauf.
Jon: Gut, in Ordnung. Wird schon klargehen. Ostnordostwind, geht mehr auf Ost, und was ihr jetzt habt, wird leider noch anhalten. Ihr seid direkt in der Zugbahn des Sturmsystems und könnt wenig daran ändern. Also viel Glück da draußen, Bob. Wir denken an euch. Wir sind die ganze Nacht hörbereit, falls es irgendwelche Probleme gibt.
Bob: Danke, Jon.
Jon: Ist schon in Ordnung. Paßt auf euch auf. Erstmal gute Nacht.

Jon sah keinen Sinn darin, den Seglern über die Heftigkeit des Sturms oder über die schlimme Nacht, die ihnen bevorstand, etwas vorzumachen. Es war besser, sie wußten, was vor ihnen lag. Falsche Hoffnungen könnten sie nur dazu bringen, ihre Sicherheit aufs Spiel zu setzen. Ab und zu wollte er aber die brutale Wahrheit etwas abmildern, besonders gegenüber den Seglern, die sich in ihre Kojen verkrochen hatten und auf das Toben der Elemente hörten, während ihre Boote stark gierend von gewaltigen Wellenbergen hinabrauschten.

Die Zugbahn eines Sturms vorherzusagen ist äußerst schwierig. Bei Durchsicht der Wetterfaxe konnte Jon nicht entscheiden, welchen Weg das Unwetter nehmen würde. Draußen auf See waren mindestens 60 Boote, deren Besatzungen verzweifelt auf seine Weisheiten warteten. Sie alle wünschten nichts sehnlicher, als zu hören, daß das Schlimmste an ihnen vorbeiziehen würde. Jon hatte beobachtet, wie der Sturm aus dem Nichts entstanden war, hatte während der vergangenen 48 Stunden seine Bahn über den Südpazifik verfolgt, wobei das Sturmzentrum direkt über die Wetterstation auf Raoul Island hinweggezogen war. Die volle Gewalt des Orkans wirbelte von seinem Kern aus über den Ozean hinweg und schlug mit zerstörerischer Kraft eine 900 Seemeilen lange und 270 Seemeilen breite Schneise. Die Sturmausläufer, die vom Zentrum wegwirbelten, erreichten fast die Küsten der Fidschi- und Tonga-Inseln, sowie Neuseelands, die jeweils 1000 Seemeilen voneinander entfernt sind. Unheilbringend würde der Sturm an der Ostküste Neuseelands entlangziehen und dann geradewegs zu den Nachzüglern in dem Feld der Yachten auf dem Weg nach Tonga.

Einige der Boote, die an der Tonga-Regatta teilnahmen, hatten innerhalb des Minerva-Riffs, eines schönen, aber trügerischen Korallengebildes, Schutz gesucht. Dort lagen ungefähr 13 Boote vor Anker, dieses riesige Atoll bot aber im Sturm nur wenig Schutz. Jon sprach am Funkgerät scherzhaft vom „Minerva-Riff-Yachtclub“. Aber wenigstens konnte man sich dort in der Menge geborgen fühlen. Ein Boot, dessen Anker nicht hielt, wurde auf das Korallenriff getrieben. Die Crew konnte von Glück sagen, daß erfahrene Helfer in der Nähe waren, um das Schiff von den gezackten Korallenspitzen freizubekommen.

Yachten in der Lagune meldeten, daß der Sturm auf 70 Knoten zugelegt hätte. Die Segler beobachteten schaudernd, wie die gewaltigen

Seen gegen das flache Korallenriff – den einzigen Schutz vor dem Ozean – krachten und wie Geysire explosionsartig hochschossen. Das sonst so ruhige Wasser der Lagune wurde zu über einen Meter hohen, steilen Wellen aufgepeitscht.

Als der Sturm Raoul Island 500 Seemeilen südlich des Minerva-Riffs erreichte, hatten dort zwei Yachten Schutz gesucht. Eine davon war die WINDORA. Diese Nacht war für Linda Christieson die längste ihres Lebens. Am Tage hatte sie einen deutschen Katamaran, die FALLADO aus Papenburg, besucht, der gemeinsam mit ihnen auf dem winzigen Ankerplatz lag. Als der Sturm zuschlug, saßen sie in der Falle. Sie konnte nicht zu ihrem Mann und ihren kleinen Kindern auf der WINDORA zurück.

Die WINDORA motorte inzwischen in der engen Bucht „Boat Cove" auf und ab, weil für zwei Boote, die bei 70 Knoten Windgeschwindigkeit vor voller Kettenlänge liegen mußten, nicht genug Platz war. Während die FALLADO vor Anker lag, brachte Bill Christieson die ganze Nacht damit zu, zwischen zwei Wegpunkten hin und her zu motoren, die er in seinen GPS-Empfänger eingegeben hatte.

Linda machte sich große Sorgen, daß sie ihre Kinder vielleicht nie wiedersehen würde. Die Nacht war pechschwarz, so daß man Land und See nicht unterscheiden konnte. Die unbewohnte Bucht war unbefeuert. Die WINDORA hatte kein Radargerät, deshalb hatte Linda Angst, daß die Yacht auf die Felsen laufen würde, die auf dem Radarschirm der FALLADO deutlich zu erkennen waren.

Wie durch ein Wunder überstand die WINDORA es aber völlig unbeschadet. Als das Morgengrauen durch die Wolkendecke über ihnen drang, konnte Bill sich beim besten Willen nicht erklären, wie sie es geschafft hatten, nicht aufzulaufen, so nahe waren die Felsen, zwischen denen sie hin und her fuhren.

*

Bei Kerikeri meldeten sich so viele Boote und baten um Rat und Unterstützung, daß Jon drei Stunden brauchte, um sie alle nacheinander zu rufen. Es war mühsame Arbeit, die Liste der Yachten durchzugehen, mit denen er in den letzten Tagen Funkkontakt gehabt hatte, ihre Positionen zu notieren und ihnen durchzugeben, mit welchem Wetter sie rechnen konnten. Er hatte schon mit schlimmeren Wirbelstürmen zu tun gehabt, aber noch keinen erlebt, bei dem so viele Boote auf See waren.

Als er ein Schiff nach dem anderen rief, begann er sich Sorgen zu machen, daß manche der Segler bei dem Wetter nicht richtig handelten. Einige kümmerten sich nicht um seinen Rat, nach Westen zu laufen, andere wieder schienen nicht zu wissen, wie man beidreht, und viele meldeten, daß die Seen dwars kamen. Mindestens sechs Boote hatte der Sturm erfaßt. Sie lagen wie in der Falle. Jon wußte, daß gute Seemannschaft unabdingbar war, um solches Wetter zu überleben.

Es gab so vieles, was unerwartet schiefgehen konnte. Nachgeschleppte Trossen konnten sich um die Schraube vertörnen. Ein von der See überrolltes Boot konnte durch eine undichte Luke soviel Wasser machen, daß es sinken konnte. Durch zerbrochene Kajütfenster ohne Seeschlagblenden konnte eine Yacht vollaufen. Schlecht gewartete Bilgepumpen konnten sich festfressen. Ungenügend gesicherte Batterien konnten sich losreißen und großen Schaden verursachen. Kocher konnten aus ihrer kardanischen Aufhängung herausgeschleudert werden und auf einem schlingernden und bockenden Boot Menschen verletzen. Seewasser konnte durch die Auspuffanlage oder durch unverschlossene Seeventile eindringen. Unzählige andere unvorhergesehene Probleme konnten sich im Sturm bemerkbar machen. Die Vorbereitung vor dem Auslaufen war für das Überleben bei solchem Wetter entscheidend. Aber erst einmal auf See, war jeder Segler und jede Seglerin für das eigene Schicksal verantwortlich. Ein seeklares, gut ausgerüstetes Boot wird auch den schwersten Sturm überstehen können, vorausgesetzt, es hat eine starke, ausgeruhte und erfahrene Besatzung, die mit dem Schiff umgehen kann. Die meisten Hochseefahrtenyachten aber haben nur wenig Besatzung, oft sind nur ein Mann und eine Frau an Bord. So war es auch bei den meisten der Boote, die in dieser grimmigen Nacht dort unterwegs waren.

All das ging Jon durch den Kopf, als er die Berichte der Yachten empfing. Durch die DESTINY war er darauf aufmerksam geworden, wie heftig der Sturm war. Inzwischen waren viele weitere Boote in Schwierigkeiten. Er hatte mit allen verabredet, daß sie ihn stündlich rufen sollten, so daß er hören konnte, wie sie sich hielten.

Er bedauerte, daß die Besatzung der MARY T in dem Glauben war, daß ihr Rettungsschiff, die MONOWAI, nur 50 Seemeilen entfernt sei. Sie waren so erleichtert gewesen. Er konnte sich noch nicht durchringen, ihnen zu sagen, daß die MONOWAI in Wirklichkeit mehrere hundert Seemeilen entfernt war. Er hielt es aber nicht für angebracht, die Illusion zu zerstören. Obwohl ihre Lage ernst war, waren sie nicht in derselben Gefahr wie einige andere, und sie schienen mit ihrer Situation leidlich fertig zu werden.

Nach fast 24 Stunden Funkdienst machte Jon Schluß, um etwas Schlaf zu bekommen. Maureen löste ihn als Funkerin von Kerikeri Radio ab und war bald mitten im Geschehen. Von Bob Rimmer kam ein Notruf:

Bob: Mayday! Mayday! Mayday! Hört ihr? Hier ist QUARTERMASTER!
Maureen: Ach, QUARTERMASTER. Hier ist Kerikeri. Ich höre. Was ist los? Over. (Es folgte eine leere Stille, die QUARTERMASTER antwortete nicht.)
Maureen: Oh, QUARTERMASTER, hier Kerikeri. Ich höre. Ich höre. (Maureen hörte sich beschwörend an, als wolle sie die Segler mit sprachlicher Mund-zu-Mund-Beatmung zum Leben erwecken.) QUARTERMASTER, QUARTERMASTER, Kerikeri Radio hört. (Maureen flötete die Worte fast zärtlich, als wollte sie dadurch eine Antwort hervorlokken. Es funktionierte.)
Bob: Ja, hier ist QUARTERMASTER, wir sind gerade durchgekentert, ähm ... (Seine Angst war über Funk zu hören, er hörte sich an, als sei er den Tränen nahe.) ... und wir sind gerade dabei, alles zu überprüfen. Die Kajütfenster sind noch alle drin. (Er atmete schwer, vielleicht weil er sich in dem torkelnden, stampfenden und in die Wellen krachenden Boot festhalten mußte.) Wir kommen in ein paar Minuten noch mal.
Maureen: Verstanden, verstanden.
Bob: Ich gebe unsere Position durch: 28°24′S 178°32′E.
Maureen: Verstanden. Wie geht es euch allen an Bord?
Bob: Ach, wir sind unverletzt. (In seiner Stimme mischten sich Verzweiflung und Erschöpfung.) Wir hatten schon vorher einen Unfall.

Dabei bekam Marie (seine Frau) eine große Schnittwunde über dem Auge. Das haben wir nicht gemeldet.
Maureen: Verstanden, gut, ihr überprüft alles und meldet euch dann wieder. Wir bleiben hörbereit.
Bob: Okay. (Nach einigen Minuten Schweigen kam QUARTERMASTER wieder.) Kerikeri, hört ihr mich? Over.
Maureen: Verstanden, bitte kommen. Wie sieht es aus?
Bob: Uns selbst ist nichts passiert. Das Boot ist nur flach auf die Seite geworfen worden, nicht durchgekentert, aber Mann, oh Mann, es ist ganz schön ... Ich weiß nicht, wieviel Knoten Wind wir haben. Wir müssen hier erst mal aufräumen. Es ist alles durcheinander. (Durch Müdigkeit und Furcht sprach er langsam, und zwischen den Störgeräuschen hörte man ihn schwer atmen. Er hörte sich verwirrt an.)
Maureen: Verstanden, gut, es freut mich, daß es doch nicht so schlimm war. Was ist mit Maries Unfallverletzung? Wie schlimm ist der Schnitt? Over.
Bob: Sie hat über dem, ähm, linken Auge einen Schnitt von, ähm, drei bis vier Zentimeter Länge, es ist ein Riß, er muß später genäht werden.
Maureen: Verstanden. Könnt ihr ihn fest zusammenziehen und ein Pflaster drüberkleben? Over.
Bob: Ja, das haben wir schon gemacht.
Maureen: Das ist gut, also dann, seht euch vor da draußen. Wir bleiben hörbereit. Wir sitzen direkt am Funkgerät und lösen uns ab.
Bob: Alles klar, vielen Dank.

Maureen machte sich Gedanken wegen der QUARTERMASTER. Das Schiff war in ernster Bedrängnis, man hörte es aus den Stimmen der Besatzung. Von allen an Bord hatte nur Bob Rimmer, der Skipper, wirkliche Segelerfahrung, und auch er hörte sich nicht so an, als hätte er alles im Griff. Weder seine Frau Marie, noch sein 23jähriger Stiefsohn Jim Anderson hatten viel an praktischer Blauwassererfahrung.

Es war Pech, daß sie jetzt mitten in den Sturm geraten waren. Sie hätten schon sehr viel weiter sein sollen, waren aus Auckland aber drei Tage später ausgelaufen als geplant. Die Verzögerung war dadurch entstanden, daß die Schraubenwelle der QUARTERMASTER sich von der Wellenkupplung gelöst hatte. Sonst wären sie schon über 200 Seemeilen nördlicher, näher an Tonga, gewesen und hätten sicher handigeres Segelwetter gehabt.

Mächte, die der Mensch nicht beeinflußt – sei es Glück, Vorsehung oder Schicksal – geben auf See oft den Ausschlag. Bei der Tonga-Regatta gerieten die meisten der Nachzügler in den Sturm, aber diejenigen, die die offizielle Startzeit einhielten und nicht vom Kurs abwichen, hatten das Glück, der schlimmsten Gewalt des Sturms zu entgehen.

Als Jon von Kerikeri Radio wieder seine Wache antrat, lagen besorgniserregende Meldungen vor. In der Nähe von Raoul Island kämpften sich fünf Yachten ab. Drei weitere Yachten in der Nähe der DESTINY waren schwer mitgenommen. Jon versuchte sie aufzumuntern, indem er vom Verlauf der Whitbread-Rund-um-die-Welt-Regatta berichtete. Die von Neuseeländern geführten Boote TOKIO, YAMAHA und NEW ZEALAND ENDEAVOUR lagen in Führung. Sie segelten gerade an der englischen Südküste entlang, streckenweise auf der Bahn des berüchtigten Fastnet-Rennens.

Fastnet! Dieser Name konnte jeden Segler in Angst und Schrecken versetzen. 1979 überfiel ein Sturm von Stärke 10 mehr als 300 Yachten mit vollzähligen Regattabesatzungen, die an der klassischen 605-Seemeilen-Hochseewettfahrt teilnahmen. 15 Menschen starben in diesem tückischen Sturm, der 60–70 Knoten Windgeschwindigkeit erreichte. Fünf Yachten gingen unter.

Den Betroffenen des Fastnet-Sturms halfen zahlreiche SAR-Fahrzeuge, eine Nimrod der Royal Air Force und eine französische Atlantique-Maschine patrouillierten über den sinkenden Yachten, um die Rettungsaktionen zu koordinieren. Whirlwind-, Seaking- und Lynx-Hubschrauber der Royal Air Force schwebten über den Wellen und bargen Menschen von Bord der Yachten und aus der See. Unterstützt wurden sie durch Marineflugzeuge. An der Rettungsaktion beteiligten sich auch acht Kriegsschiffe, fünf Handelsschiffe und 13 Rettungsboote. Trotz dieses großen Aufwandes verloren mehr als 15 Menschen ihr Leben. Die Fastnet-Regatta von 1979 bleibt als schlimmste Katastrophe des Sportsegelns in Erinnerung.

Im Vergleich dazu standen bei dem 1994er Sturm vor Neuseeland nur sehr geringe Einsatzmittel zur Verfügung. Die Lage wurde noch durch den Feiertag in Neuseeland verschärft, der es erschwerte, Flugzeugbesatzungen zusammenzutrommeln. Hinzu kam, daß die Retter bis zu den Havaristen viel größere Entfernungen zurücklegen mußten, als es in der Irischen See der Fall gewesen war.

Jon verbreitete die schlechten Nachrichten über die schwierige Wetterlage während der turnusmäßigen Sendung. Er las den Bericht langsam und mit vielen Pausen vor, so daß die Navigatoren auf den vielen beteiligten Booten alles erfassen und auf ihren Karten nachvollziehen konnten.

Kaum war er fertig, als sich die Yachten meldeten. Schweizer, Deutsche, Briten, Australier, Neuseeländer und Amerikaner brauchten Hilfe. Er nahm sich die Zeit, mit ihnen allen zu sprechen, und notierte dabei die Schiffsorte und die gemeldeten Wetterbedingungen. Zweifellos hatten die meisten der Schiffe schwereres Wetter als vorhergesagt.

Eine neuseeländische Charteryacht, die sich auf der Überführung von Auckland zu den Fidschi-Inseln befand, die IRRESISTIBLE, berichtete, daß sie ziemliche Prügel einstecken mußte. Die Mannschaft war seekrank, und nachdem das Schiff einmal flachgelegt worden war, wollte der Motor nicht anspringen. Als der Bootsführer die Finsternis dort draußen, mitten auf dem Ozean beschrieb, hörte man tiefe Verlassenheit, ja Verzweiflung heraus.

Der Funker der OBSESSION berichtete mit breitem südafrikanischen Akzent, daß die Yacht bei bis zu 60 Knoten Windgeschwindigkeit und über sechs Meter hohem Seegang beiliege. Das Bordbarometer sei bis auf 993 hPa gefallen.

Jon sagte, daß das Tiefdrucksystem wahrscheinlich direkt über das Boot hinweggezogen sei.

„Das glauben wir auch“, antwortete der Südafrikaner.

„Also, das ist eigenartig“, wunderte Jon sich. „Ihr habt noch nördlichen Wind. Davon hat auch jemand anders berichtet. Eigentlich müßtet ihr Winde aus dem westlichen oder südwestlichen Quadranten haben, für euren Schiffsort also Rückseitenwetter. Also, ich weiß nicht so recht, was da vor sich geht. Da könnten zwei Zentren sein, denn eigentlich sollte es bei euch noch nicht nachgelassen und auf Nord gedreht haben.“

Jon rief die einzelnen Boote und gab ihnen Ratschläge. „Lauft nach Westen“, sagte er einigen. Andere warnte er, daß es zu spät sei, irgend etwas zu unternehmen: Sie waren in der Sturmbahn gefangen.

Ein Segler wollte wissen, wo von ihm aus gesehen das Zentrum des Sturmtiefs liege. Jon sagte, daß es links von ihm sei, wenn er an Deck gehe und gegen den Wind sehe[1].

Dann meldete sich QUARTERMASTER wieder:

Bob: QUARTERMASTER an Kerikeri. Hört ihr mich? Over.
Jon: Verstanden, laut und klar. Bitte kommen.
Bob: Wir sind gerade zum zweiten Mal flachgelegt worden. Jon, ich weiß nicht, was ich tun soll. (Die Verzweiflung war aus seinem Ton herauszuhören.)
Jon: Nein, da läßt sich nicht viel machen. Liegt das Boot mit dem Bug gegen die See?
Bob: Ich habe den Autopiloten so eingestellt, daß wir die Seen nach Möglichkeit schräg von achtern nehmen. Wir steuern 266 (Grad).
Jon: Verstanden, das hab' ich. Kurs 266, wieviel Fahrt ungefähr? Over.
Bob: Das macht mir Sorgen. Es zeigt Null. Oh! Hilfe! (Es folgte eine lange, angespannte Pause. Niemand von den anderen Booten, die ebenfalls funken wollten, wagte dazwischen zu reden.) Es zeigt bloß null Knoten.
Jon: Na, das zählt wohl nicht ganz richtig. Also, ihr seid zum zweiten Mal auf die Seite geworfen worden. Ist an Bord alles wohlauf? Ist jemand verletzt? Over.
Bob: Nein, wir halten durch, Jon, wir geben nicht auf.
Jon: Gut, Bob, viel Glück da. Wir sollten regelmäßig … Laß uns regelmäßig in Kontakt bleiben – Vielleicht in stündlichen Abständen, wenn es bei euch geht, ja? Over.
Bob: Ja, das geht. Wir melden uns stündlich. Over und Ende. (Die Zuversicht, die Bob ausgestrahlt hatte, als er Funksprüche für die MARY T übermittelte, schien sich in Nichts aufgelöst zu haben. Auch Jons Stimme klang fast ebenso verzweifelt, wenn er vergeblich versuchte, Trost zu spenden und Hilfe anzubieten.)
Jon: Gut, du kannst natürlich auch öfter kommen, wenn du willst. Wir sind sowieso hörbereit, aber wir werden euch stündlich rufen, und wenn wir nichts hören, werden wir etwas veranlassen müssen. Over.
Bob: Danke, Jon.
Jon: Okay. Viel Glück da draußen.

Gegen Ende des Gesprächs hörte man plötzlich ein höllisches Stimmengewirr aus dem Funkgerät. Ein anderes Boot platzte herein, um die QUARTERMASTER zu rufen, und schon ging ein drittes mit einem Dringlichkeitsruf dazwischen.

„Pan-Pan. Hier ist die Yacht TRANQUILLITY", rief eine Stimme mit amerikanischem Akzent.

Der Mann berichtete, daß sein Großsegel zerrissen sei und im 50 Knoten starken Sturm umherschlage. Er wolle an Deck gehen, um es festzumachen.

„Wir dachten, daß es besser wäre, Bescheid zu sagen, wo wir sind und was bei uns los ist", sagte er.

Kein Segler sendet gern eine Dringlichkeitsmeldung. Erst recht gibt niemand gern zu, mit einer schwierigen Lage nicht fertig zu werden. Der Amerikaner gab als Position 24°33,7'S und 179°23'W an.

„Bei uns hat sich Decksausrüstung losgerissen. Wir machen auch etwas Wasser", sagte er.

Für Jon und Maureen Cullen war das Ganze beinahe so strapaziös wie für die Yachtsegler auf hoher See. Jon nahm gerade eine Mütze voll Schlaf, als die QUARTERMASTER wieder durchkam:

Sonntag, 5. Juni, 0035 Uhr

Bob: QUARTERMASTER an Kerikeri. Hört ihr? Over.
Maureen: Ah, ja, QUARTERMASTER, guten Morgen, wie geht es da draußen?
Bob: Also, es läuft etwas besser. Wir haben den Autopiloten in Betrieb und lassen den Motor laufen, um die Batterien zu laden und alles in Gang zu halten. Wir versuchen, die Seen schräg von achtern zu nehmen. Es scheint zu gehen. In der Zwischenzeit ist das Boot einmal schwer auf die Seite geworfen worden, aber ansonsten sind wir noch am Leben. Unter Deck geht alles drunter und drüber.
Maureen: Ja, verstanden. Hört sich nicht gerade einladend an. Wie geht es den anderen unter Deck? Wie werden sie mit der Lage fertig?
Bob: Entschuldigung, das letzte habe ich nicht verstanden. (Seine Stimme klang sehr müde.)

Maureen: Wie kommen die Leute unter Deck klar? Over.
Bob: Ach, wir legen uns eben hin, wo wir können. Und übrigens, unser GPS zeigt stur immer dasselbe. Ich glaube es funktioniert nicht mehr.
Maureen: Was zeigt immer dasselbe?
Bob: Das GPS zeigt keine Änderung seit der Position, bei der wir zum ersten Mal flachgelegt wurden.
Maureen: Aha, verstanden, das GPS. Das ist schade. Also gut. Hauptsache, ihr macht es euch so bequem wie möglich ... Also irgendwo, wo ihr bis zum Morgen so wenig wie möglich herumgeworfen werdet, und dann müßt ihr mal sehen. Jetzt müßt ihr erst mal den finstersten Teil der Nacht hinter euch bringen, aber je länger es dauert, desto näher kommt das Tageslicht. Bestimmt nicht sehr angenehm da draußen. Over.
Bob: Das kann man wohl sagen. Also, wir bleiben in Verbindung und melden uns ungefähr jede Stunde.
Maureen: Ja, verstanden, verstanden. Uns macht es nichts aus, wir sitzen hier einfach, warten auf die Funksprüche und denken an euch alle da draußen.
Bob: Vielen, vielen Dank. (Er klang erschöpft, selbst das Sprechen schien ihn anzustrengen, seine Worte hörten sich verwaschen an.)
Maureen: Gern geschehen, bitte, gern geschehen. Haltet die Ohren steif. Das Wetter wird besser.

Maureen war völlig unzufrieden mit sich. Sie wußte nicht, ob sie der armen Crew auf der QUARTERMASTER genügend Beistand geleistet hatte. Hätte sie noch mehr sagen können? Hätte sie vielleicht noch irgend etwas vorschlagen können, das ihnen helfen könnte, zu überleben? *Wenn ich nur klüger wäre. Bitte, lieber Gott, paß auf sie auf!*

Die Cullens arbeiteten die ganze Nacht hindurch, sprachen mit Yachten und hielten die Seenotleitstelle über das Wetter auf dem Laufenden, das sich zu verschlimmern schien. Auch andere Boote waren in Schwierigkeiten. Die SOFIA, die HEARTLIGHT, die SILVER SHADOW und die WAIKIWI II kämpften ums Überleben. Einige befanden sich in verzweifelter Lage.

MARY T

Auf der MARY T blickte Sigmund angestrengt durch die Dunkelheit auf das Barometer. Was er sah, jagte ihm Angst ein. So sonderbar hatte sich das Instrument zum letzten Mal benommen, als sie sich in Mexiko verkrochen hatten, um den Hurrikan „Raymond“ vorbeiziehen zu lassen. Das Barometer „pumpte“, es ging auf und ab. Die sprunghaften Luftdruckänderungen deuteten darauf hin, daß sie im Auge eines Zyklons waren. Sigmund hielt die Lage für verzweifelt. Sie würden von Glück sagen können, wenn sie lebend davonkämen.

Carol rief Kerikeri Radio, aber ihr Funkspruch war kaum zu hören. Ein unbekanntes Boot schaltete sich als Relaisstation ein. Carol berichtete über das Barometer.

Maureen: Verstanden. Ich hab' das mit dem Barometer. Mal sehen, ob wir es richtig mitbekommen haben: (Position) 28°3'S 179°26'E. Wind aus nördlicher Richtung, 40 Knoten. Seegang höher als vorher, Barometer 29,2 (Zoll)[2]. Richtig so, MARY?
Relaisstation: Verstanden. (Maureen machte noch eine weitere Bemerkung über das Barometer.)
Relaisstation: Zwo neun Komma zwo, stark schwankend. Over.
Maureen: Ach, das Barometer fällt. Das Barometer fällt. Und wie geht es an Bord? Over.
Relaisstation: Sie haben jemand an Deck. An Deck ist alles klar.
Maureen: Gut, das ist erst mal eine gute Nachricht. Weniger schön ist, daß der Barograph fällt. Also, paßt gut auf da draußen ... Haltet durch auf der MARY. Es dauert nicht mehr lange, dann ist es hell.

Am frühen Sonntagmorgen rief Alex Gibb, der Such- und Rettungskoordinator der Seesicherheitsbehörde, Kerikeri Radio an und teilte die Vermutung mit, daß die QUARTERMASTER in ernsten Schwierigkeiten sei, weil ihre Seenotfunkboje sendete. Jon berichtete von seinen Gesprächen mit Bob Rimmer, dem Bootsführer der QUARTERMASTER. Er erwähnte seinen Eindruck, daß Bob die Lage nicht mehr im Griff hätte.

„Das Orion-Flugzeug bei der DESTINY will dableiben bis die Herkules bei Hellwerden zur Ablösung eintrifft“, sagte Alex. „Der Flugzeugführer will solange dableiben, weil es ihnen (der DESTINY-Besatzung) anscheinend nicht besonders gut geht. Die Herkules will einen Abstecher machen, um nach der SOFIA zu sehen, und sie wollen versuchen, auch die QUARTERMASTER zu finden."

In der Zwischenzeit berichtete die MONOWAI, daß sie nur langsam vorankam. Wie Alex sagte, hatte der Seegang den Frachter gezwungen, mit der Fahrt herunterzugehen und weiter westlich zu halten. Das Schiff machte bei 40 Knoten Sturm aus nördlicher Richtung mit Böen bis zu 60 Knoten nur etwa vier Knoten Fahrt.

Als Alex das nächste Mal aus dem Rettungszentrum anrief, war Jon wegen der HEART LIGHT beunruhigt. Der Katamaran hatte sich nicht zur vereinbarten Zeit gemeldet.

„Sie sind in derselben verdammten Gegend wie die QUARTERMASTER", seufzte er schwer. Er war offensichtlich besorgt.

„Sie haben sich nicht gemeldet, obwohl ich sie gerufen und gerufen habe. Bis jetzt sind sie verflucht zuverlässig gewesen. Sie haben sich stündlich gemeldet, jetzt sind sie 20 Minuten überfällig."

„Gut, also …", sagte Alex.

„Ihre letzte gemeldete Position war 28°7′S 177°58′E."

„Und wann war das?" fragte Alex nach.

„Das war um 0325 Uhr, da hatten sie Treibanker und alles mögliche ausgebracht. Es ist ein Mehrrumpfboot, gottverdammt, auf mißweisendem Kurs 315 (Grad). Ach, warte mal, ich habe noch eine neuere Angabe, tut mir leid."

Alex wartete geduldig auf die neueste Information.

„Um 0428 Uhr haben sie sich zum letzten Mal gemeldet. Da standen sie auf 28°3′S 177°56,42′E mit Kurs 320 (Grad). Sie hatten südsüdwestliche Winde von mehr als 60 Knoten und konnten das Boot nicht auf weniger als 7–8 Knoten verlangsamen. Die Windgeschwindigkeit haben sie von einem Meßgerät an Bord abgelesen."

„Gut, wir werden das Flugzeug nach dem Katamaran suchen lassen", sagte Alex.

„Ja, das ist wohl sinnvoll."

„Wie hältst du dich? Ich werde jetzt verflucht müde."

„Nun, Maureen ist hier gerade aufgetaucht, da werde ich mich jetzt ein paar Stunden aufs Ohr legen", sagte Jon.

„Ich bin allmählich wirklich etwas kaputt."
„Hast du irgend jemanden, der deine Arbeit übernehmen könnte?"
„Nicht so leicht, nein, nein. Wir kommen schon klar."
„Paßt auf euch auf", sagte Alex.

*

Die Liste der durch den Sturm in Seenot geratenen Yachten beim RCC wurde immer länger. Die EPIRB-Boje der QUARTERMASTER strahlte einen verzweifelten Hilferuf aus, die Besatzung antwortete nicht auf Funksprüche, ebensowenig wie die Crew der SOFIA, deren Funkboje ebenfalls sendete. Die HEART LIGHT war wahrscheinlich in Bedrängnis, und die MONOWAI – unterwegs zur möglicherweise sinkenden MARY T – hatte eine Seenotrakete oder -fackel von einem unbekannten Fahrzeug ausgemacht. Und dann war da noch die DESTINY, die in der Dunkelheit allmählich vom eigenen Mast zerschlagen wurde.

---

1 Diese Beobachtung gilt für ein Tief auf der Südhalbkugel. Auf der Nordhalbkugel hat man dann den Wind im Rücken – Anmerkung des Übersetzers.

2 Anm. d. Übers.: 29,2 Zoll = 742 Millimeter Quecksilbersäule = 989,3 Hektopascal

Ich bin hier, um Sie zu retten

Sonntag, 5. Juni, gegen 0200 Uhr

Als die Kiwi 315 auf den Fidschi-Inseln landete, traf die Tui Cakau in der Nähe der havarierten Destiny ein. Es war eine der dunkelsten Nächte, die man sich im Stillen Ozean vorstellen kann. Die Tui Cakau schlingerte und stampfte, ihre Maschinen wurden jedesmal stark beansprucht, wenn das Heck aus dem Wasser kam.

Kapitän Jim Hebden stand allein auf der Brückennock und starrte angestrengt in die Finsternis, sah aber nichts, weil Regen und Gischt ihm ins Gesicht peitschten.

Zweifellos waren sie nahe dran. Die Orion, die die Kiwi 315 abgelöst hatte, hielt sie auf dem laufenden. Man hörte, wie die Flugzeugbesatzung Paula über UKW mit der Mitteilung ermutigte, daß das Rettungsschiff bald ankommen würde. Die Flieger schienen zuversichtlich zu sein, daß die Rettung reine Formsache sein würde, wenn der Frachter erst einmal da wäre.

Jim Hebden wußte es besser. Der Rettungsversuch konnte das amerikanische Ehepaar noch mehr in Gefahr bringen. Das Schiff könnte die Yacht bei dieser schlechten Sicht aus Versehen geradewegs überlaufen.

Der Seegang war so grauenvoll, daß der Kapitän es nicht wagte, ein Boot auszusetzen. Schon bei ruhigem Wetter wäre es schwer genug, ein 7000-BRT-Schiff längsseits einer kaum 14 m langen Yacht zu halten. In diesem Sturm aber könnte es sich als unmöglich erweisen, zumal die Tui Cakau am Rumpf in Höhe der Wasserlinie eine 1,80 m weit vorspringende Kante hatte. Wenn die Destiny darunter geriete, könnte sie augenblicklich zerschlagen werden.

Normalerweise würde Hebden bei solchem Sturm nicht einmal versuchen, in einen Hafen einzulaufen oder an einem Kai anzulegen. Es war also eine beängstigende Vorstellung, bei diesem Wetter an einer winzigen Yacht längsseits zu gehen. Die geringste Fehleinschätzung oder Unaufmerksamkeit würde genügen, der DESTINY den Garaus zu machen.

Als er 15 Stunden zuvor von Kiwi 315 zur Hilfeleistung aufgefordert worden war, konnte er die Yacht nicht direkt ansteuern, weil die See so hoch ging. Statt dessen hatte er einen Kurs abgesetzt, der den Frachter etwas nördlich der Segelyacht ankommen lassen würde. Der neue Kurs war schonender für Schiff und Besatzung.

Ohne den Notruf hätte Kapitän Hebden sich wahrscheinlich entschlossen, beizudrehen und den Sturm abzuwettern, zumal einer seiner Offiziere ein gebrochenes Bein hatte. Auch auf diesem leichteren Kurs schafften sie nur 3 Knoten statt ihrer normalen 11. Bis hier zu gelangen, war eine langwierige Quälerei gewesen.

Von der DESTINY war noch nichts zu sehen. Keine Spur. Selbst der Radarschirm zeigte nur ein sinnloses Durcheinander von Leuchtflekken, die Regen, Gischt und unzählige Wellenberge abbildeten.

„Können Sie die Yacht für mich markieren?“ fragte Kapitän Hebden den Piloten der Orion über UKW. „Ich kann kein bißchen sehen. Der Schirm ist voller Seegangsreflexe. Führt das Boot womöglich ein Licht?“

Die Flieger sagten, daß das Boot tatsächlich ein schwaches Licht hätte. Er müßte es ausmachen können, sobald er in Sichtweite wäre. Sie stimmten Kapitän Hebden darin zu, daß ein Rettungsversuch im Dunkeln zu riskant wäre.

Die TUI CAKAU würde den Rest der Nacht in Bereitschaft bleiben. Falls die Yacht vor der Morgendämmerung leckschlagen sollte, sagte Kapitän Hebden, würde er trotz der zusätzlichen Schwierigkeiten sofort zur Hilfe kommen. Aber auf welche Weise würden sie das Ehepaar in der Dunkelheit abbergen können, falls es zum Schlimmsten käme? Die Segler würden mit Sicherheit weggespült und vom tobenden, schäumenden Ozean verschluckt werden. Wenn die DESTINY sich nicht bis Tagesanbruch über Wasser hielt, wären die Überlebenschancen ihrer Besatzung selbst mit der TUI CAKAU in der Nähe wirklich dürftig. Bis Sonnenaufgang waren es noch vier Stunden.

Die Besatzung der TUI CAKAU sprach mit den Fliegern der Orion P3 noch immer auf einem Funkkanal, den man auf der DESTINY nicht hören konnte. Niemand wollte, daß Paula von den Schwierigkeiten erfuhr, denen sich die Retter gegenübersahen.

Kapitän Hebden hatte gehört, wie die Amerikanerin die Orion-Crew gebeten hatte, sie mit ihrem Mann sobald wie möglich abbergen zu lassen. Sie befürchtete, daß das Boot bald in Stücke gehen und sinken würde. Dann hätten sie weder eine Rettungsinsel, noch irgendein anderes Hilfsmittel zum Überleben gehabt.

Kapitän Hebden besprach mit seinem Zweiten Steuermann lange, wie das amerikanische Ehepaar am besten gerettet werden könne. Dabei entstand allmählich ein einfacher Plan – geboren aus purer Verzweiflung. Zwei Mann sollten an der Bordwand der TUI CAKAU heruntergelassen werden und direkt auf die DESTINY springen. Sie würden dort unter Deck gehen und den verletzten Mann an Deck tragen, wenn nötig auch die Frau. Die Sache würde äußerst gefährlich sein. Eine Aufgabe, die der Kapitän niemandem *befehlen* konnte.

Offiziere und Besatzung der TUI CAKAU bildeten eine zusammengeschweißte Gemeinschaft. Einige waren die ganzen 18 Jahre unter Kapitän Hebden gefahren, seit er bei der Reederei Sofrana Unilines war, die Mehrzahl mindestens 10 Jahre. Sie vertrauten seinen nautischen Fähigkeiten, er wiederum hatte volles Vertrauen zu ihrer Stärke und Tapferkeit. Die meisten waren gute Kameraden, zähe Leute, aber zum Glück mit der für die Melanesier charakteristischen Güte und großzügigen Toleranz gesegnet.

Der Gedanke, irgendeinen seiner Leute in Gefahr zu bringen, bekümmerte Jim Hebden sehr. Aber es führte kein Weg daran vorbei, wenn die zwei von der DESTINY gerettet werden sollten.

Er dachte an zwei Männer. Der erste, Joeli Susu, war Soldat in der Armee der Fidschi-Inseln gewesen. Er hatte an friedenserhaltenden Aktionen der Vereinten Nationen teilgenommen, seine Kraft und Fitneß waren berühmt. Man sah ihn an Deck oft beim Joggen, wobei er zwei schwere Schweißgasflaschen über dem Kopf hielt. Er war 1,90 m groß und wog ungefähr 120 kg. Der zweite, Seruvuama Valagotavuivui, Mechaniker, war ebenso fitneßbegeistert. Er war genauso groß wie Joeli und nicht weniger kühn.

„Ich brauche Freiwillige“, sagte Kapitän Jim Hebden zu ihnen. „Ich werde es keinem übelnehmen, wenn er es nicht machen will. Es wird sehr gefährlich. Das Boot wird schlingern und rutschig sein."

Beide Männer meldeten sich sofort freiwillig. Selbstverständlich würden sie die Amerikaner retten.

Kapitän Hebden war stolz auf sie. Und er wußte, daß jeder seiner anderen Männer, wenn er gefragt worden wäre, genauso selbstlos geantwortet hätte. Er hatte Hochachtung vor dem anständigen und großherzigen Charakter der Fidschianer und konnte sich keine besseren Leute als Mitarbeiter vorstellen, besonders bei einer Aufgabe wie dieser.

„Ach, übrigens", sagte er, „ich meine, daß ihr barfuß auf das Boot gehen solltet."

Das war für die beiden kein Problem. Sie waren es gewohnt, barfuß herumzulaufen. Zuhause gingen sie meistens barfuß, und jedermann wußte, daß auf einem schlüpfrigen, nassen Deck nichts rutschfester war als bloße Haut.

Eine Weile danach flog die Orion niedrig über die Tui Cakau hinweg. Alle hörten es. Dann erschien vor ihnen ein orangefarbenes Glühen und verschwand im Meer. Das Flugzeug hatte in der Dunkelheit das erste Leuchtsignal abgeworfen. Der ganze Vorgang überraschte Kapitän Hebden, gab ihm aber auch Sicherheit.

Er wußte, daß es jetzt nicht mehr weit war. Der Pilot hatte versprochen, die erste Fackel abzuwerfen, sobald das Schiff auf zwei Seemeilen an die Destiny herangekommen wäre.

Während die Tui Cakau auf das verlöschende Leuchten zuhielt, schlingerte sie stark. Die See wütete noch immer heftig. Kapitän Hebden ließ das Schiff langsam voranboxen.

Weiter weg leuchtete eine zweite Fackel auf. Sie kamen allmählich näher, denn die Orion-Besatzung hatte versprochen, diese Fackel etwa 300 m von der Yacht entfernt abzuwerfen.

Er staunte über das Geschick der Flieger. Bei Windgeschwindigkeiten von 80 Knoten holperten sie mit ihrer Maschine kaum hundert Meter über der See durch die schwarze Nacht und warfen Fackeln ab, um das Schiff zu der Yacht zu leiten, die nur ein winziger Punkt in dem gewaltigen, feindseligen Ozean war. Er bewunderte ihren Mut, ihr Können und ihre präzise Arbeit.

Aufregung packte die kleine Gruppe von Männern auf der Brücke.

Einer von ihnen glaubte ein Licht zu sehen. Alle blickten angestrengt voraus. Kapitän Hebden nahm wieder seinen Posten auf der Brückennock ein. Nichts. Das Schiff stolperte im Dunkeln über die Wellen. Noch immer nichts zu sehen. Jemand rief: „Da ist es wieder."

Diesmal blieb das Licht solange, daß alle es sehen konnten. Irrtum ausgeschlossen. Kapitän Hebden drückte schnell einen Knopf des Satellitennavigationsgeräts, um den gegenwärtigen Schiffsort festzuhalten. Jetzt würde der GPS-Empfänger sie jederzeit zu dieser Position zurückführen können, wenn sie es wollten.

Und jetzt, nachdem sie so dicht herangekommen waren, war Kapitän Hebden entschlossen, die Crew der Yacht nicht zu verlieren, selbst wenn die DESTINY vor Tagesanbruch leckschlagen würde. Er schlug einen Notfallplan vor. Sie würden eine Leine zu der Yacht hinüberschießen, an der die Frau dann eine Rettungsinsel zur sinkenden Yacht herüberziehen könnte. Aber als er den Plan mit seinen Offizieren besprach, kamen Zweifel auf, daß die Frau die nötige Kraft haben würde – und ihr Ehemann war bewegungsunfähig.

Tatsächlich hätten sie während der Dunkelheit wenig unternehmen können, zumindest ließ sich wenig im voraus logisch planen. Falls es zum Schlimmsten käme, würden sie die Rettung auf die eine oder andere Art versuchen. Daran gab es keinen Zweifel. Erst einmal hofften sie eindringlich, daß die DESTINY noch ein paar Stunden länger schwimmfähig bleiben würde.

Kapitän Hebden empfahl der Freiwache, etwas zu schlafen, während er die DESTINY umkreiste und auf die Dämmerung wartete. Es war nicht leicht, in der schwarzen Sturmnacht Fühlung mit der Yacht zu behalten. Wenn Hebden einen Umkreis von zwei Seemeilen verließ, verlor er das Licht, das die Position der DESTINY verriet – es war nur ein winziger Punkt – aus den Augen. Sobald die TUI CAKAU auf ihrer Kreisfahrt vor Wind und See lief, nahm sie im Nu 11 Knoten Fahrt auf. Wenn sie quer zur See fuhr, ließ der Seegang sie bis zu 40° schlingern, und wenn sie gegenan dampfte, stampfte sie, bäumte sich auf, tauchte ein und schaffte nur noch 3 Knoten.

Er nutzte das Alleinsein, um die Rettungsaktion zu planen. Er mußte das Schiff auf einen Kurs bringen, mit dem es dicht längsseits der DESTINY kommen und sich dort halten könnte. Es mußte der Kurs sein, auf dem der 7000-Tonner am ruhigsten lag. Wenn der Frachter gegen die DESTINY schlingerte, würde die Yacht in wenigen Sekunden zertrümmert werden. Wieder machte er sich Sorgen über die 1,80 m vorspringende Kante in der Wasserlinie der TUI CAKAU. Sein Hauptziel war, den Frachter so wenig wie möglich schlingern zu lassen. Leider hatte er auf dieser Reise keine volle Ladung an Bord: Schwerer beladen wäre das Schiff für die Rettungsaktion besser beherrschbar gewesen. Bei der jetzigen leichten Beladung würde das Schiff durch seinen erheblichen Windfang nach Lee weggedrückt, sobald es die Fahrt verloren hätte.

Brücke und Unterkünfte waren auf der TUI CAKAU vorn. Mittschiffs waren auf dem Wetterdeck Container festgelascht. Achtern befand sich ein großer Aufbau mit dem Schornstein. Der Sturm drückte heftig gegen diesen hohen Windfang und erschwerte die Maßarbeit, die das Abbergemanöver erforderte. Günstig war dagegen, daß das Schiff zwei Verstellpropeller, zwei Ruder und zwei Bugstrahlruder hatte. All das verbesserte erheblich seine Manövrierfähigkeit.

Jim Hebden entschied sich für einen Anlaufkurs von 300°. Das war der Kurs, auf dem die TUI CAKAU am wenigsten schlingerte. Unglücklicherweise kamen Wind und See dabei von Steuerbord achtern und machten den Frachter dadurch schneller. Aber er war überzeugt, daß er das Schiff stoppen und in Lee der DESTINY halten konnte, um die Yacht langsam an das Schiff herantreiben zu lassen.

Allmählich graute über einem aufgewühlten Ozean voller 15-m-Brecher der Morgen. Ganze Inseln von Gischt jagten vorbei. Am Sonntag, dem 5. Juni, morgens um 0600 Uhr rief Hebden die gesamte Besatzung des Schiffs heraus, auch die Mechaniker, Köche und Decksleute. Er ließ sie auf dem Steuerborddeck antreten, wo er die Rettungsinsel mit den beiden Freiwilligen und einer Krankentrage an der Bordwand herablassen wollte. Um die Rettungsinsel wegzufieren und mit den beiden Amerikanern wieder an Bord zu holen, wurden alle Mann gebraucht.

Er richtete eine Sprechverbindung mit Handfunkgeräten ein. Als Zwischenstationen fungierten Kadetten, der Zahlmeister, der Funker und der Zweite Steuermann, die nicht nur miteinander, sondern auch mit der Orion-Maschine und der DESTINY Verbindung hielten.

„Sie bleiben im Brückenhaus“, befahl Kapitän Hebden dem Funker.

„Ich will niemanden im Weg haben. Bleibt mir alle vom Leib. Und wenn die Dame an Bord kommt und mit mir sprechen möchte, bevor ich hier weggehe, dann will ich sie nicht sehen. Ich kann hier, verdammt noch mal, niemanden gebrauchen."

Die anderen nahmen ihrem „Alten" den rauhen Ton nicht übel. Sie hatten in den zehn Jahren der Zusammenarbeit mit ihm zu verstehen gelernt, warum er sich so benahm, während er einsam auf der Steuerbord-Brückennock stand. Kapitän Hebden mußte allein sein. Für die Aufgabe, die vor ihm lag, brauchte er absolute Konzentration. Von dieser Stelle aus hatte er den vollen, ungehinderten Überblick über seine Männer auf dem Wetterdeck, über die Rettungsinsel, die an der Bordwand baumelte und die wrackgeschlagene kleine DESTINY selbst, die jetzt nur noch wenige Meter Abstand hatte. Von diesem Übersichtspunkt aus konnte er gleichzeitig die Maschinen, die Ruder und Bugstrahlruder seines Schiffs bedienen und die Yacht im Auge behalten.

Knifflige Manöver fuhr er immer am liebsten von der Nock aus. Von dort aus hatte er den Frachter schon in alle möglichen engen oder schwer zugänglichen Südseehäfen gebracht. Von dort aus hatte er ungehinderten Überblick über die Steuerbordseite des Schiffs und über Deck. Zuversichtlich lehnte er sich über die Fahrhebel.

Sonntag, 5. Juni, 0630 Uhr

Auf der DESTINY war man weniger zuversichtlich. Das ewige Bohren der Saling am Rumpf hörte sich noch immer gleichbleibend weich und schwammig an. Im Verlauf der Nacht war das Splittern von Holz zu hören gewesen. Die Saling war allmählich kurz davor, die Bordwand völlig zu durchstoßen. Paula hatte inständig darum gebeten, daß das Schiff schon im Dunkeln längsseits kommen solle, um sie an Bord zu nehmen, oder wenigstens die Takelage der Yacht zu kappen, damit sie den Mast mit seiner bedrohlichen Saling loswürden. Die beiden auf der DESTINY glaubten nicht, daß ihr Boot bis zum Morgen durchhalten würde. Aber Kapitän Hebden hatte eindringlich darauf hingewiesen, daß ein nächtliches Abbergen für alle Beteiligten unvertretbar riskant und daher nur im äußersten Notfall gerechtfertigt wäre.

Jetzt, im fahlen Licht des frühen Morgens, kauerte Paula im Cockpit der DESTINY. Die Yacht sah erbärmlich aus; beschädigt und verunstaltet, verschmutzt von Öl, Dreck, Lebensmitteln und Abfällen.

Ein paar Stunden vorher hatte Paula die im Dunkeln vorüberfahrende TUI CAKAU kurz durch ein Kajütfenster gesehen. Das Frachtschiff verschwand in den Wellentälern, um dann auf den gewaltigen Wellenbergen wieder aufzutauchen. Solange nichts als die Lichter zu sehen war, sah der Frachter ziemlich klein aus – ein kleines, verlorenes Schiff in der schwarzen Weite des Ozeans.

Als Paula die TUI CAKAU aber bei Tageslicht erblickte, erschrak sie. „Oh Gott!" rief sie aus, als das Containerschiff aus dem grauen Dunst herauswuchs. „Oh Gott! Dana, da, komm hoch! Sieh dir an, wie groß das Schiff ist!"

Aber Dana konnte sich natürlich nicht bewegen. Er rief ihr etwas zu, aber sie hörte ihn nicht.

Paula und er hatten sich bis dahin keine Gedanken über das Schiff gemacht, das sie retten sollte. Paula hatte sich der Illusion hingegeben, daß die Rettung an Szenen der Fernsehserie „Bay Watch" erinnern würde: Das Boot der Lebensretter würde längsseits kommen, und sie würde umsteigen, ganz einfach. Sie hatte nie daran gedacht, daß ihr Retter ein britischer Handelsschiffskapitän mittleren Alters auf einem acht Stockwerke hohen Schiff sein würde.

Unter Deck lag Dana in seiner Koje, noch immer von Schmerzen gepeinigt. Er hörte die Maschinen der TUI CAKAU und spürte, daß das Schiff ganz nahe war, obwohl er es nicht sehen konnte. Angst und schlimme Vorahnungen packten ihn.

Paula sah, wie das Containerschiff sich aus der düsteren Umgebung heranwälzte. Noch immer war schwer zu erkennen, wo in der Ferne das Meer aufhörte und der Himmel anfing. Das Schiff schien mit atemberaubender Geschwindigkeit auf sie zu zu halten, und wurde um so höher, je näher es kam.

Dana hörte trotz des Windgeheuls das Stampfen der Schiffsmaschinen, je näher desto lauter. Die Maschinen waren inzwischen so laut, daß er glaubte, das Schiff wäre über ihnen. Er fürchtete sich immer stärker.

Kapitän Hebden auf der offenen Brückennock machte sich Sorgen. Mit dem achterlichen Wind lief sein Schiff schneller auf die DESTINY zu, als er geschätzt hatte. Er sah die einsame Gestalt der Frau in der Plicht, halb im Niedergang.

Während das Schiff näherkam, wurden Paula die Schwierigkeiten klar, die ihnen jetzt bevorstanden, und Angst ergriff sie. Die TUI CAKAU schlingerte heftig, entgegengesetzt zu den Bewegungen der DESTINY. Es schien ausgeschlossen, die beiden Schiffe für die Abbergung dicht genug zusammenzubringen. Hoch oben beugten sich düstere schwarze Gesichter über die Reling.

Als das Schiff sich an der Backbordseite der Yacht vorbeischob, sah Paula Kapitän Hebden hoch oben auf der Brücke. Ihr Leben und das ihres Mannes lagen jetzt völlig in der Hand dieses Fremden. Nur seine Fähigkeiten konnten sie retten. Im Umkreis von Hunderten von Seemeilen gab es keine anderen Hilfsfahrzeuge, und nichts deutete darauf hin, daß der Sturm nachlassen würde. Der Fremde auf der Brücke hatte die Macht, sie aus dem Meer zu ziehen, sie aus der Hölle zu erretten, in der sie eine Ewigkeit ausgehalten hatten. Aber es könnte ihm auch mißlingen – schrecklich allein der Gedanke daran.

Kapitän Hebden war seit 24 Stunden auf Wache. Seltsamerweise fühlte er sich nicht müde. Er konzentrierte sich ganz und gar auf seine Aufgabe, Leben zu retten.

Die Wahrheit war, daß nicht allein sein Können zählten. Die Summe der Fähigkeiten aller Besatzungsmitglieder der TUI CAKAU würde über Erfolg oder Mißerfolg des Rettungsversuchs entscheiden. Ein kleiner Fehler, und das Ehepaar würde umkommen. Ein einziger Fehler irgendwann während des Manövers, und das Segelboot würde von der Bordwand des Frachters zerschmettert und in tausend Stücke geschlagen. Die beiden Segler würden ins Meer geschleudert, von den Brechern umhergeworfen und weggetrieben werden.

Kapitän Hebden kämpfte mit den Bedienungshebeln, warf die Fahrhebel auf „zurück“, um die Fahrt wegzunehmen. Gleichzeitig arbeitete er mit den Bugstrahlrudern, um das Vorschiff nach Luv zu drücken. Aber der Sturm schob das Schiff noch immer in Richtung des Seegangs voran. Er legte die Hebel auf „zurück voll“, beide Ruder nach Steuerbord, und schob gleichzeitig das Vorschiff mit voll aufgedrehten Bugstrahlrudern nach Steuerbord, um das Schiff mit beiden Kräften gemeinsam dichter an die DESTINY zu bringen.

Paula war schreckensstarr. Das Heck der TUI CAKAU hob sich aus dem Wasser. Das große Schiff war so nahe, daß es Paula mit Spritzwasser überschüttete. Als die Schrauben auf einem Wellenberg aus dem Wasser schlugen, tauchte am anderen Ende der Bug tief ein. Protestierend brüllten die gequälten Maschinen gegen das Heulen des Windes und das Toben der See an. Die Propeller schienen die DESTINY an die blaue stählerne Schiffsbordwand heranzuziehen, die so hoch war wie ein Küstenkliff.

Die TUI CAKAU schlingerte, stampfte und dröhnte, während Kapitän Hebden sich abmühte, sie in die Gewalt zu bekommen. Er merkte jetzt, daß dieser Anlauf nicht klappte. Die Bordwand seines Schiffs krachte gegen den Bug der DESTINY und verbog den Bugkorb. *Ich habe mich verschätzt,* dachte er. *Ich muß hier weg.* Er mußte einen neuen Anlauf fahren. Er gab „voraus voll" und jagte fort von der DESTINY. Paula starrte an der Bordwand hoch, überzeugt, daß die Yacht durch das Schraubenwasser unter das Heck gesogen würde.

Während der Frachter heftig rollte, dachte Kapitän Hebden bei sich: *Das beeindruckt sie wohl nicht, oder doch?* Er sah, wie Paula sich im Niedergang duckte.

Unter Deck lag Dana in seiner Koje wie gelähmt, entsetzt, als der Schatten des großen Schiffs an seinem Kajütfenster vorbeizog. So schnell, wie das Schiff gekommen war, war es auch schon wieder fort.

„Was ist passiert? Was ist passiert?" wollte Dana wissen, als Paula unter Deck kam. Durch den Schock des Erlebten war alle Farbe aus ihrem Gesicht gewichen.

„Wir sind beinahe unter das Heck und in die Schraube gespült worden", sagte sie. „Es hat uns seitwärts angesogen. Ich konnte die Maschine hören und das Wasser kochen sehen. Es, es war einfach furchtbar. Ich glaube nicht, daß sie uns hier wegkriegen können." Hoffnungslosigkeit und Angst begannen ihre Seele zu durchdringen. „Vielleicht sollten wir auf der DESTINY bleiben."

Kapitän Hebden hatte einen neuen Plan. „Sehen Sie", sagte er zum Zweiten Steuermann, „ich kann das Schiff nicht vor dem Wind halten. Wir müssen versuchen, die Yacht direkt von Lee aus anzulaufen."

Auf diesem Kurs gegen Wind und Seegang zur DESTINY hin würde die TUI CAKAU eher stampfen, also Bug und Heck heben und senken, als schlingern. Diese Schiffsbewegung wäre für die Rettungsaktion sehr viel ungefährlicher. Aber selbst mit voller Kraft der Maschinen und der Bugstrahlruder würde er das Schiff nicht lange mit dem Bug im Wind und längsseits der DESTINY halten können. Und riskant war auch dieses Manöver.

Aber er mußte es versuchen. Er hatte keine andere Wahl. Die See war zu rauh, um seine Leute mit einem Boot hinüberzuschicken. Der einzige Weg, die Amerikaner von ihrer 45-Fuß-Yacht abzubergen, war, mit dem zehnmal längeren Frachtschiff längsseits zu gehen, und es dort so lange zu halten, daß seine Männer an der Bordwand hinunter auf die DESTINY steigen und den Seglern helfen könnten, an dem steilen, vier Stockwerke hohen Stahlrumpf des Frachters hochzukommen.

Während er die TUI CAKAU auf der Stelle halten würde, sollten die starken Arme von acht Fidschi-Insulanern die beiden Freiwilligen in einer Rettungsinsel die Bordwand herunterlassen. An der Bordwand würden ein Gangwaynetz und ein Fallreep hängen, nur für den Fall, daß sie von dem Segelboot wieder hochklettern müßten. Ein anspruchsvoller Plan bei Winden von Orkanstärke, aber es gab keine Wahl.

Plötzlich trat eine Änderung ein. Der Sturm ließ unerwartet nach. Es war nur noch stürmischer Wind. Kapitän Hebden reagierte schnell. Das war seine Chance.

Der Schiffsfunker wies Paula an, sich auf einen zweiten Rettungsversuch vorzubereiten. Zögernd kehrte sie in die Plicht zurück, um die Leinen anzunehmen, die man – so wurde es angekündigt – zu ihr hinüberschießen würde. Dana, der nach dem Schock durch das erste, vergebliche Rettungsmanöver nun Todesangst ausstand, versuchte aus seiner Koje zu kommen. Aber der Schmerz war übermächtig.

Die TUI CAKAU näherte sich der DESTINY ein zweites Mal, sie stampfte und tauchte im Seegang. Kapitän Hebden stützte sich gegen die Schiffsbewegungen ab und konzentrierte sich voll auf seine Aufgabe.

Sie sind zum Leben bestimmt, sagte er sich. *Der Wind hat nachgelassen. Sie sind nicht zum Sterben bestimmt.*

Unten auf dem Wetterdeck hielten Männer die Leinen, an denen die Rettungsinsel hing. Die beiden Retter warteten auf das Kommando, um hineinzuspringen und dann mit der Rettungsinsel an der Bordwand herabgelassen zu werden. Andere Männer standen mit einer Rakete bereit, um eine Leine auf die DESTINY zu schießen. Paula hielt sich bereit, die Leine auf der Yacht zu belegen. Dadurch würde das Boot so lange längsseits des Frachters gehalten werden, daß Dana und Paula ihr Schiff verlassen könnten.

Die TUI CAKAU schob sich Stück für Stück näher. Die Rakete mit der Leine wurde abgeschossen. Vom Wind erfaßt, verfehlte sie das Ziel.

„Warum hast du so hoch geschossen?" rief eine Stimme.

Dana hörte den Abschuß der Rakete, hatte aber keine Ahnung, was da draußen vor sich ging, außer, daß das Schiff furchteinflößend nahe schien. Es erhob sich drohend über ihm wie ein böser, schwarzer Schatten und verdunkelte die Kajütfenster.

Paula hielt sich an Deck fest. Der gewaltige Bug, der auf sie zukam und dann mit scheinbar übermäßiger Geschwindigkeit vorbeirauschte, flößte ihr Angst ein. Die Männer auf dem Frachter überschütteten Paula mit Leinen. Sie packte eine davon und belegte sie. Verlockend hingen ein Gangwaynetz und eine Jakobsleiter an der Bordwand herab.

Als die TUI CAKAU längsseits kam, setzte Kapitän Hebden beim Manövrieren wieder einmal sein ganzes Können ein. Mit hart nach Steuerbord gelegten Rudern gab er mit einer Maschine vollen Schub nach vorn, während er mit der anderen Maschine kräftig rückwärts zog. Gleichzeitig schob er das Vorschiff mit voller Kraft des Bugstrahlruders nach Steuerbord. Während der Sturm und die Maschinen auf diese Weise gegeneinander arbeiteten, lag die TUI CAKAU als Wellenbrecher neben dem Boot.

Aber nichts konnte verhindern, daß die beiden Fahrzeuge, die in den riesigen Seen in unterschiedlichem Rhythmus schlingerten, sich hoben und senkten, schließlich krachend, knirschend und kreischend zusammenprallten. Das nervtötende Knacken von Metall, das Fiberglas zersplittern ließ, durchdrang das Crescendo des Sturms, als die DESTINY gegen die TUI CAKAU krachte. Es war, als hätte sie vor Schmerzen geschrien. Von der Yacht riß ein Stück der Fußreling ab, dann torkelte das Boot zurück, abgeprallt von der unnachgiebigen Stahlwand. Paula fiel rücklings an Deck. Sie rappelte sich auf und sprang schnell zurück in die Plicht, um der eilig heruntergelassenen Rettungsinsel zu entgehen. Und wieder krachte es, als die DESTINY an der Bordwand des

Frachters entlangschrammte und dann zur entgegengesetzten Seite überholte.

Dana in seiner Koje hatte schreckliche Angst. Er fühlte sich wie ein Tier in der Falle. Er hörte draußen das Donnern der Schiffsmaschinen und das Mahlen der Schrauben, die das Wasser zu Schaum schlugen, während Kapitän Hebden an den Fahrhebeln darum kämpfte, die TUI CAKAU längsseits der DESTINY zu halten. Die Yacht krachte beim Schlingern an das große Schiff, und wieder dröhnte das Geräusch von splitterndem Fiberglas durch die Kajüte.

Die beiden Fahrzeuge schlugen immer wieder zusammen, so daß Paula an Deck herumgeworfen und Dana in seiner Koje durchgerüttelt wurde. Die hoch aufragende Stahlwand gleich neben seinem Kopf versetzte ihn in Angst. Das wiederholte ohrenbetäubende Knirschen ließ ihn befürchten, daß der Frachter die Kajüte wie eine Eierschale aufbrechen würde.

Entweder werde ich hierbleiben und sterben, oder ich muß aufstehen und hier herauskommen, dachte Dana. Dabei erhob er sich. Seine Angst und die Entschlossenheit, sein Leben zu retten, waren stärker als der Schmerz, der durch seine Glieder schoß.

Er griff nach den Handläufen an der Kajütdecke und zog sich Hand über Hand daran entlang. Das verletzte Bein schleifte er dabei durch das Wasser, das unter ihm herumschwappte. Auf dem unverletzten Bein hinkend, zog er sich zur Niedergangstreppe. Während er sich dort mit beiden Armen festhielt, überlegte er, wie er sein gebrochenes Bein durch die Lukenöffnung nach oben schwingen sollte. Dann sah er Paula. Sie hing gefährlich an einem Gangwaynetz, das um die Rettungsinsel des Frachtschiffs geschlungen war. Ihre Hände klammerten sich fest, die Füße baumelten in der Luft, als das Schiff sich im Seegang hob und Paula mit hochriß. Dana war sicher, daß er ohnmächtig würde, so stark waren seine Schmerzen.

Als die Rettungsinsel zu ihr heruntergelassen worden war, hatte Paula versucht, sich zum Hineinspringen bereitzuhalten, mußte dann aber zum Niedergang hin beiseite springen, um nicht von der auf das Deck knallenden Rettungsinsel getroffen zu werden.

Bevor sie sich noch entschließen konnte, was sie als nächstes tun sollte, sprang ein kräftiger Fidschianer, der ehemalige Soldat Joeli Susu, aus der Rettungsinsel und packte sie. Der Mann hatte noch Kapitän Hebdens Worte im Ohr: „Holt sie von Bord, keine Diskussion. Holt sie bloß von Bord. Als erstes packt ihr euch die Dame und werft sie in die Rettungsinsel, auch wenn sie bei ihrem Mann bleiben will. Holt mir die Leute von Bord." Susu wußte, daß er schnell handeln mußte, nicht nur, um das Leben der beiden Fremden, sondern auch seine eigene Haut zu retten.

„Ich bin hier, um Sie zu retten", sagte er wie zur Vorstellung. Von oben hörte man Rufe, die Paula drängten, in die Rettungsinsel zu kommen.

Paula klammerte sich an einen Beutel, in den sie ein paar Habseligkeiten gestopft hatte – Pässe, Geld und Papiere. Susu griff den Beutel und warf ihn in die Rettungsinsel, und noch bevor Paula erfaßte, was mit ihr geschah, wurde sie Richtung Gummiinsel geworfen.

Ich kann sie nicht verfehlen, dachte sie, aber im gleichen Augenblick schlingerten die Schiffe voneinander weg. Paula verfehlte die Insel, bekam aber das darumgelegte Netz zu fassen. Verzweifelt klammerte sie sich daran fest. In diesem Moment brach die Leine, die die beiden Fahrzeuge zusammenhielt.

„ Oh nein! Oh nein!" schrie Paula, als ihre linke Hand begann, den Halt an dem nassen Netz zu verlieren. Dabei blickte sie in den Mahlstrom hinab, der sich unter ihr gähnend geöffnet hatte und wild entschlossen schien, sie nun endlich zu verschlingen. Nicht mehr aneinander gefesselt, trieben die Schiffe weiter auseinander.

Dana blickte schreckensstarr aus dem Niedergang. *Sie wird zwischen den Rümpfen zerquetscht,* dachte er.

Paula hörte, wie sie jemand anschrie: „Beine hoch, Beine hochziehen."

Sie mühte sich ab, es zu tun. Da packten sie plötzlich zwei große Hände. Valagotavuivui, der zweite Freiwillige, ergriff sie an Armen und Hosenboden, hob sie hoch und zog sie in die Rettungsinsel hinein, die dann schnell an Deck des Frachters geheißt wurde.

An Deck stolperte Paula und wurde gestützt. Dann schaute sie über die Reling nach Dana, sah ihn aber nicht. Sie wollte ihn unbedingt zu sehen bekommen. Vielleicht würde sie ihn nie wiedersehen, sie wollte bleiben, wurde aber ins Schiffslazarett geführt und war zu schwach, Widerstand zu leisten.

Kapitän Hebden auf der Brückennock hatte seine eigenen Probleme. Der Leitende Ingenieur hatte dringend geraten, die Leistung herunterzufahren, weil die Maschinen durch das anstrengende Gegenanarbeiten mit den Schrauben gegen die Steuerruder und den Schub der Bugstrahlruder begannen, sich zu überhitzen. *Nur noch ein paar Minuten,* dachte er. *Mehr brauchen wir nicht.*

Die Mannschaft der TUI CAKAU hatte Susu weitere Leinen heruntergelassen, mit denen er die DESTINY wieder näher an das Schiff heranholen sollte, und Valagotavuivui stieg zu ihm herab, um dabei zu helfen.

Dana stand im Niedergang der Yacht und dachte: *Ich werde hier sterben.* Er zuckte zusammen, als der Schmerz ihn wieder einmal durchbohrte. *Wenn die Schiffe das nächste Mal zusammenkrachen, werde ich umkommen. Ich muß hier raus.*

Bevor er sich bewegen konnte, kamen die beiden Fidschi-Seeleute zu ihm herunter.

„Oh, gut, Sie können stehen. Gut. Kommen Sie hoch und auf die Treppe“, sagte einer der beiden.

„Ich kann mich nicht mal bewegen. Ich brauche eine Trage.“

In einer Sprache, die er nicht verstand, riefen die beiden zur TUI CAKAU hoch. Aus dem Nichts tauchte eine alte Segeltuchtrage auf, ein Überbleibsel aus dem Zweiten Weltkrieg.

In der Kajüte hing Dana an den Deckenhandläufen, während die Männer ihn auf die Trage festbanden. Die Schmerzen, die durch seine gebrochenen Rippen und sein zerschmettertes Bein zuckten, waren unbeschreiblich. Dann hoben sie die Trage an und brachten ihn zum Fuß der Niedergangstreppe. Dort stellten sie ihn mit der Trage wieder senkrecht und versuchten, ihn die Stufen hoch ins Cockpit zu wuchten. Das war nicht leicht. Es erforderte all ihre Kraft und Gewandtheit, Danas 90 kg anzuheben und durch die enge Lukenöffnung zu bugsieren, während die Yacht unberechenbar ruckte und gegen das große Schiff rumste. Nirgendwo hatte man sicheren Stand. Die Männer fielen beim bösartigen Schlingern und Stampfen der DESTINY übereinander und über Dana. Immer wieder rappelten sie sich auf und zogen Dana ein Stück weiter, bis sie erneut umgeworfen wurden, als die nächste Welle die beiden Schiffe zusammenknallen ließ.

Schließlich schleppten sie ihn in die Plicht. Dort machten sie am

Kopfende, am Fußende und in Hüfthöhe Leinen zum Aufhieven an der Trage fest. Als sie die Leinen um seinen Körper herum dichtholten, durchzuckten ihn Schmerzen.

Als die beiden Schiffe dann voneinander weg schlingerten, kam die Leine am Fußende der Krankentrage steif, so daß Dana an Deck entlanggeschleift wurde. Nur die Backbordseereling der DESTINY verhinderte, daß er auf die Trage geschnallt ins Wasser fiel.

Die Seeleute stürzten zu ihm hin, wurden aber umgeworfen, als das Schiff und die Yacht beim Schlingern wieder einmal zusammenkrachten. Die Männer richteten sich wieder auf und zogen ihn von der Seite der Yacht weg, bevor er über Bord rutschen und beim nächsten Zusammenprall der Schiffe zerquetscht werden konnte.

Dana blickte völlig verwirrt und im Wahn um sich. *Wo ist das Land?* fragte er sich. Schmerz, Erschöpfung, die Medikamente, der Schock und die Unterkühlung machten sich bemerkbar. Während der Stunden seiner Qual hatte er sich ab und zu vorgestellt, in einem Tal mitten zwischen hohen Bergen zu sein, nicht auf einem tobenden Ozean mit riesigen Wellen.

Nachdem er ein Stück in die Höhe gezogen worden war, schlug er schwer gegen die Bordwand der TUI CAKAU. Als das Schiff überholte, pendelte er weit weg und wurde danach noch einmal gegen den Stahlrumpf des Frachters geschleudert, diesmal war der Aufprall noch schlimmer.

Als das Hieven nicht weiterging, packte er die Leine, an der er hing, um den Schmerz zu mildern, den sie ihm durch den Druck auf seine verletzten Rippen zufügte.

Noch einmal pendelte er von der Bordwand des Containerschiffs weg und schrie „Oh, nein!“. Er wußte, was ihm bevorstand, und machte sich darauf gefaßt. Die Trage stieß erneut gegen den Frachter. Wieder fühlte er den Schmerz durch seinen Rücken schießen. Als das Schiff dann nach Steuerbord krängte, senkte sich die Trage wieder fast bis zur DESTINY hinab.

Aber plötzlich fühlte er sich sehr schnell bis zur Deckshöhe des Frachters angehoben. Die Leute packten ihn und hielten ihn ganz fest, damit er auf keinen Fall zurück ins Meer fiel, das so hartnäckig versucht hatte, ihn zu sich zu holen. Dann setzten sie ihn behutsam an Deck ab.

Gleichzeitig kletterten seine beiden Retter an Deck und waren in Sicherheit. Das alles war erstaunlich schnell vor sich gegangen.

Dana blickte in die lächelnden Gesichter der Fidschi-Seeleute. Er war in Sicherheit. Die DESTINY aber, das treue Boot, das sieben Jahre lang sein Gefährte und sein Heim gewesen war, würde er nie wiedersehen. Er hatte das Gefühl, die DESTINY im Stich gelassen zu haben.

Kapitän Hebden auf der Brücke war erleichtert. Es war geschafft. Es war ihm gelungen, das Schiff lange genug auf der Stelle zu halten, um das Ehepaar abzubergen, und das bei dem denkbar schlimmsten Wetter für eine solche Aktion. Gott sei Dank waren auch seine Leute in Sicherheit. Wie durch ein Wunder hatte sich die lebensgefährliche Kante in Höhe der Wasserlinie seines Schiffs nicht aus dem Wasser und über die DESTINY gehoben. Dann wäre die Yacht mit ihrer Besatzung vernichtet worden.

Die Flieger in der Orion, die über der TUI CAKAU kreiste, riefen Beifall, als sie von der geglückten Rettung erfuhren. Aber zum Feiern war keine Zeit. Das Flugzeug drehte in einer Steilkurve ab und ging auf die Suche nach der QUARTERMASTER, die noch immer keine Position gemeldet hatte. Beim Wegfliegen informierte die Flugzeugbesatzung Kapitän Hebden, daß er vielleicht aufgefordert würde, einer weiteren Yacht zu helfen, der SOFIA, die 80 Seemeilen weiter südlich stand.

Wie begossene Pudel

Sonntag, 5. Juni, 0400 Uhr

Auf der Ramtha saßen Bill und Robyn Forbes über den roten Schimmer der Kompaßbeleuchtung gebeugt unter den Überbleibseln der Spritzkappe. Stundenlang hatten sie so gekauert, wobei Bill mit dem Ruder kämpfte. Es war ungeheuer anstrengend. Die Wellen waren pausenlos auf die Ramtha losgestürmt, gegen das Boot gekracht, hatten den Katamaran seitwärts die steilen Kämme heruntergeschoben und versucht, seine Rümpfe so anzuheben, daß der Sturm darunterfassen und das Schiff vollständig umwerfen konnte. Sturzbäche von Regen waren auf den dünnen, im Wind schlagenden Sprayhood-Bezug geprasselt. Überbrechende Seen hatten um Robyn und Bill herum getobt, wie sturmgepeitschte Brandung auf einen Strand donnert.

Aber jetzt hatte sich etwas verändert. Irgend etwas war anders. Anfangs hatte Robyn Mühe, es zu erkennen. Dann wurde es ihr klar: Sie waren in Licht getaucht!

Sie kam aus dem Schutz der Spritzkappe hervor und starrte ehrfürchtig staunend auf einen grünen Lichtkreis, der an Backbord schwebte und die feindselige Welt um sie herum erleuchtete. Sie wollte ihren Augen nicht trauen.

Man konnte nicht genau sagen, woher das Licht kam. Nichts dergleichen hatte sie je zuvor gesehen. Es unterschied sich auch ganz deutlich von den Blitzen, die die Dunkelheit vorher an diesem Abend zerrissen hatten.

„Bill, komm und sieh dir das an“, rief sie.

„Was zum Teufel ist das?“ fragte er. Er hielt es nicht für eine elektrische Entladung, weil das Leuchten nicht verschwand, sondern allmählich weiß, dann orange wurde und die undurchdringliche Wolkendekke in gespenstisches Licht tauchte.

„Die Farbe hat von Grün zu Weiß gewechselt, jetzt wird es orange", sagte Robyn. „Es ist direkt über uns, genau über dem Mast." „So was habe ich noch nie gesehen. Was kann das sein? Es ist ungeheuer."

Bill als Pilot glaubte, daß er schon jede erdenkliche Art von Blitzen gesehen hätte, aber etwas Derartiges hatte er noch nicht erlebt.

„Vielleicht ist es eine Feuerkugel", rätselte er. „Ein Blitz ist es jedenfalls nicht. Es bleibt einfach am Himmel stehen."

„Ich hab' noch nie eine Feuerkugel gesehen", antwortete Robyn nachdenklich.

*

Auch der Wachoffizier auf der MONOWAI, einem Vermessungsschiff der neuseeländischen Marine, konnte sich keinen Reim auf das weiße Licht machen, das er in der Ferne sah. Er hielt es für eine Leuchtrakete oder -fackel und informierte den Kommandanten des Schiffs, Fregattenkapitän Larry Robbins, der in seiner Kajüte zu schlafen versuchte.

„Das ist mir ein Rätsel", sagte dieser, als er sich anhörte, was der Offizier gesichtet hatte. „Weiß ist kein Notsignal, und von irgendwelchen Schiffen auf unserem Kurs hat man uns nichts gesagt."

Als er auf die Brücke kam, war der Lichtschein verschwunden. Nach einer weiteren Lagebesprechung griff er zum UKW-Sprechfunkgerät und sprach in das Mikrofon, im Vertrauen darauf, daß jedes Fahrzeug im Umkreis von 40 Seemeilen ihn hören würde: „Unbekanntes Schiff, das Weiß geschossen hat, bitte melden."

Robyn und Bill hörten Geräusche aus dem Funkgerät, aber die Worte kamen nur bruchstückhaft durch und verloren sich dann in den Störgeräuschen.

„Meinst du, daß sie uns oder sonst jemand im Seegebiet rufen?" fragte Robyn. Sie schwang sich durch den Niedergang und griff nach dem Mikrofon, um zu antworten. Die beiden Schiffe hatten mit schlechtem Empfang zu kämpfen. Schließlich gelang ihnen aber doch eine Verständigung.

Während er sich Robyns Antwort anhörte, bemerkte Fregattenkapitän Robbins im Logbuch die Eintragung, daß der Wachoffizier um 0421 Uhr eine weiße „Leuchtrakete“ gesichtet hatte. Er stellte fest, daß die RAMTHA ein australischer Katamaran mit dem Heimathafen Brisbane war und bei sehr unangenehmen und schwierigen Bedingungen einen Kartenkurs von 65° lief.

Robyn sagte zu Fregattenkapitän Robbins, daß sie kein Leuchtsignal gezündet hätten. Sie beschrieb ihm das seltsame Licht, das zuerst grün, dann weiß und schließlich orange gewesen war. Sie beschrieb auch in groben Zügen, welche Schläge sie durch den Sturm einstecken mußten, und fügte hinzu, daß das Großsegel der RAMTHA aus den Lieken geflogen sei und die Selbststeueranlage nicht funktioniere. Aber sie würden mit dem Wetter allein fertig und bräuchten keine Hilfe. Robbins notierte das Funkgespräch und leitete die Angaben an die Seenotleitstelle in Neuseeland weiter.

*

Nachdem die Besatzung der RAMTHA von den Seglern der WINDORA bei der Reparatur der Ruderanlage unterstützt worden war, hatte der Katamaran die Nacht über vor Treibanker gelegen. Bill war von der Arbeit im Motorraum, wo er zusammengekrümmt den Ruderquadranten repariert hatte, übel geworden, und die Anstrengung hatte ihn ermüdet. Als die beiden am nächsten Morgen aufwachten, mußten sie feststellen, daß die über 90 m lange Treibankerleine direkt unter ihnen hing, statt straff nach vorn zu ziehen und das Boot mit dem Bug gegen die Seen zu halten. Sie versuchten den Seeanker mit einer Trippleine wieder an Bord zu holen, aber dieses Vorhaben mißlang. Mit den Winschen der RAMTHA gelang es nicht, den voll entfalteten Seeanker an der langen Trosse einzuholen. Widerwillig kapitulierte Bill. Er kappte die Trosse und ließ den Treibanker versinken.

Es folgten ein paar gute Segeltage. Der südwestliche Wind drehte allmählich auf Ost und wiegte die beiden in dem Glauben, daß sie zumindest das Randgebiet des Südostpassats erreicht hätten. Die RAMTHA war in ihrem Element, sie jagte mit 15 Knoten über knapp 2 m hohe Dünung.

Aber nach einer Funkmeldung begann Robyn, sich Sorgen zu machen. „Es heißt, daß sich vor den Fidschi-Inseln ein Tief entwickelt", sagte sie zu Bill.

Er zerstreute ihre Ängste. „Das ist 600 Seemeilen weg. Wir sind auf 28° südlicher Breite. Uns wird nichts passieren."

„Es wird wahrscheinlich sowieso Richtung Australien ziehen", bemerkte sie.

„Ja, wir haben die halbe Strecke nach Tonga hinter uns und überqueren bald die Datumsgrenze, also segeln wir einfach zügig weiter."

Da sie auf dem Weg nach Tonga schon so weit vorangekommen waren, hielten sie es für richtiger, jetzt mit der Funkstation im Hotel „Royal Sunset" auf den Tonga-Inseln Verbindung aufzunehmen statt mit Kerikeri Radio. Jon Cullen hatte schon genug Boote zu betreuen, und die Veranstalter der Regatta hatten für die Weiterübermittlung der Meldungen von Tonga aus gesorgt.

Am nächsten Abend, es war Freitag, der 3. Juni, warnte der Funker im Royal Sunset die RAMTHA und mehrere andere Regattateilnehmer, daß sie in der Zugbahn eines Tiefdrucksystems segelten, das vor den Fidschi-Inseln tatsächlich entstanden war. Die an alle gerichtete Durchsage riet den Skippern im Minerva-Riff dringend dazu, sich davonzumachen und dem Unwetter auszuweichen, wenn irgend möglich.

„Meine Güte, sechs Uhr abends ist keine gute Zeit, aus einem Atoll auszulaufen", bemerkte Robyn. „Sieht aus, als wenn sich Lady Musgrave wiederholt", fügte sie hinzu. Damit war der erste größere Sturm gemeint, den sie mit der RAMTHA erlebt hatten.

Stürme von 50 Knoten hatten das Ehepaar schon einige Male erwischt, aber der erste, den sie vor Lady Musgrave Island erlebt hatten, hatte sich ihnen unauslöschlich eingeprägt. Das Bewußtsein, daß sie dort am südlichen Rand des Great Barrier-Riffs mit extremen Bedingungen fertig geworden waren, beruhigte sie.

Jetzt auf dem Weg nach Tonga setzten sie als Vorsegel die Sturmfock und banden zwei Reffs ins Großsegel, um langsamer zu werden. Der Wind aus Ost frischte weiter auf, er erreichte 30 Knoten, dann 40. Während der ganzen Nacht von Freitag auf Sonnabend kreuzten sie und probierten verschiedene Kurse, um vom Sturmkern wegzukommen. Aber ganz gleich, was sie taten, die RAMTHA schien immer tiefer in den Sturmwirbel hineingezogen zu werden. Am Sonnabend, den 4. Juni kam es nachmittags knüppeldick. Der Sturm wehte mit 50 Knoten. Dann drehte er auf Nordost und nahm bis auf stürmischen Wind ab. Der ohnehin schon hohe Seegang wurde immer kabbeliger und wirrer.

„Diese Änderung könnte bedeuten, daß es (das Sturmzentrum) durchgezogen ist", meinte Robyn. „Wir sollten uns etwas ausruhen."

Die niedrigen Wolken lösten sich auf, dazwischen kam nun blauer Himmel zum Vorschein, und Bündel warmer Sonnenstrahlen vertrieben den Regen, der alles durchdrungen hatte.

Den Nachmittag verschliefen sie erschöpft, während die RAMTHA in dem wirren Seegang herumklatschte und allein klarkam, so gut es ging. Es traf sich ganz gut, daß die beiden Segler etwas Ruhe bekamen, denn in der bevorstehenden Nacht sollte der Wind wieder bis auf 50 Knoten auffrischen und keinen Schlaf erlauben.

Während Robyn auf Wache und Bill unter Deck war, rutschte die RAMTHA mit dem Heck voran mit fast drei Knoten eine Welle herunter. „Wir laufen rückwärts", schrie Robyn. „Die Ruder klemmen, es geht rückwärts."

Es wurde ihr klar, daß sie nicht die Kraft hatte, bei solchem Wetter am Ruder zu sein. „Ich weiß nicht, ob ich noch viel länger durchhalten kann", rief sie Bill unter Deck zu. „Besser, du kommst raus."

Der Wind pfiff eine kräftige Melodie seiner Gewalt, und der Ozean zeigte zur Begleitung einen rasenden Tanz, der nach Publikum verlangte. Die RAMTHA tat ihm den Gefallen. Sie vollführte zu dieser Musik entfesselte Sprünge und Drehungen wie bei einem Hexensabbat. So unberechenbar waren die Bewegungen des Bootes, so ohrenbetäubend die Sinfonie des Sturms, daß an weiteren Schlaf nicht zu denken war.

Bill mühte sich ab, das Doppelrumpfboot sicher in Fahrt zu halten, eine ungeheure Strapaze. Die Anspannung und Konzentration verlangten das Letzte von ihm.

Genau wie Paula es auf der DESTINY ein paar Stunden vorher für Dana getan hatte, blieb Robyn im Cockpit an Bills Seite, sprach mit ihm, munterte ihn auf und sorgte dafür, daß er sich voll darauf konzentrierte, den Katamaran aufrecht zu halten.

Bill wurde klar, welche Fortschritte er seit dem Lady-Musgrave-Sturm gemacht hatte. Damals war er angsterfüllt gewesen. Seine Phantasie hatte ihn überwältigt, das Adrenalin ihm den Mund ausgetrocknet.

Nichts davon war jetzt zu spüren, obwohl die Herausforderung so viel größer und gefährlicher war. Trotz der Müdigkeit hatte er sich noch voll in der Gewalt.

Nach dem Lady-Musgrave-Sturm hatten Robyn und er sich entschieden um Selbstfindung bemüht. Diese Entdeckungsreise nach innen hatte Wunder gewirkt. Bill hatte vorher so schwer an Asthma gelitten, daß er einmal mit Blaulicht ins Krankenhaus gefahren werden mußte, und Arthritis hatte ihn teilweise verkrüppelt. Die Ärzte hatten ihm geraten, sich damit abzufinden, daß er nie wieder völlig gesund würde. Sie schlugen ihm vor, seine Träume von Segelreisen über die Ozeane der Welt zu begraben.

Da veränderte die zufällige Begegnung mit einem Chiropraktiker Bills Leben. Er und Robyn lernten die alternative Medizin kennen. Sie lernten, ihren Körper ins Gleichgewicht zu bringen. Sie erfuhren etwas über ihre Energieebenen, über das „Channeling" und viele andere Aspekte der Selbstheilung.

Sie lernten das Meditieren und befreiten sich von Streß, Ärger, Angst, Gereiztheit und Eifersucht. Das neue Wissen veränderte sie körperlich, seelisch und charakterlich. Zur großen Freude verschwanden Bills chronische Krankheiten, das Asthma und die Arthritis.

Jetzt, inmitten eines Pazifiksturms, dachte Robyn bei sich, daß sie wohlgerüstet seien, mit jeder Krise fertig zu werden. Bevor die beiden auf diese Fahrt gegangen waren, hatten sie sich geistig darauf vorbereitet, so viele Situationen zu bewältigen, wie sie sich vorstellen konnten. Sie hatten sich ihr Verhalten in einer Lage wie dieser ausgemalt. Robyn war zu der Überzeugung gelangt, daß sie eine Durchkenterung der RAMTHA überstehen würden. Sie hatte Bücher über die Kenterung der ROSE NOËLLE und anderer Mehrrumpfboote gelesen, um etwas über das Überleben zu erfahren. Sie hatte sich darüber informiert, welche Nahrung und welche Ausrüstung Schiffbrüchige brauchen, um am Leben zu bleiben. Auch sie war auf ihrer Reise zur Selbsterkenntnis seit dem Sturm bei Lady Musgrave weit vorangekommen.

Inzwischen lief die RAMTHA mit vier Reffs im Großsegel. Das winzige bretthaarte Tuchdreieck zerrte unentwegt am Mast. Aber nicht lange. Eine besonders heftige Welle zerfetzte das Segel und drückte die Spritzkappe platt. Robyn reagierte schnell. Sie holte zwei Wasserkanister und klemmte sie unter die Seiten des zusammengedrückten Sprayhoods. So entstand ein kümmerliches Zelt, unter dem sie gemeinsam kauerten, die Nase auf den Kompaß gedrückt, um die RAMTHA mühsam auf Kurs zu halten.

Als das Schiff wieder besser Kurs hielt, hangelte Bill sich an Deck entlang zum Mast. Er versuchte, die laut im Wind knallenden Großsegelfetzen zu bergen. Aber die Rutscher waren verbogen und weigerten sich, in der Schiene herunterzukommen, wie kräftig Bill auch zog. Er kroch zurück zur Plicht, um ein Messer zu holen und damit das Segel loszuschneiden.

„Muß ziemlich schlimm sein hier draußen", sagte er zu Robyn. „Wir haben auch früher schon mal 70 Knoten Wind erlebt, aber die Spritzkappe hat nie etwas abbekommen." Er schob sich zurück unter das plattgedrückte Schutzdach. „Besser, du sagst jemand Bescheid, wie es uns geht und gibst unseren Standort an."

Robyn ging unter Deck zum Funkgerät. „An alle Funkstellen, an alle Funkstellen. Wer hört?" rief sie.

Sie war erleichtert, als ein anderer Segler antwortete, der sich einfach als Duncan zu erkennen gab. Sie gab die Position der RAMTHA durch und vereinbarte, ihn stündlich wieder zu rufen. Das nächste Gespräch war für Sonntag, den 5. Juni, 0300 Uhr vorgesehen.

Es war inzwischen noch schwieriger geworden, das Boot auf Kurs zu halten. Der Krach war ohrenbetäubend. Obwohl es kein Meeresleuchten gab, schimmerten die schäumenden Kämme der anstürmenden Wellen rund um den Katamaran schwach in der Dunkelheit. Unentschlossen torkelte das Boot jedesmal unter der kochenden Gischt herum, bevor es sich daraus befreite und den steilen Wellenkamm hinabschoß, wobei der brandende Kamm die Rümpfe mit wütendem Gebrüll umschäumte und an den Bordwänden zerplatzte.

Bill wirbelte das Rad nach Backbord und nach Steuerbord, um die heftigen Gierbewegungen nach Möglichkeit abzufangen. Wenn Robyn und er es wagten, mit dem Kopf unter der Spritzkappe hervorzukommen, dann prasselten Gischt- und Regentropfen wie schmerzhafte Nadelstiche auf ihre Gesichter.

„Meine Güte, das ist wie in einer Kiste einen Berg runterzurutschen", bemerkte Bill.

„Nee, wie eine Achterbahnfahrt, die nicht aufhören will. Es geht einfach immer weiter“, antwortete Robyn.

Robyn hatte gerade eines ihrer Funkgespräche mit Duncan beendet, als mit dröhnendem Knall eine Monstersee an die Bordwand des Katamarans donnerte. Die RAMTHA erhob sich auf ihren Steuerbordrumpf. Die andere Seite hing gefährlich in der Luft. Die See versuchte das Schiff umzuwerfen, es gelang ihr aber nicht, sondern der Katamaran fiel heftig wieder herunter. Bill wurde im Fallen von seinem Sicherungsgurt gehalten, Robyn aber, die noch in der Kajüte war, war ungesichert. Sie wurde durch die Luft geworfen und krachte innen gegen die Bordwand.

✳

Fregattenkapitän Robbins auf der MONOWAI konnte sich sehr gut vorstellen, mit welchen Schwierigkeiten die Crew der RAMTHA zu kämpfen hatte. Auf seinem 4000 tons großen Schiff war es ähnlich ungemütlich. An diesem Abend waren sie schon einmal von so gewaltigen Seen getroffen worden, daß das Schiff bis 48° gekrängt hatte. Dabei war die Besatzung umhergeworfen und Ausrüstung beschädigt worden. Aus Sorge um die Sicherheit von Schiff und Besatzung hatte Robbins zögernd eine Kursänderung von 50° befohlen, um mit verringerter Fahrt nach Nordwesten zu laufen. Das hatte ein wenig geholfen, weil Wind und See dadurch nicht mehr querein kamen, aber noch immer schlingerte das Schiff bedenklich. Zumindest machte die Kursänderung das Leben für alle an Bord ein wenig erträglicher.

Auf der MONOWAI wurden Windgeschwindigkeiten von 50 Knoten, in Böen noch mehr, gemessen und für den Seegang Stärke sieben der internationalen Skala ins Logbuch eingetragen. Das sind sehr hohe Wellen von 20 bis 40 Fuß (etwa 6 bis 12 m). Das Schiff schaffte nur vier Knoten durch die stürmische See. Es war geplant, sich so weit nach Westen voranzuarbeiten, bis das Schiff gefahrlos drehen und die havarierte MARY T von Norden her anlaufen könnte.

Der Ozean war in jener Nacht höchst unfreundlich. Das Wasser schoß über die Decks und drang durch undichte Stellen und unverriegelte Türen ein.

Auf der Back war Lose in die Laschungen eines Kühlcontainers gekommen. Seeleute wagten sich in die Nacht hinaus, um die Drähte und schweren Ketten, die den Container hielten, dichtzuholen. Überkommende Brecher hatten vorher schon versucht, ein als Mann-über-Bord-Boot ausgerüstetes Schlauchboot wegzureißen, das in der Nähe dieses Containers gestaut war. Das Wasser hatte die Aluminium-Bodenplatten des Bootes zwischen den Seitenschläuchen herausgerissen.

Es war furchterregend, wieviel Kraft in der See steckte. Sie spülte zwei schwere bombenförmige Gewichte über Bord, die zum Absenken von Sidescan-Sonargeräten (Seitensichtsonar) dienten und von denen jedes eine halbe Tonne wog. Sie wurden aus starken Metall-Haltebügeln herausgerissen. Auf dem hölzernen Achterdeck blieben nur Riefen zurück.

Die ganze Nacht hämmerte der Seegang auf die MONOWAI ein und beanspruchte das 34 Jahre alte Schiff bis an seine Grenzen. Durch überspülte Lüfter drang Wasser in Kammern und Kombüse ein. Ein schwerer Safe brach von einem Schott ab, an dem er befestigt gewesen war, solange die Mannschaft das Schiff kannte. Bei näherer Überprüfung stellte sich jedoch zur Überraschung aller heraus: Der Safe war in Wirklichkeit überhaupt nicht befestigt gewesen.

Als Offiziere um 0200 Uhr morgens hastig aus ihren Kojen stiegen, um die diensthabende Wache zu verstärken, sprach sich in der Offiziersmesse die Nachricht von einer Beinahe-Katastrophe herum: Der Bierkühler hatte sich von der Wand gelöst. Einem Offizier, der versuchte, den Bierkühler wieder einzufangen, wurde das Gesicht zerschnitten, als ihm durch die heftigen Schiffsbewegungen ein Glas ins Gesicht geschleudert wurde. Er war eines von drei Besatzungsmitgliedern, die während des Sturms verletzt wurden.

Unten hielten die Maschinisten und Ingenieure ein wachsames Auge auf die Backbordmaschine. Durch einen Fehler im Seewasserkühlkreislauf hatten sich bei hoher Fahrt dessen Überdruckventile geöffnet. Bei den fürchterlichen Seebedingungen war kein Verlaß auf diese Maschine.

Während dieser chaotischen Zustände diskutierte die Brückenwache immer wieder das weiße Leuchtsignal, auf das der Wachoffizier aufmerksam geworden war. Im grünen Schimmer des Radarschirms hatte sich kein Schiff bemerkbar gemacht. Sie hatten auf dem UKW-Kanal 16, der internationalen Anruf- und Notfrequenz, gesendet: „Unbekanntes Schiff, das eine weiße Signalfackel gezeigt hat, bitte melden."

Trotz der Hintergrundgeräusche im UKW konnte man in Erfahrung bringen, daß die Ramtha keine Signalfackel oder Leuchtrakete gezündet hatte. Wenn also ein Fahrzeug Hilfe brauchte, mußte es ein anderes sein.

„Wo stehen Sie von uns aus gesehen?" hatte Robyn gefragt.

„Ungefähr 12 Seemeilen entfernt. Wir sind auf dem Weg zu einem anderen Boot, das in Seenot ist."

„Gut, verstanden. Wir werden mit dem Wetter schon fertig", antwortete sie.

Bill hatte sich überlegt, daß er nicht abgeneigt wäre, die Ramtha aufzugeben, wenn die Monowai schon so nahe war. Der Kampf mit dem Ozean hatte ihn ausgelaugt, und trotz der gründlichen geistigen Vorbereitung auf die Reise hatte ihn nach und nach Mutlosigkeit beschlichen.

„Mein Mann sagt, wenn Sie ihn jetzt abbergen könnten, hätte er nichts dagegen", hatte Fregattenkapitän Robbins über Funk von Robyn gehört.

Diese Mitteilung war vieldeutig. Robbins war unsicher, wie er darauf antworten sollte. Meinte die Frau, daß es fürchterlich sei, daß sie sich aber trotz der Mühsal und Gefahren weiter durchschlagen würden, oder brauchten sie wirklich Hilfe? Die Monowai war dabei, sich zur Mary T durchzuboxen, deren Besatzung um ihr Leben pumpte. Auf der Mary T waren vier erschöpfte Menschen, und für den Kommandanten der Monowai war es das Dringendste, dorthin zu kommen, bevor die See sich diese vier geholt hätte. Die Heftigkeit des Sturms hatte ihn gezwungen, vom direkten Kurs zur Yawl abzuweichen, was die voraussichtliche Ankunft dort verzögerte. Die Mary T schien sich in verzweifelter Lage zu befinden. Robbins wollte nicht erneut von seinem Kurs abgehen, es sei denn, die Ramtha wäre in ähnlich ernster Lage und benötigte sofortige Hilfe. Vorläufig sah es aber so aus, als werde die Crew des Katamarans mit der Situation fertig, so daß die Monowai sich lieber weiter zu der Yawl voranquälen sollte.

Robbins antwortete diplomatisch: „Ich habe volles Verständnis für die Ansicht Ihres Mannes. Wenn mich irgend jemand hier wegholen könnte, würde ich auch nicht bleiben."

Sonntag, 5. Juni, 0500 Uhr

Etwa eine Stunde vor Morgengrauen führte Robyn eines ihrer stündlichen Funkgespräche mit Duncan. Diesmal antwortete nicht Duncan selbst, sondern einer seiner Mitsegler. Duncans Boot mußte auch einiges einstecken. Zwischen den beiden Schiffen hatte sich ein unsichtbares Band gesponnen, entstanden aus dem Kampf gegen einen gemeinsamen Feind, den Sturm. Die Existenz des anderen Bootes beruhigte Robyn sehr.

Gerade als Robyn in den Niedergang trat, prallte eine besonders große Welle gegen die RAMTHA und hob das Boot hoch in die Luft.

„Festhalten!" schrie Bill.

Sie sah, wie er unter der Spritzkappe heraus rückwärts in die Plicht fiel. Auch sie selbst wurde umgeworfen und prallte gegen ein Schott. Die RAMTHA erzitterte, ein Rumpf hing in der Luft. Es schien endlos zu dauern, bis der Rumpf wieder herunterkam und auf einen Wellenkamm krachte. Die RAMTHA war nicht gekentert.

Bill kroch zurück ans Ruder. Wasser hatte sich in die Kajüte ergossen, und Geschirr, Bestecke, Bücher und Lebensmittel lagen überall verstreut.

„Die Ruder sind weg. Wir sind steuerlos", rief er.

Robyn langte nach dem UKW-Mikrofon und rief die MONOWAI: „Wir sind gerade beinahe umgeworfen worden. Diesmal waren wir kurz vorm Kentern."

„Was soll ich jetzt tun?"

Bill nahm ihr das Mikrofon aus der Hand.

„Wie heißt das Schiff?" fragte er sie dringlich.

„Ich hab' sie als MONOWAI oder so ähnlich gerufen", antwortete sie, durch sein Eingreifen verwirrt und beunruhigt.

Ohne seine Entscheidung weiter mit ihr zu besprechen, teilte Bill Fregattenkapitän Robbins mit, was geschehen war, daß der Katamaran jetzt steuerlos sei und sie beide, wenn möglich, abgeborgen werden müßten.

„Ich kann für Ihr Leben und Ihre Unversehrtheit nicht garantieren, aber wenn Sie Ihr Schiff aufgeben und verlassen wollen, werde ich Ihnen dabei helfen, so gut ich kann", antwortete Robbins. „Ich muß Sie fragen: Sind Sie und Ihre Frau einigermaßen gewandt?"

„Warum fragen die das?" fragte Robyn. „Was werden wir tun müssen?"

„Wahrscheinlich sollen wir in Netzbrooke oder so was reinspringen", antwortete Bill.

„Ja", antwortete er dem Kommandanten des Schiffs.

„Meinen Sie, daß wir ins Wasser müssen? Was müssen wir tun?"

„Wir werden das Vorgehen im einzelnen besprechen, wenn es etwas hell ist, aber es kann auch dazu kommen, daß Sie noch bei Dunkelheit ins Wasser springen müssen."

„Kein Problem", sagte Bill. Er hörte sich zuversichtlicher an, als er sich fühlte.

„Könnten Sie bitte auch bestätigen, daß Sie Rettungswesten haben."

„Ja, wir tragen Rettungswesten. Sollten wir nach Ihrer Ansicht noch irgend etwas an- oder ausziehen?"

„Wenn Sie Neoprenanzüge haben, schlagen wir vor, die anzuziehen und die Westen darüber."

„In Ordnung, ich habe einen. Meine Frau hat auch einen."

Sie fragten die MONOWAI erneut, wie sie gerettet werden sollten, aber es stand noch nicht fest. Man würde sie später informieren.

Robyn schaltete auf der RAMTHA alle Lichter einschließlich der Decksbeleuchtung ein, damit die MONOWAI sie sehen könne, falls sie sich in der Dunkelheit nähern sollte.

Fregattenkapitän Robbins besprach die verschiedenen Möglichkeiten für das Rettungsmanöver mit seinem Ersten Offizier. Der Wasp-Hubschrauber konnte bei so schwerem Sturm nicht aufsteigen. Die herkömmliche Methode, Kletternetze über die Bordwand zu hängen, würde auch zu gefährlich werden. Die MONOWAI schlingerte so heftig, daß er befürchtete, die RAMTHA würde längsseits des Schiffs zerschlagen werden.

Außerdem ließ die MONOWAI sich nicht leicht manövrieren. Es war ein Schiff mit geringer Maschinenleistung, die beiden kleinen Schrauben drehten vor dem Ruder ziemlich dicht beieinander. Außerdem machte das Maschinenpersonal sich Sorgen um die Backbordhauptmaschine.

Nachdem Robbins überdacht hatte, welche Möglichkeiten ihm offenstanden, teilte er der Besatzung der RAMTHA mit, daß er während der Dunkelheit keine Hilfe leisten könne. Sie würden bis Sonnenaufgang warten müssen, also noch eine gute Stunde. Bill erkundigte sich nach der MARY T und konnte nachfühlen, daß Kapitän Robbins vor einer schwierigen Entscheidung stand. Aber Bill glaubte nicht mehr, daß die RAMTHA es steuerlos schaffen würde, den Sturm zu überstehen. Er wiederholte, daß er sehr gern abgeborgen werden wolle. Robbins versicherte ihm, daß er nicht zur MARY T weiterfahren würde, ohne vorher zu versuchen, die Besatzung der RAMTHA aufzunehmen.

Der Morgen des 5. Juni graute über einer furchterregenden See. Der Wind raste mit mehr als 70 Knoten über den Ozean und türmte tosende Wasserberge mit über 12 m Höhe auf. Darüber hinweg rauschten Stromschnellen, die dann wie Wasserfälle in steile Schluchten hinabstürzten. Die MONOWAI rollte auf der Suche nach dem Katamaran durch den Sturm. Bei solchem Wetter einen cremefarbenen Rumpf auszumachen, war nahezu unmöglich. Auf der Brücke drängten sich Offiziere, die sich beim Schlingern des Schiffs immer wieder festhalten mußten.

Fregattenkapitän Robbins dachte daran, daß Sonntag war. Still betete er für sein Schiff, seine Besatzung und die durchnäßten Australier, die er retten wollte. Sie brauchten bei dieser Tortur ganz bestimmt Gottes Beistand.

Unten versammelten sich die Seeleute und die Vermessungsteams, insgesamt 135 Mann, vollzählig auf dem Wagendeck. Der Erste Offizier erläuterte den Plan des Kommandanten. Die See war zu grob, um die MONOWAI längsseits der RAMTHA zu bringen, weil das Schiff beim Schlingern den Katamaran versenken konnte, bevor die Australier gerettet wären. Ebenso war es bei diesem Wetter ausgeschlossen, ein Boot auszusetzen oder den Wasp-Hubschrauber aufsteigen zu lassen.

Deshalb würde man die MONOWAI so dicht wie möglich an die RAMTHA heranmanövrieren und dann eine Leine zu dem Katamaran hinüberschießen. An der Leine würden zwei Bergegurte oder Rettungsschlingen befestigt sein, wie sie bei Rettungsaktionen mit dem Hubschrauber benutzt werden. Die Besatzung der RAMTHA sollte die Gurte zu sich an Bord holen, um dann damit durchs Wasser gezogen und an Bord der MONOWAI gehievt zu werden.

Selbst wenn irgend jemand von der Schiffsbesatzung diesen Plan für schlecht hielt, hielt er den Mund, denn es gab keine Alternativen. Die Aufgaben wurden auf die Mannschaft verteilt. Zwei Gefreite wurden dazu bestimmt, die Leine abzuschießen. Ein Kommando wurde zusammengestellt, das vorn auf der Back – Wind und See voll ausgesetzt – arbeiten und die Australier Hand über Hand zum Schiff ziehen sollte. Es wurden Wahrschauposten aufgestellt, die mit lauten Rufen vor herankommenden Seen warnen sollten, damit die Rettungsmannschaft nicht über Bord gewaschen würde. Rettungswesten waren Pflicht, und es wurden Sicherungsgurte mit Sorgleinen ausgegeben, mit denen die Leute sich an Deck einpicken konnten.

Der Kommandant sprach mit den Australiern über seinen Rettungsplan. Sie würden sich die Bergegurte augenblicklich umlegen müssen, sobald sie diese in der Hand hätten. Er würde ihnen später noch weitere Anweisungen geben. Gleichzeitig riet er ihnen, ihre Neoprenanzüge und Rettungswesten anzubehalten und persönliche Dinge wie Pässe, Geld und Papiere mitzubringen. Über den Rest des Plans sagte er nichts. Es war zwar möglich, daß sie bewußtlos würden, wenn sie zuviel Wasser schlucken müßten, während sie zum Schiff gezogen würden. Für diesen Fall rechnete er aber damit, daß noch genügend Leben in ihnen sein würde, um sie an Deck der MONOWAI wiederzubeleben, wenn man sie erst einmal an Bord gehievt hätte.

Aber selbst nach Tagesanbruch war die RAMTHA in den rollenden, schaumgekrönten Seen nicht auszumachen. Es war fast ausgeschlossen, sie von Wellen und Gischt zu unterscheiden. Die Männer auf der MONOWAI baten Bill, eine Signalfackel abzubrennen, da sahen sie den winzigen Katamaran endlich, als er auf eine Welle kletterte. Die Rettungsaktion hatte begonnen.

Bald zeigte sich, daß die Driftgeschwindigkeit der RAMTHA zum Problem werden würde. Der Funker der MONOWAI forderte Bill auf, einen Seeanker auszubringen, um das Treiben zu verringern. Schon beim ersten Anzeichen des schlechten Wetters hatte Bill einen Satz Treibanker am Heck verstaut. Sie bestanden aus Autoreifen, die an Trossen geknotet waren. Er warf sie ins Wasser, aber sie konnten den Katamaran nicht auf der Stelle halten, sondern seine Drift nur verlangsamen, wozu sie ja auch gedacht waren. Aber noch immer trieb die RAMTHA zu schnell für das schwerfällig im Seegang torkelnde große Schiff. Der Abstand wurde immer größer, bis zwischen beiden Fahrzeugen etwa eine Seemeile lag.

Das Vermessungsschiff selbst benahm sich kaum besser. Fregattenkapitän Robbins lief quer zur See auf die RAMTHA zu, aber der Wind blies den Katamaran ständig vom Schiff weg. Die MONOWAI konnte den Sturm nicht ausmanövrieren, weder ihre Propellersteigung, noch ihr Drehkreis waren dieser gewaltigen See und dem in Böen 80 Knoten erreichenden Wind gewachsen. Zu allem Überfluß fiel auch noch die Leistung der Backbordmaschine ab. Die Maschinenwache mühte sich ab, den Diesel in Gang zu halten.

Bill Forbes startete die Motoren des Doppelrumpfbootes, um es damit in die Nähe des großen Schiffs zu bringen. Allmählich drehte der Katamaran durch die Wellen auf die MONOWAI zu, wobei er beunruhigend schlingerte und weit überholte. Ganz langsam motorte Bill auf das Vermessungsschiff zu, indem er zum Steuern abwechselnd die Backbord- und die Steuerbordmaschine höher drehen ließ.

„RAMTHA! Jetzt auf uns zuhalten! Jetzt auf uns zuhalten!“ verlangte Robbins über Funk, als der Katamaran sich näherte. Als eine gewaltige Welle das Boot zurückwarf, hoben sich die Rümpfe weit aus dem Wasser, beinahe ging der Katamaran rücklings über Kopf, krachte dann aber wieder herunter und kam weiter auf die MONOWAI zu. Dort kauerten vorn auf der Back Seeleute, die ungeduldig darauf warteten, eine Leine rüberschießen zu können, sobald der Katamaran in Reichweite wäre.

Bill steuerte noch immer mit den Motoren, aber das Boot wollte einfach nicht drehen und direkt auf die MONOWAI zuhalten. Wind und Seegang verhinderten es. Der Katamaran hielt noch immer auf einen Punkt wenige Meter vor dem hoch aufragenden Bug des Vermessungsschiffs zu. Langsam, ganz langsam und knapp kam die RAMTHA vor – nein, beinahe unter dem schlingernden Schiffsbug vorbei.

Das Vorschiffskommando eilte nach Backbord, um von dort aus zum Schuß zu kommen. Um den Australiern die Leine hinüberzuschießen, rutschten und schlidderten die Leute über das glitschige Deck, duckten sich und hielten sich an Drähten und Bolzen fest, wenn die Wahrschaumänner laut rufend vor Tonnen von überkommendem Wasser warnten. Bei jedem Positionswechsel mußten die Männer die Leine neu klarlegen, denn sie sollte frei auslaufen können, sobald die Gelegenheit da wäre, sie zum Katamaran zu schießen.

Bill mußte fast zwei Stunden manövrieren, um die RAMTHA so dicht an das Schiff heranzubringen, daß die Seeleute zum Schuß kamen. Robyn und Bill sahen die Rakete kommen. Volltreffer! Sie landete auf der Yacht. Bill ging schleppend an Deck entlang, nahm die Leine und belegte sie an einer Winsch, dann aber rollten die Schiffe in entgegengesetzter Richtung, und die Leine brach. Die Fahrzeuge trieben auseinander. Man mußte noch einmal von vorn anfangen.

Drei weitere Raketen wurden abgeschossen. Robyn und Bill beobachteten enttäuscht, wie zwei der Geschosse sich dem Boot näherten, dann aber vom Wind im Bogen abgedrängt wurden. Eine weitere Schießleine verfing sich im Rigg der RAMTHA. Die Leute an Bord des Vermessungsschiffs kappten die Leine in aller Eile, um Schäden beim Auseinanderschlingern der Schiffe zu vermeiden. Die Fehlschläge begannen, ihren Tribut zu fordern. Obwohl Robyn entschlossen war, sich nicht von ihren Einbildungen überwältigen zu lassen, wurde sie von Angst gepackt, als sie eine Riesensee an die MONOWAI donnern sah. Robyn malte sich aus, von einer ähnlichen Welle erfaßt und gegen die Bordwand des Schiffs geworfen zu werden. Sie stellte sich vor, daß ihr Körper dabei zertrümmert würde, als wäre sie aus dem sechsten Stockwerk auf den Bürgersteig gefallen. Wie um alles in der Welt sollten sie es überleben, durch diese grauenhafte, bösartige, gnadenlose See geschleift zu werden? Dann bekam sie sich wieder in den Griff. Ihre Schwäche widerte sie an. Sie wollte sich nicht von Hirngespinsten und Furcht unterkriegen lassen. Fast waren sie nahe genug für einen weiteren Leinenschuß, aber Wind und Seegang trieben sie wieder weg. „Mensch, Bill“, sagte Robyn. „Wir haben hier ein gutes Boot, besonders wenn man bedenkt, was es mitgemacht hat. Bist du sicher, daß du dieses Schiff aufgeben willst?“

Neun Jahre zuvor hatte Bill beschlossen, einen eigenen Katamaran zu bauen. Als Pilot hatte er in einem Flugzeug eine Zeitschrift gefunden und darin einen Artikel gelesen, der sein Leben von Grund auf verändert hatte. Sie hatten alles verkauft – zwei Grundstücke, Pferde und Katzen –, um ihren Traum zu verwirklichen und davonzusegeln. Unzählige Stunden hatten sie an der RAMTHA gebaut. Sie war ihr Lebensinhalt geworden, in dem viel Herzblut von ihnen steckte. Sie hatten auf der RAMTHA das Segeln gelernt. Jetzt, nach all dem, standen sie kurz davor, dieses Boot zu verlassen. Robyn rief Fregattenkapitän Robbins über Funk: „Wir müssen es sein lassen", sagte sie niedergeschlagen. „Es geht nicht." Sie war sehr enttäuscht über die erfolglosen Rettungsversuche und auch ein wenig unschlüssig, ob sie die RAMTHA, die Gefährte und Heim für sie war, tatsächlich verlassen wollte. „Es sieht so aus, als wenn wir den Bug nicht zu Ihnen herumkriegen, wenn wir in die Nähe kommen", fügte sie hinzu. „Wir versuchen es noch einmal", antwortete Robbins bestimmt. „Wir haben nicht all das auf uns genommen, damit Sie es sich jetzt anders überlegen", murmelte er, nachdem er den Daumen von der Sprechtaste genommen hatte.

Aus der Kombüse wehte Curryduft auf die Brücke. Der Kommandant verspürte plötzlich Heißhunger. Er blickte auf seine Armbanduhr. Es war 1000 Uhr. Das letzte, was er zu sich genommen hatte, war eine Tasse Tee um 0300 Uhr morgens gewesen. Seitdem war er pausenlos auf der Brücke gewesen.

Das Vorschiffskommando kam wieder einmal aus der Deckung hervor. Ein Schütze bezog an der Reling Stellung, hob seine Waffe und feuerte. Bill hielt den Atem an. Die Rakete jagte knapp vor dem Cockpit über den Steuerbordrumpf hinweg direkt auf Robyn zu, die zurücktrat, um nicht getroffen zu werden. Bill schob sich an Deck entlang, sammelte eine Handvoll Leine ein und holte die Lose zu sich heran, bis er die stärkere Leine in der Hand hielt, an der die Bergegurte befestigt waren. Die Bergeleine belegte er sofort sicher auf einer Winsch.

Die beiden hörten, wie Fregattenkapitän Robbins über Funk Robyn Anweisungen gab: „Der Gurt wird um den Rücken gelegt und unter beiden Achseln durch", sagte er. „Die Sicherungsschlaufe muß ganz dichtgezogen werden, sonst rutschen Sie aus der Schlinge. Sie müssen überprüfen, wie die Schlinge bei Ihrem Mann sitzt, und umgekehrt."

Die Rettungsschlingen ähnelten Pferdegeschirren. „Bist du sicher, daß du das Ding anlegen willst?“ fragte Robyn. Bill ignorierte die Frage.

Das Boot holte wieder über, und Robyn fiel unangenehm an Deck. Schweigend half Bill ihr in den Gurt und legte dann seinen eigenen an. Die beiden waren voller böser Vorahnungen.

Es war verabredet, daß die Australier mit erhobenem Daumen Zeichen geben sollten, daß sie bereit waren, die RAMTHA zu verlassen. Danach würde die MONOWAI sie mit einem Typhonsignal auffordern, ins Wasser zu springen. Dann sollte die Schiffsbesatzung sie in Sicherheit ziehen.

Während sie sich noch mit den Gurten abmühten, klatschte wieder ein Sturzbrecher an die Bordwand der MONOWAI, wodurch sie nach Steuerbord krängte, weg von der RAMTHA. Gleichzeitig traf eine Welle den Katamaran seitlich und schob ihn in die entgegengesetzte Richtung. Unversehens wurden Bill und Robyn über Bord und ins Wasser gerissen. Robyn fiel dabei gegen eine Relingsstütze und prellte sich eine Rippe.

Das läuft nicht nach Plan. Wir haben kein Zeichen gegeben und das Schiff kein Schallsignal, dachte sie im Fallen.

Als die MONOWAI sich wieder aufrichtete und die Schiffsbesatzung gemerkt hatte, was passiert war, reagierten die Männer: Blitzschnell holten sie die 220 m lange Leine ein, fest entschlossen, das Paar an Bord zu bekommen, bevor die beiden ertranken.

Als die Leine steif kam, fühlten Robyn und Bill sich durchs Wasser gezogen wie Fische an der Angel. Alles war so Hals über Kopf gegangen, daß sie keine Zeit gehabt hatten, gegenseitig den Sitz der Rettungsschlingen zu überprüfen. Robyn wurde herumgedreht und rückwärts völlig untergetaucht durchs Wasser gezogen, weil ihr Gurt nicht fest saß.

Robbins, der Kommandant, hatte auf der Brücke die Hand am Notstopphebel. Er befürchtete, daß sein Schiff durch die unberechenbaren Seen über die Leine geschoben werden könnte, an der die Schiffbrüchigen hingen. Wenn die Schiffsschrauben dann die Leine zerfetzten, wäre jede Hoffnung dahin, das Paar zu retten. Sie würden, vom Wind weggetrieben, auf Nimmerwiedersehen verschwinden.

Robbins hatte gesehen, wie Bill seiner Frau in den Rettungsgurt half, aber als der Kommandant sich beim Schlingern des Schiffs festhalten mußte, verschwanden die beiden. Als die MONOWAI sich dann wieder aufrichtete, sah er die Australier auf dem Deck des Katamarans entlangstolpern und ins Wasser stürzen.

„Läuft die Leine frei, oder ist sie mit der Seereling unklar gekommen?“ fragte er, einen Augenblick lang beunruhigt, seine Leute.

„Alles in Ordnung, sie sind weg von der RAMTHA“, wurde ihm versichert.

„Ich hab' denen doch gesagt, auf das Tuten zu warten“, sagte Robbins locker und entschärfte damit zugleich die Spannung auf der Brücke.

„Wenn das nicht zwei wären“, kalauerte jemand, „könnte als Schlagzeile in der Zeitung stehen: ‚Marine holt sich einen runter – von australischer Yacht.‘“

Bill kam wieder an die Oberfläche, schnappte nach Luft und sah sich nach Robyn um. Sie war noch immer unter Wasser, verzweifelt bemüht, sich in die richtige Lage zu drehen.

Sie schafft es nicht, sie ertrinkt, dachte er in Panik. Die Leine zog ihn, und wieder geriet er unter Wasser. Hilflos wurde er durch den haushohen Seegang gezerrt. „Hol Luft!“ rief Bill Robyn schwach zu, als sie beide wieder auftauchten. Robyn warf sich in der Rettungsschlinge herum, um vorwärts gezogen zu werden. Plötzlich spannte sich die Leine wieder, und beide waren erneut untergetaucht.

Einfach entspannen. Die Rettungsweste bringt dich wieder an die Oberfläche, also keine Sorge, beruhigte Robyn sich, während sie durchs Wasser schoß. *Ich werde nicht ertrinken, ich werde jetzt nicht ertrinken. Wenn ich Wasser schlucke, kann man es wieder herauspumpen.*

Ihre Augen waren offen! Sie war unter der Oberfläche des Pazifik und wurde vorangezogen wie ein großer Fisch an der Leine einer Schleppangel. Das Wasser rauschte an ihr vorbei, und sie hielt die Augen offen. Sie wunderte sich, daß sie tatsächlich sehen konnte.

Plötzlich hingen die beiden in der Luft, sie baumelten am Ausleger eines weißen Torpedodavits, der über ihnen hinausragte.

Ach, mit mir ist alles in Ordnung. Wir haben es geschafft, dachte Robyn. Sie spürte Bill neben sich. *Ich habe kein Wasser geschluckt. Es geht mir gut.*

„Alles in Ordnung mit dir?“ rief Bill ihr zu. Er schwang seine Beine den Armen entgegen, die sich ausstreckten, um ihn zu packen.

„Er ist oben!" wurde zur Brücke gerufen, als sie an Deck kamen.

„Ihr seid tolle Kerle", sagte Bill zu seinen Rettern.

„Sie sehen aus wie begossene Pudel", bemerkte jemand auf der Brükke. Die Schiffsmannschaft brach in spontane Hochrufe aus. Sie applaudierten den Australiern, ihrem Kommandanten, den Offizieren, sich selbst und der MONOWAI. Niemand bezweifelte, daß sie eine bemerkenswerte Rettungsaktion vollbracht hatten.

„Wie ungewöhnlich", kommentierte Robbins den spontanen Jubel, denn die Neuseeländer mit ihrer britischen Abstammung sind normalerweise sehr zurückhaltend.

Weit in Lee trieb die RAMTHA ziellos weg, ihre Motoren noch immer im Leerlauf, das Niedergangsschott offen, so daß das Boot der tobenden See, gegen die es so tapfer ums Überleben gekämpft hatte, die verwundbare Flanke bot.

„Gut gemacht, Sir."

Fregattenkapitän Robbins drehte sich um, um sich für das Kompliment zu bedanken. Als er den Matrosen erkannte, empfand er Anerkennung. Vor ihm stand ein Mann, den er einige Tage vorher ernsthaft disziplinarisch gemaßregelt hatte.

„Vielen Dank", erwiderte er und verbarg seine Freude, daß dieser Soldat sich jetzt so sehr zur Mannschaft gehörig fühlte, daß er das Bedürfnis hatte, seinem Kommandanten zu gratulieren. Das war für Robbins eine der erfreulichsten Folgen der Rettungsaktion.

Die DESTINY, *nachdem sie durch einen Brecher über Kopf gekentert war. (Royal New Zealand Air Force)*

Die DESTINY *längsseits der* TUI CAKAU III

Das Klinometer des Marineschiffs MONOWAI *mißt einen Krängungswinkel von 35°. Ein elektronischer Krängungsmesser an Bord des Schiffes zeigte bis zu 48°. (Royal New Zealand Navy)*

Bei der Annäherung an den australischen 11,6-m-Katamaran RAMTHA *schlingert die* MONOWAI *stark nach Steuerbord. Der Mast des Doppelrumpfbootes ist gerade eben zu sehen, ganz knapp an Backbord voraus. (Royal New Zealand Navy)*

Die steuerlose RAMTHA *versucht zur* MONOWAI *zu motoren. (Royal New Zealand Navy)*

Die Crew der RAMTHA *erwartet ihre Rettung. (Royal New Zealand Navy)*

Die Besatzung der MONOWAI *bereitet sich darauf vor, Bill und Robyn Forbes auf der* RAMTHA *eine Rettungsleine hinüberzuschießen. (Royal New Zealand Navy)*

Nachdem die Forbes' ihre Yacht aufgegeben haben, werden sie in Hubschrauberrettungsschlingen durch die aufgewühlte See zur MONOWAI *geholt. (Royal New Zealand Navy)*

Bill und Robyn kurz bevor sie an Bord der MONOWAI *gehievt werden. Ihnen war keine Zeit geblieben, die Rettungsgurte richtig anzulegen, bevor sie von Bord der* RAMTHA *gingen, so daß sie einen Teil der Strecke unter der Wasseroberfläche gezogen wurden. (Royal New Zealand Navy)*

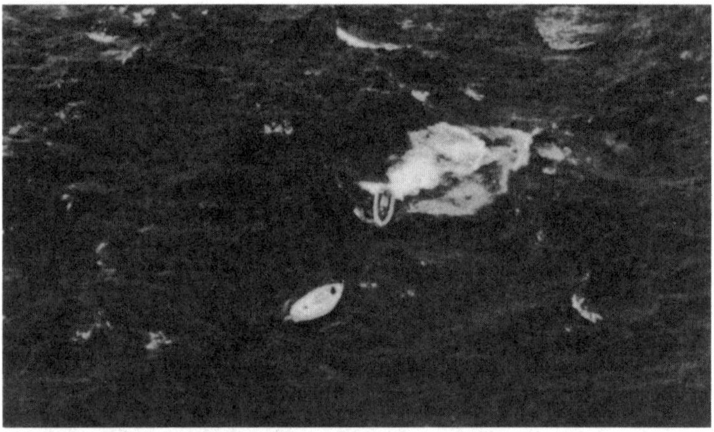

Bei hohem Seegang nähert sich ein Festrumpfschlauchboot der MONOWAI *vorsichtig dem manövrierunfähigen amerikanischen 9,75-m-Kutter* PILOT. *(Royal New Zealand Navy)*

Peter O'Neil, der verletzte Skipper der SILVER SHADOW, *wird, auf eine Trage geschnallt, an Bord der* MONOWAI *gehievt. (Royal New Zealand Navy)*

Richard Jackson und John McSherry von der SILVER SHADOW *werden gemeinsam in einer Hubschrauberrettungsschlinge an Bord der* MONOWAI *geholt. (Royal New Zealand Navy)*

Gefährliche Augenblicke für die Besatzung des beschädigten Beiboots der MONOWAI, *den Hauptgefreiten Abraham Whata, den Gefreiten Linton Hemopo und den Sanitätshauptgefreiten Michael Wiig: Rauhe Seen überspülen den Bug. Alle drei Männer erhielten Tapferkeitsauszeichnungen, nachdem sie die Besatzung der* SILVER SHADOW *gerettet hatten. (Royal New Zealand Navy)*

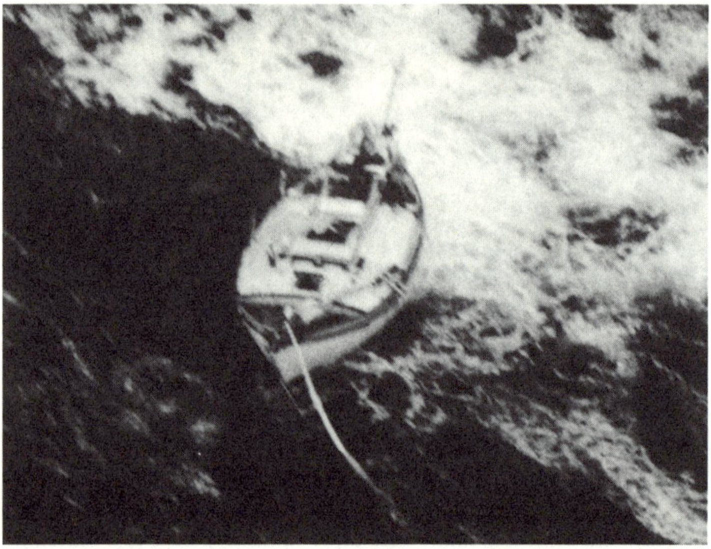

Entmastet und vom Sturm übel zugerichtet wartet der 9,75 m lange hölzerne Spitzgatter SOFIA *auf das rettende französische Kriegsschiff* JACQUES CARTIER. *(Royal New Zealand Navy)*

Achterlicher Seegang erhebt sich drohend hinter der WAIKIWI II. *(Cath Gilmour,* WAIKIWI II*)*

Die neuseeländische 13,4-m-Yacht WAIKIWI II *treibt hilflos im schweren Sturm, nachdem sie überrollt worden ist und dabei den Mast verloren hat. (Royal New Zealand Air Force)*

Diese Heckansicht der havarierten HEART LIGHT *zeigt das große, ungeschützte Cockpit und die verwundbaren Fenster.*
Durch einen Riß im Backbordrumpf macht das Boot Wasser. (David Hughes, Besatzungsmitglied der SAN TE MARU 18*)*

Die letzten Augenblicke der HEART LIGHT *beim Kentern nach Backbord. Kurz danach sank sie. (David Hughes, Besatzungsmitglied der* SAN TE MARU 18*)*

Schwere Seen und heftiger Wind jagen die leere Rettungsinsel der QUARTERMASTER *vor sich her. Es deutet alles darauf hin, daß die dreiköpfige Besatzung der* QUARTERMASTER *vollzählig oder zum Teil in der Rettungsinsel gewesen war. Alle drei blieben jedoch spurlos verschwunden, ebenso die Yacht. (Royal New Zealand Air Force)*

Diese Seenotfunkbojen sind echte Lebensretter

Sonntag, 5. Juni, 0500 Uhr

Während die Hercules C130 von einer Bö durchgeschüttelt wurde, suchten zwei Beobachter die dicht unter ihnen tobende See ab. Sie hielten sich gut fest, wenn das alte Flugzeug von Luftstößen erfaßt wurde.

„Das 5. Geschwader kann seinen Job gern behalten“, bemerkte einer der Beobachter. „Mit denen würde ich um nichts in der Welt tauschen.“ Die anderen an Bord stimmten ihm zu.

Das 40. Geschwader blickte stolz auf seine Geschichte zurück. Es hatte Neuseelands Streitkräfte und Friedenssicherungstruppen schon um die ganze Welt geflogen. Die Einheit hatte während des Golfkrieges alliierte Truppen unterstützt und von Soldaten bis zu Planierraupen alles mögliche transportiert. Die Flieger des Geschwaders hatten in Ruanda geholfen und bereiteten sich im Augenblick gerade darauf vor, Friedenssicherungskräfte nach Bosnien zu bringen. Im nächsten Sommer würde es in die Antarktis gehen. Aber trotz ihrer Vielseitigkeit war die Hercules nicht für SAR-Flüge entworfen worden. Während die Crew durch den Regen auf den aufgewühlten Ozean unter sich starrte, wurde schmerzhaft deutlich, wie schlecht diese Maschine sich als Suchflugzeug eignete.

Einige Minuten vorher war der Pilot, Major Peter Mount, auf 500 Fuß (gut 150 m) heruntergegangen und hatte den Druck im Innenraum abgebaut, so daß die Beobachter die Seitentüren öffnen und dort für die Suche nach der Segelyacht QUARTERMASTER Position beziehen konnten. Das war der erste SAR-Auftrag für das 40. Geschwader, und obwohl es schon vorher zur Verstärkung der Orions in Bereitschaft versetzt worden war, konnte sich niemand an Bord erinnern, daß die Hercules tatsächlich einmal zu einem Suchflug herangezogen worden wäre.

„Ich begreife nicht, warum denen das Spaß macht", fuhr der Beobachter fort und zog dabei an seiner Sicherungsleine, um zu überprüfen, ob sie am Boden des leeren Frachtraums richtig befestigt war. „Verdammt langweilige Arbeit."

Unter den einzelnen Geschwadern herrschte starke Rivalität. Die 10köpfige Besatzung der Hercules freute sich über die Gelegenheit, den Orion-Fliegern die eigenen SAR-Fähigkeiten zu beweisen.

Nachdem Major Mount von der Seenotleitstelle angerufen worden war, hatte er den Stützpunkt nach einer Besatzung durchkämmt. Schließlich hatte er zwei Kopiloten, zwei Navigatoren und einen Bordingenieur aufgetrieben, um die Maschine zu fliegen, sowie zwei Ladungsmeister und zwei Wartungsmechaniker, die als Beobachter fungieren sollten.

Die Vorbereitung des Fluges hatte den ganzen vorangegangenen Tag beansprucht. 30 Tonnen Treibstoff wurden getankt. Wenn zwei Motoren der Hercules abgestellt und deren Propeller in Segelstellung gebracht wurden, konnte die Maschine etwa 12 Stunden in der Luft bleiben. Auch für die Besatzung wurde „Kraftstoff" an Bord genommen: Brot, Tomaten, Käse, geräucherter und gekochter Schinken für Butterbrote. Mehr als Kaltverpflegung war nicht drin, denn die Hercules hatte nur eine primitive Bordküche. Bei den Wetterbedingungen, die der Crew bevorstanden, konnten die Leute froh sein, auf diesem Flug heißen Kaffee zu bekommen.

Die Seenotleitstelle (RCC) forderte das Flugzeug am Sonntagmorgen um 0300 Uhr mit dem Auftrag an, die Orion abzulösen, die über die DESTINY wachte, und sich in den Funkverkehr mit einem Schiff einzuschalten, das auf dem Weg zu einer weiteren in Seenot geratenen Yacht war.

Als die Hercules ihren Flugbefehl erhielt, wütete das Sturmzentrum schon über einem Gebiet von etwa 300 Seemeilen Durchmesser. Die Besatzungen der DESTINY und der RAMTHA waren gerettet, aber die Skipper anderer Yachten berichteten, daß sie durch gewaltige Seen gebeutelt wurden. Die Windgeschwindigkeiten in manchen Böen wurden auf 100 Knoten geschätzt. Besondere Sorgen machte den RCC-Leuten das Schicksal der QUARTERMASTER. Die Verbindung mit dieser Yacht war abgerissen. Ihre Besatzung war zweifellos in höchster Not.

Die Hercules wurde angewiesen, nach drei weiteren Yachten in Not zu suchen. Die Unternehmung entwickelte sich rasch zu einer der größten Such- und Rettungsaktionen, die im Südpazifik jemals durchgeführt wurde.

Es war alles andere als leicht, eine Hercules als Suchflugzeug zu fliegen. Ihre Spannweite war größer als die der Orion, der Rumpf jedoch beträchtlich kürzer. Daher rüttelte der Sturm die nur 500 Fuß über dem Meeresspiegel entlangholpernde Maschine erheblich stärker durch als eine Orion. Major Mount hatte die Geschwindigkeit auf 140 Knoten verringert, damit die Beobachter aus offenen Türen heraussehen konnten. Bei dieser geringen Geschwindigkeit war es schwierig, das Flugzeug zu beherrschen. Da der Ozean dicht unter der Maschine lag, war Major Mount ständig auf der Hut vor plötzlichen Luftlöchern.

Zuerst ging er auf die Suche nach der SOFIA, dem 9,75-m-Spitzgatter, auf dem Keith Levy mit seiner 25jährigen Begleiterin Uschi Schmidt segelte. Die EPIRB-Boje der SOFIA sendete ein Notsignal. Bald konnten die Flieger die Funkboje einpeilen und das Boot anfliegen. Sie sahen, daß die Yacht durch übergekommene Seen stark beschädigt war. Nicht einmal der Mast stand noch. Die Besatzung der SOFIA sprach über ihr UKW-Handgerät mit der Hercules und berichtete, daß es ihnen in Anbetracht dessen, was sie durchmachten, erträglich ging.

Nachdem diese Nachricht an die Leitstelle durchgegeben war, wurde die Hercules angewiesen, die SOFIA erst einmal zu verlassen und nach der HEART LIGHT zu suchen, deren Seenotfunkboje ebenfalls sendete. Kurz danach fanden die Flieger die HEART LIGHT. Der Katamaran schien unbeschädigt zu sein, zumindest stand der Mast noch. Über Funk erfuhr die Hercules-Besatzung jedoch, daß ein Rumpf des Bootes durch einen Riß Wasser machte.

Die Segler ließen sich keine Angst anmerken. Sie waren zuversichtlich, den Sturm abwettern zu können. Hinter dieser Fassade aber machte sich ihre Nervosität deutlich bemerkbar. Sie fragten die Flugzeugbesatzung, wieviel es wohl kosten würde, sich von einem Schiff in Schlepp nehmen zu lassen, und ob es ihnen möglich sein würde, ihr Boot zu reparieren und ihren Besitz zu retten.

„Wir wollen nur, daß Sie ein Auge auf uns haben und wissen, wo wir sind, falls etwas passiert", teilten sie der Hercules mit. „Wir glauben, daß wir den Sturm abreiten können."

Die Frau auf der HEART LIGHT hätte gern noch länger geredet. Nur zögernd erklärten die SAR-Flieger ihr, daß sie weiterfliegen müßten, um nach anderen hilfsbedürftigen Yachten zu sehen. Sie hatten Verständnis für die Frau und beruhigten sie nach besten Kräften, indem sie ihr zusagten, Verbindung zu halten, bis Hilfe käme. Alle Yachten waren ja auch so nahe beieinander, daß das Flugzeug selbst bei der Suche nach anderen Booten leicht mit allen in Verbindung bleiben konnte.

Die Hercules machte sich auf die Suche nach der Sloop SILVER SHADOW, die eine Durchkenterung gemeldet hatte. Aber noch während sie auf diese Yacht zuflogen, fingen sie das Signal einer weiteren Seenotfunkboje auf, und die BRIGADOON rief sie auf UKW-Kanal 16. Dieser Tag würde eine Menge Arbeit bringen.

Der Fliegermajor Mount begann, die See wie üblich in sich erweiternden Quadraten von dem letzten bekannten Schiffsort aus nach der SILVER SHADOW abzusuchen. Da die Sicht wenig mehr als 300 Meter betrug, fing der Funkpeiler der Maschine das Signal der EPIRB-Boje auf, als noch lange keiner der Beobachter die Yacht entdecken konnte. Die Flieger notierten die Peilung und flogen noch einmal aus anderer Richtung auf das Funksignal zu. Das wiederholten sie ein drittes Mal und werteten die drei Peilungen dann aus. Schon nach wenigen Sekunden flogen sie direkt über die SILVER SHADOW hinweg.

„Diese Seenotfunkbojen sind echte Lebensretter", sagte Major Mount zu seinem Kopiloten. „Niemand sollte ohne eine solche Boje je auf See dürfen."

Sie kehrten um, um die Yacht zum zweiten Mal zu überfliegen. Diesmal konnten sie das Schiff aber nicht sehen, weil Gischt und Düsternis es verbargen. Beim dritten Überflug warf einer der Beobachter eine Rauchpatrone ab, die dicht bei der Yacht niederging. Bei der Rückkehr bekamen sie zwar von weitem die Rauchfahne auf dem Wasser zu sehen, konnten den weißen Rumpf oder das graue Deck der Yacht beim Überfliegen jedoch nicht ausmachen.

Die Hercules bekam keine Antwort auf ihren Funkanruf. Man hörte nur das Klicken einer Sendetaste. Anscheinend konnte das Funkgerät der Yacht keine Sprache senden, sondern nur das Geräusch der Sprechtaste, die vor und nach dem Sprechen betätigt wird.

„Wir können mit ihnen sprechen, aber sie nicht mit uns", erkannte jemand an Bord des Flugzeugs. „Ich glaube, das Klicken ist ihre Sprechtaste."

„Mal sehen, ob sie uns mit dem Klicken antworten können."

Die Flieger baten den Funker der SILVER SHADOW, die Sprechtaste einmal zu drücken, um „Nein" zu signalisieren und zweimal für „Ja". Dann begann der einfallsreichste Informationsaustausch der ganzen Rettungsaktion. 20 Minuten lang sammelte die Hercules-Besatzung mit dem vereinbarten Code Informationen über den Zustand der Yachtsegler.

„Ist jemand verletzt?"

Klick, Klick. (Ja.)

„Wie viele sind verletzt? Bitte für jeden Verletzten einmal klicken."

Klick. (Eine Person.)

Die Flieger zählten dann die verschiedenen Körperteile auf, die verletzt sein konnten, und erhielten jedesmal ein einfaches Klicken zur Antwort, bis sie „Schulter" erwähnten: zweimal Klick. Ein Besatzungsmitglied des Bootes hatte eine gebrochene Schulter. Die SAR-Männer vergewisserten sich, daß es dem Unfallopfer zwar nicht gerade gut ging, daß sein Zustand aber stabil war. Die übrige Besatzung war unverletzt, und es war genügend Wasser und Proviant an Bord.

„Für wie ernst halten Sie Ihre Lage auf einer Skala von 1–5?"

Klick, Klick. (Durchschnittlich.)

„Wir haben Ihre Position und haben gehört, daß es Ihnen einigermaßen geht. Wir müssen eine Menge weiterer Schiffe ausfindig machen und werden bis gegen 1600 Uhr in der Umgebung sein. Bevor wir wegfliegen, wird wieder eine Orion hier sein. Wir kommen vorher noch zurück und sagen Ihnen dann Bescheid, was geschieht und wann die Rettung durchgeführt wird."

„Sie müssen wohl damit rechnen, daß erst Montag mittag jemand in der Nähe ist", teilte Major Mount den Seglern mit, bevor er sie allein ließ, um nach der QUARTERMASTER zu suchen.

Während des Einsatzes stand die Hercules in ständiger Verbindung mit der Seenotleitstelle und versorgte sie mit allen Informationen, die gebraucht wurden, um die Reihenfolge der einzelnen Rettungsaktionen nach ihrer Dringlichkeit festzulegen. Aus dem 800 Seemeilen entfernten klimatisierten Lagezentrum der Leitstelle wurde der gesamte Einsatz koordiniert. Die Flugzeugbesatzungen waren die Augen des RCC, und die präzisen Angaben der Flieger waren unentbehrlich.

Niemand wußte genau, wieviele Yachten wirklich ihre Seenotfunkbojen aktiviert hatten, weil so viele Bojen gleichzeitig sendeten. Es war durchaus möglich, daß einige der aufgefangenen EPIRB-Signale in Wirklichkeit nichts als „Schatten" der Signale von Booten waren, die man schon identifiziert hatte. Die einzige Möglichkeit, ein wahrheitsgemäßes Bild zu erhalten, war, einige der Schiffe zu bitten, ihre Funkbojen kurze Zeit abzustellen.

Das war ziemlich viel verlangt. Die in Not geratenen Yachtbesatzungen wußten, daß ihre Boote aus der Luft kaum zu sehen waren. Ihre Sicherheit hing an den EPIRB-Bojen wie an einem seidenen Faden. Wenn sie die Geräte ausschalteten, riskierten sie, nie wieder gefunden zu werden. Die Rettungsflieger versuchten diese Befürchtungen zu zerstreuen. Sie sprachen mit den Seglern darüber, warum die Bojen kurz abgeschaltet werden müßten, und versicherten, daß die Sonarpeilbojen, die neben jeder Yacht abgeworfen worden waren, noch lange deutlich senden würden, wenn die EPIRB-Funkbojen längst verstummt wären. Die Yachtbesatzungen folgten den Anweisungen, was ihnen hoch anzurechnen ist.

Das RCC machte sich jetzt so ernste Sorgen über die große Zahl von Yachten in dem Sturmgebiet und die zunehmende Anzahl von aufgefangenen Notrufen, daß ernsthaft erwogen wurde, eine Fregatte der neuseeländischen Marine anzufordern. Die zweite Orion P3, die die Rettung der DESTINY überwacht hatte, hatte nur noch wenig Treibstoff und mußte in Kürze zum Stützpunkt zurückkehren. Die Besatzung der Kiwi 315 ruhte sich auf den Fidschi-Inseln aus, während die Bordmechaniker sich um den Ölverlust des Motors kümmerten.

Die Anweisung an HEART LIGHT und SOFIA, ihre Seenotfunkbojen abzustellen, war an diesem Wochenende nicht das einzige Funkgespräch, das Bill Sommer und seinem Team sehr schwer fiel. Sie mußten abschätzen, wie ernst jede einzelne Notlage war, und Prioritäten setzen.

Was war dringlicher – der verletzte Segler auf der SILVER SHADOW oder die Besatzung der MARY T? Sollte die MONOWAI auf die MARY T zuhalten? Wie ernst war das Leck der MARY T, und wie lange konnte ihre erschöpfte Besatzung beim Pumpen die Oberhand über das eindringende Seewasser behalten? Aber nicht nur um die Yachten mußten sich die RCC-Mitarbeiter kümmern. Sie bekamen auch unzählige Anrufe von Angehörigen der Betroffenen und von den Medien.

Sobald Funk und Presse begonnen hatten, Nachrichten über das Unwetter und die entstandenen Schäden zu verbreiten, kamen sogar aus England, Skandinavien und den Vereinigten Staaten Anfragen. Interpol wurde ebenso eingeschaltet wie die amerikanische, britische und australische Polizei, um Verwandte betroffener Segler zu benachrichtigen. Nicht zuletzt mußten die Angehörigen der Rimmers über die schwindenden Hoffnungen für die QUARTERMASTER und ihre Besatzung auf dem laufenden gehalten werden.

Die Leitstelle durchforschte Computerlisten, um Handelsschiffe im betroffenen Seegebiet ausfindig zu machen, die Hilfe leisten könnten. Ein französisches Kriegsschiff, die JACQUES CARTIER, war auf dem Weg zu einem Freundschaftsbesuch in Neuseeland und wurde gebeten, der SOFIA zur Hilfe zu kommen. Ein Fischereifahrzeug, die SAN TE MARU 18, wurde aufgefordert, zur HEART LIGHT zu laufen.

*

Auf der MARY T herrschte Niedergeschlagenheit, weil Kerikeri Radio Angaben über die Angehörigen angefordert hatte. Niemand an Bord sah einen Grund dafür, Familienangehörige, die weit entfernt in Amerika lebten, von den Schwierigkeiten zu benachrichtigen, die es hier im Südpazifik gab, denn was konnten die Familien schon tun, außer sich zu sorgen? Schließlich war ein Dringlichkeitsruf kein Zeichen für unmittelbare Lebensgefahr. Die Angehörigenanfrage von Kerikeri Radio erschreckte alle mithörenden Zaungäste des fortschreitenden Dramas. Sie deutete auf Hoffnungslosigkeit hin. Schließlich würden sie diese Angaben nicht verlangen, wenn sie die Besatzung der MARY T nicht für todgeweiht hielten, oder? Carols Mutter war eine rüstige 76jährige. Vor einigen Tagen hatten die Baardsens mit ihr über Kurzwellen-Amateurfunk Verbindung gehabt. Es war kein vernünftiger Grund erkennbar, sie jetzt zu beunruhigen. Nach einiger Überlegung gab Carol Jon Cullen die Telefonnummer von Liannes Bruder, denn sie wußte, daß er ihre Mutter nicht unnötig beunruhigen würde.

Die U. S.-Polizei aber setzte sich ohne Carols Wissen mit Lianne Audettes Bruder in Verbindung. Dieser wiederum rief Carols Mutter an, die schließlich von den Behörden folgende Mitteilung erhielt: Carol kämpfe gegen einen Sturm von 9 Windstärken an, die MARY T sei dabei zu sinken, und niemand wisse, ob jemand gerettet würde. Die alte Dame erhielt dagegen nicht die aktuellen Meldungen, daß die Yachtbesatzung einigermaßen klar kam und alle an Bord wohlauf waren.

Wie Jon Cullen bei einem Funkgespräch im Verlauf des Tages erfuhr, ging es auf der MARY T allmählich etwas besser:

Jon: Was eure Familien betrifft, die sind benachrichtigt, und sobald ihr euren Dringlichkeitsruf aufgehoben habt, werden wir sie davon auch informieren. Over.
Carol: Vielen Dank. Wir würden damit trotzdem gern warten, bis das Wetter sich noch etwas gebessert hat. Over.
Jon: Verstanden, ich verstehe. Also jetzt, das RCC möchte, daß ihr die Stopfbuchse überprüft und innen überall nachseht, wo es lecken könnte. Wenn ihr dann sicher seid, daß die Lecks im wesentlichen über der Wasserlinie sind, wären wir sehr viel zufriedener. Over.
Carol: Verstanden. Wir haben festgestellt, daß die Stopfbuchse dicht ist. Wir haben auch alle Bordwanddurchlässe nachgesehen und alle anderen Stellen innen, bei denen wir uns Leckagen vorstellen konnten. Wir glauben, daß es durch das Deck kommt, vielleicht auch über die Plicht. Wir hatten das ganze Deck neu mit GFK überzogen, aber zum Cockpit waren wir nicht mehr gekommen, so sieht es also aus. Over.
Jon: Verstanden, gut, das habe ich. Es kommt also wahrscheinlich durch eure Plicht. Also gut, alles verstanden. Hört jetzt mal, wenn ihr nichts mehr durchzusagen habt, gebe ich euch den Wetterbericht. Over.
Carol: Verstanden. Vielen Dank.

Jon: Okay. Aktualisiert wird die Position des Tiefs bis morgen mittag. Es ist etwas langsamer geworden, zieht aber noch immer mit 10–15 Knoten nach Südost. Man erwartet, daß es auf 32°S 178° – eher ungefähr in der Mitte zwischen 178 und 179°W sein wird. Luftdruck 990 (hPa). Wie üblich führt es natürlich auch Fronten mit, aber so oder so scheint es, daß ihr die nächsten 18 Stunden ziemlich schweres Wetter haben werdet. Morgen gegen Mittag wird es für euch wahrscheinlich auf südwestlichen Wind hinauslaufen, ich würde sagen um die 20, 25 Knoten herum, in Böen 30. Vierzig werden es wohl nicht werden, aber sicher 20, 25 und bis 35. Over.

Carol: Oh! Sehr gut. Das hört sich wunderbar an. Wir nehmen an, daß der Seegang morgen noch ziemlich stark sein wird. Over.

Jon: Oh ja, der Seegang wird wahrscheinlich noch ziemlich stark sein, aber zumindest wird die See rollen und nicht brechen. Over.

Carol: Ach, sehr gut. Ich bin sehr froh, daß wir morgen gegen Mittag bestimmt mit Wetterbesserung rechnen können. Over.

Jon: Ja, gut. Wenn ihr also nichts mehr habt, dann können wir in drei Stunden wieder Verbindung aufnehmen. Das RCC will alle drei Stunden auf dem laufenden gehalten werden. Over.

Carol: Verstanden. Wir wollen sehr gern in drei Stunden den neuesten Stand mitteilen und danken dir und dem RCC sehr. Over.

Jon: Okay, das ist gut.

Carol: Also, vielen Dank, Jon und Dank auch an Maureen für den vorigen Wetterbericht. Bei uns hatte der Wind abgeflaut, und wir hofften, daß es vorübergezogen wäre, sie riet uns aber, die Luken dicht zu machen, und recht hatte sie. Eine halbe Stunde später begann es zu wehen. Over.

Jon: Verstanden. Sie hatte mich geweckt. Ich bin dann aufgestanden und habe den Wetterbericht für euch gemacht. Over.

Carol: Vielen Dank dafür. Ich hoffe, daß wir in ein paar Tagen angenehmere Gesprächsthemen haben. Auf jeden Fall sprechen wir uns in drei Stunden wieder. Kerikeri Radio, hier ist MARY T, Ende.

Jon: Verstanden, MARY T. Vielen Dank und viel Glück erstmal.

Auf der MARY T hatte man sich an die Umstände gewöhnt. Jetzt, nachdem sie den Grund ihrer Schwierigkeiten – leckende Backskistendekkel in der Plicht – festgestellt hatten, vertrauten sie darauf, daß ihr Boot sie nicht im Stich lassen würde. Sigmund trug ins Logbuch ein, daß der Wind auf „sehr handige 45 Knoten" abgeflaut hätte.

Durch den Kampf mit der See erschöpft, versuchten sie sich ein wenig auszuruhen. Sigmund blickte durch ein Bullauge, von den gewaltigen Wellen fasziniert. Es waren Berge aus flüssigem Indigo, an deren Abhängen Ströme von Weiß herabstürzten. Die Wellenkämme sahen aus wie schneebedeckte Berge, und manchmal wurde die ganze See um sie herum gelbbraun, als sei sie aus Sandstein.

Das gehört wahrscheinlich zu dem Schönsten, das ich je sehen werde, dachte er. *Ich darf dieses Bild nicht vergessen.* Selbst in dem bedrohlichen Sturm sah er die Schönheit. Wie war das möglich? Er hatte jetzt keinerlei Angst mehr, hatte sich an die Verhältnisse gewöhnt, die ihm noch Stunden zuvor gemein und mörderisch vorgekommen waren. Vielleicht war das alles normal für ihn geworden, und er schien es schon sein Leben lang mitgemacht zu haben.

Carol: Hallo, Maureen, hier ist Carol auf der MARY T. Hier ist die Lage wie letztes Mal. Ich war gerade an Deck zum Pumpen, und unsere Situation ist so ziemlich ... Ich habe keine ganz aktuelle Position, weil ich den GPS-Empfänger nicht mitgenommen habe, aber unser Standort unterscheidet sich höchstens ein, zwei Seemeilen vom vorigen. Der Wind hat 50, 60 Knoten, in Böen bis 65, und die See geht sehr hoch. Ich würde sechs, sechseinhalb Meter schätzen. Over.
Maureen: Verstanden, du hast also gepumpt, und ihr kommt erst mal gegen das Wasser an. Ihr habt 50, 60 und bis 65 Knoten Wind mit gut sechs Meter Seegang. Und sind alle wohlauf? Wie geht es euch da?
Carol: Äh, ja, es geht allen gut. Wir sind alle ziemlich müde. Unsere Maschine ist nicht hundertprozentig in Ordnung. Wir haben sie laufen lassen, um sicherzugehen, daß wir über Funk mit euch sprechen können, da machte der Motor klopfende Geräusche. Wir haben ihn dann abgestellt, und wollen ihn nur im Notfall laufen lassen. Deshalb möchte ich dies Gespräch kurz halten.
Maureen: Verstanden, in Ordnung ...
Carol: Wir haben mitbekommen, daß das Schiff in der Nähe ist, und

gehört, wie es mit einem anderen Fahrzeug sprach, das in viel größeren Schwierigkeiten ist als wir. Over.
Maureen: Ja, viele sind in weit größeren Schwierigkeiten als ihr. Einige mußten ihre Schiffe aufgeben, und manche sind selbst ziemlich mitgenommen, wahrscheinlich nicht zuletzt psychisch. Deshalb haltet durch. Wenigstens seid ihr noch alle an Bord und euer Boot schwimmt noch. Over.
Carol: Verstanden, verstanden. Danke, daß ihr da seid, und Dank an die Marine, daß sie da ist. Wir kommen um 0600 Uhr wieder.
Maureen: Verstanden, freue mich schon darauf. Bis dahin – paßt auf euch auf.
Carol: Danke, das war MARY T, Ende.

Sonntag, 5. Juni, 1400 Uhr

Die Hercules C 130 begann eine Suche in sich erweiternden Quadraten nach der Funkboje der QUARTERMASTER. Die Flieger konnten das Funksignal der Boje einpeilen und freuten sich, als sie eine kleine rote Rettungsinsel sahen, die über die Wellenkämme jagte. Sie meldeten der Leitstelle die Entdeckung. Dort war man begeistert. Sie lebten! Sie hatten ihr untergehendes Boot verlassen und waren in die Rettungsinsel gekommen. Sie waren in Sicherheit. Gott sei Dank!

Als Major Mount mit der Hercules näher an die Rettungsinsel heranflog, erschrak er über den Zustand der Insel. Das Dach war eingefallen, und der Sturm trieb die Rettungsinsel wie einen Strandball über die Wellen. In dieser kleinen über den Ozean taumelnden Kapsel hätte sich kaum jemand so leicht halten können. Der Pilot zog das Flugzeug so weit herunter, wie er es wagte, um einen Blick in das Floß zu werfen, und um den oder die Insassen mit dem Geräusch der Flugzeugmotoren hervorzulocken. Nichts. Niemand steckte den Kopf unter dem roten Floßdach hervor oder winkte, als die Maschine vorbeiflog. Niemand von der Flugzeugbesatzung sah irgendein Lebenszeichen in der Insel. Es war niemand darin; die Segler waren verloren.

Jedermann an Bord war ernüchtert. Enttäuschung verdrängte die

Hochstimmung, die noch wenige Minuten vorher geherrscht hatte, als man die Rettungsinsel zum ersten Mal erspäht hatte.

✳

In Nadi konnte der Bordingenieur der Kiwi 315 das Ölleck am Motor Nr. 2 der Orion nicht beheben. Die Besatzung diskutierte über den Schaden und die damit verbundenen Risiken. Dann beschlossen die Flieger, es darauf ankommen zu lassen und ihren Patrouillenflug über den Yachten wieder aufzunehmen.

✳

Auf der MARY T hielt das lange Warten auf die MONOWAI an.

Carol: Kerikeri Radio, hier ist MARY T.
Jon: MARY T, Kerikeri. Guten Abend. Ich empfange euch laut und deutlich. Bitte kommen.
Carol: Guten Abend, Jon. Wir stehen gegenwärtig auf 27°42′S 179°44′E. Wind aus mißweisend 210°, und die ab und zu einfallenden Böen haben 40 bis 50 Knoten, also deutlich weniger. Es ist bedeckt mit ein wenig blauem Himmel dazwischen. Wir steuern ungefähr 130 (Grad), und es läuft ganz gut. Wir sind etwas knapp mit dem Strom, deshalb haben wir heute nachmittag den Motor laufen lassen, aber man kann immer noch ein auffälliges Klacken hören. Deshalb wollen wir ihn nur im Notfall benutzen und werden statt der Dreifarbenlaterne (Positionslampe auf dem Masttopp) heute nacht das Blitzlicht auf dem Mast benutzen. Könntest Du bitte dem RCC Bescheid sagen, daß wir nicht in unmittelbarer Gefahr sind, daß wir das Blitzlicht nur nehmen, um Strom zu sparen, und daß es uns soweit gutgeht. Wir machen jetzt weniger Wasser, weil wir ein paar Dichtungen für die Backskistendeckel gebastelt und die Deckel festgezurrt haben. Over.
Jon: Verstanden, ausgezeichnet. Wir werden dem RCC Bescheid sagen, daß … sie werden sicher froh sein, daß ihr da draußen nicht in unmittelbarer Gefahr seid. Sie haben zwei Flugzeuge in der Luft, die wahrscheinlich sowieso ständig in eurem Seegebiet und in der Nähe herum-

flitzen, und Kriegsschiffe und Langleinenfischer sind überallhin unterwegs, um den Booten zu helfen, die in ernsthaften Schwierigkeiten sind. Na dann, ich glaube, ihr habt sowieso eine Wetterbesserung vor euch, wenn ihr es also bis jetzt gepackt habt, kann es nur noch besser werden. Over.

Carol: Verstanden und vielen Dank. Ich bin froh, daß die Schiffe und Flugzeuge in der Nähe sind. Wir können sie ab und zu über UKW hören. Deshalb wollten wir sichergehen, daß sie unser Blitzlicht nicht für ein Gefahrsignal halten. Es sind bloß so viele Schiffe in der Gegend, daß wir uns bemerkbar machen müssen. Over.

Jon: Nein, ich bin froh, daß ihr uns das gesagt habt, denn sie suchen auf jeden Fall noch immer nach einem anderen Boot. Eins haben sie überhaupt noch nicht gefunden, eine Rettungsinsel haben sie gefunden, aber sonst steigen sie anscheinend noch nicht ganz durch. Das Problem ist, daß so viele EPIRB-Bojen gleichzeitig sendeten, daß wir ein paar davon abstellen lassen mußten, um Klarheit zu bekommen, alles gar nicht so einfach. Gut. Also, ich muß euch dann erst mal alleinlassen, wenn es euch allen soweit gut geht. Das Wetter wird für euch etwa so bleiben, wie ich gesagt habe. Ihr habt die aktuellsten Meldungen bekommen, die ich euch beschaffen konnte, und für euren gegenwärtigen Standort wird es bei südsüdöstlichen oder, äh, noch mal, südsüdwestlichen Winden bleiben, mit einer Drehtendenz auf Südwest. Ja, so wird es sein und die ganze Zeit allmählich abnehmen. Over.

Carol: Prima, das hört sich ja so an, als könnten wir uns auf den Weg nach Suva machen und das Minerva-Riff ganz vergessen. Over.

Jon: (lacht) Ja, ja. Ich glaube auch. Vielleicht laßt ihr das wirklich (mit dem Minerva-Riff). Aber vielleicht wären da ein paar brauchbare Reserveanker für euch, wenn ihr sie finden könntet. Over.

Carol: Das kann wohl sein. Gut, Jon, wir wollen um 0700 Uhr mal sehen, ob wir dann eine längerfristige Vorhersage kriegen können. Kommen in den nächsten Tagen noch mehr Tiefs? Over.

Jon: Nun, ich sehe keine, ich hoffe es auch nicht. Over.

Carol: Hoffe ich auch nicht.

Jon: Dann alles Gute, MARY T ...

So etwas habe ich noch nicht gesehen

Greg Forbes hörte die Welle an die Bordwand des kräftigen GFK-Rumpfes der PILOT schlagen und fühlte, wie die Kenterung begann. Das Boot legte sich unerwartet sachte, aber unaufhaltsam über. Loser Proviant, Küchenutensilien, Geschirr, Bücher und eine Menge anderer Sachen klimperten, klapperten und krachten geräuschvoll hinunter, als die PILOT weiter überholte. Greg fiel aus seiner Koje gegen einen Tisch, dann wurde er quer durch die Kajüte geworfen und landete auf seiner Partnerin Barbara Parks, während die Yacht sich einmal um die eigene Längsachse drehte.

„Was ist passiert?“ rief Barbara entsetzt.

„Wir sind durchgekentert!“

Es war fast unwirklich, so leicht und schnell war es geschehen. Der einzige Beweis, daß die PILOT tatsächlich eine 360°-Kenterung hinter sich hatte, war, daß unter Deck alles, was nicht niet- und nagelfest war, geräuschvoll herumgeflogen war.

Flachgelegt worden war das Schiff an diesem Tag schon einmal. Greg hatte die Segel gekürzt und sich dabei im heulenden Sturm abgeplagt, die Fock zu bergen, die nicht herunterkommen wollte. Nachdem er den Kampf gewonnen hatte, kam er wieder nach achtern, um die Aries-Selbststeueranlage zu justieren, deren Windfahne die PILOT selbsttätig steuerte. Der Kurs pendelte sich danach so ein, daß die See schräg von achtern kam. Als einzig Segelähnliches führte die Yacht jetzt nur noch die hölzerne Windfahne, die oben auf der Selbststeueranlage saß.

Eine Stunde später wurde die PILOT erneut platt auf die Seite geworfen. Greg kam aus seiner Koje heraus, um die Sturmtaktik zu überdenken. Als er noch über die verschiedenen Methoden nachdachte, den Sturm abzuwettern, kenterte das Boot vollständig durch.

Unter Deck herrschte völliges Chaos. Bücher und Zeitschriften lagen überall verstreut herum, beschmiert mit Spaghetti, Mayonnaise, Zukker, Mehl und anderen Lebensmitteln.

„Ach, toll! Sieh dir das an." Greg zeigte auf ein Bullauge, dessen Glas durch den Aufprall irgendeines fliegenden Wurfgeschosses gesprungen war. Systematisch machte er sich daran, das übrige Bootsinnere zu überprüfen. Der Rumpf war in Ordnung, nichts deutete darauf hin, daß irgendwo Wasser eindrang. Im Gegenteil, das Boot war erstaunlich trocken. Offenbar war nicht einmal Öl in die Bilge geflossen.

Der größte Teil des losen Proviants war zusammen mit Greg auf Barbara gelandet. Nachdem sie alles abgeschüttelt hatte, kam sie zu Greg, um mit ihm die Lage zu besprechen. Glücklicherweise waren alle schweren Ausrüstungsgegenstände – Anker, Ketten, Batterien und ähnliches – gut gesichert gewesen und hatten sich nicht vom Fleck gerührt. Unter Deck hätte es schlimmer aussehen können. Es würde genügen, ein wenig aufzuräumen.

Greg quälte sich in sein Ölzeug und ging an Deck. Der Mast stand noch, hatte sich aber „S"-förmig gekrümmt. Auch der Baum war übel verbogen und knallte im Sturm gefährlich hin und her. Ein Teil des stehenden Gutes schlug schlaff im Wind. Das Beiboot, das auf der PILOT zugleich als Rettungsfloß diente, war noch immer fest an Deck verzurrt, aber einer der vier Dingiriemen war zerbrochen. Die am Heck der Yacht angebrachte Aries-Windsteueranlage war irreparabel zerstört.

Trotz der Seen, die über das Boot stürzten und an Deck entlangschossen, brachte Greg die nächste Stunde damit zu, Wantenspanner festzuziehen, damit der Mast nicht über Bord ging.

Er kehrte in die flache, wenig geschützte Plicht zurück, ergriff die Pinne und begann zu steuern, um die PILOT vor dem Wind zu halten. Der Seegang fesselte ihn. In den 23 Jahren seiner weltweiten Segelreisen hatte er schon eine ganze Reihe denkwürdiger Stürme erlebt, aber so einen noch nicht. Die Seen schienen sich fast senkrecht aufzutürmen und über das Boot zu erheben, bis der rasende Wind ihre Gischtkämme wegdrückte und die PILOT in einer furchterregenden Lawine schäumender Gischt begrub.

Während er so allein im ungeschützten Cockpit saß, die schlimmste Gefahr vor Augen, die er in seinen Jahren als Ozeanwanderer bis dahin erlebt hatte, fühlte Greg doch eine eigenartige Hochstimmung, entsprungen aus dem Kampf, die stolpernd von den steilen Wellenfronten rutschende PILOT in der Gewalt zu behalten. Er war mit seinem Boot eins geworden. Er spürte, wie sich die Kraft des Ozeans über das robuste Ruder des Spitzgatters auf die ruckende Pinne übertrug.

Beim Steuern dachte er darüber nach, ob er die böse Lage, in der er jetzt war, hätte vermeiden können. Nachdem er die SOFIA seines Freundes Keith Levy aus den Augen verloren hatte, hatte er großartiges Segeln mit raumer Brise genießen können, bis der Wind völlig eingeschlafen war und ihn gezwungen hatte, vier Stunden lang den Flautenschieber laufen zu lassen.

Am Donnerstagabend hatte er auf Kurzwelle die Warnung vor einem sich vertiefenden Tiefdrucksystem bei den Fidschi-Inseln empfangen. Nach seiner Schätzung war die PILOT noch 450 Seemeilen weit davon entfernt, und sie konnten ungefährdet weiter nach Nordosten segeln. Mit ein bißchen Glück würden sie vielleicht sogar etwas günstigen Wind bekommen. Die ganze Nacht und den ganzen folgenden Tag hindurch gab ihnen weder die See noch der Himmel den geringsten Hinweis auf das Unheil, das sich anbahnte. Es gab weder nennenswerte Dünung noch Schaumköpfe.

Kurz nach Dunkelwerden aber las Barbara, die unter Deck beschäftigt war, eine Warnung vom Barometer ab.

„Das ist furchterregend", rief sie Greg zu. „Ich würde lieber sagen können, das Barometer steigt, aber es geht runter, es fällt."

In der Nacht las sie das Instrument alle 10 Minuten ab. Sieben Stunden lang fiel es stetig. Es gab keinen Zweifel, was das bedeutete.

„So etwas habe ich noch nicht gesehen", flüsterte sie mit wachsender Besorgnis. „Es ist erschreckend."

Während des Nachmittags kürzten sie die Segel, bis nur noch die Fock stand. Dann war die PILOT einmal und noch einmal flach aufs Wasser geworfen worden und – durchgekentert.

Greg wußte, daß sie jetzt tief im Zentrum des Sturms steckten. Der Wind hatte nach seiner Schätzung 90 Knoten erreicht, und solche Seen wie hier hatte er noch nie erlebt. In früheren Stürmen waren die Wellentäler immer so lang gewesen, daß er das Boot bis zum nächsten Wellenkamm abfangen und wieder auf Kurs bringen konnte. Hier aber folgten die Wellenberge so dicht aufeinander, daß die Täler kaum Schutz boten. Während Greg die Pinne umklammerte, wurde er unaufhörlich von Regen und salziger Gischt überschüttet. Das Wasser peitschte sein wettergegerbtes Gesicht, es brannte und schmerzte.

Streifen von Meeresleuchten durchzogen wie Leuchtspurgeschosse im Gefecht die dunklen Wasser. Millionen mikroskopisch kleiner Meereslebewesen erglühten jedesmal, wenn die Wellenkämme im Sturm zerplatzten und zerstäubten. Myriaden von phosphoreszierenden Teilchen übersprühten den Rudergänger dann.

Da, noch bevor Greg es richtig erfaßt hatte, erhob sich ein gewaltiger, brüllender Brecher hinter dem Schiff aus der Dunkelheit und stürzte von achtern an Deck. Tonnen von Wasser rauschten und wirbelten über das Boot. Mit ihrem zerstörerischen Druck rissen die Wassermassen Gregs Hand vom Baumgalgen los und spülten den Skipper weg. Sicherheitsgurt und Sorgleine aber hielten ihn mit einem gewaltigen Ruck fest. Als er dann so in der vollgelaufenen Plicht herumpatschte, war er einen Augenblick lang unsicher, ob er tatsächlich noch auf seinem Schiff saß oder schon über Bord gegangen war.

Während er sich das Salzwasser aus den Augen rieb, sah er, daß der Mast heruntergekommen war. Greg konnte es kaum glauben. Der Mast war viel robuster als die meisten anderen, er bestand aus fast 5 mm starkem Aluminium. Jetzt lag er auf dem Kajütdach, etwa 30 cm über Deck war er wie ein Streichholz abgeknickt.

Greg konnte sich nur vorstellen, daß die übergekommene See den Baum mit solcher Gewalt aus seiner Baumstütze gerissen hatte, daß die Spiere den Mast unterhalb des Baumbeschlags zerdrückt hatte. Die Wanten und Stage, die den Mast all die Jahre aufrecht gehalten hatten, waren unbeschädigt. Nicht einmal ein Wantenspanner hatte sich aufgedreht.

Greg, einer der begnadetsten Sperrmüllsammler auf den Sieben Meeren, hielt den Mast noch für verwendbar, obwohl er in zwei Teile zerbrochen, S-förmig gebogen war und die Backbordsaling fehlte. Greg mußte den Mast einfach retten. Noch bevor er aber einen Plan fassen konnte, merkte er, daß der Mast durch die Bootsbewegungen an den Rumpf hämmerte. Wenn man nichts dagegen täte, so fürchtete Greg, würde der Prügel sich irgendwann durch die Bordwand hämmern und den Rumpf leckschlagen. Es gab keine Wahl – der Mast mußte weg, bevor er die PILOT zerstörte.

Greg suchte einige Werkzeuge zusammen und kroch damit unter Sturzbächen zum Vorschiff. Während die Yacht bösartig schlingerte und rollte, hantierte er mühsam mit der Zange, um Splinte zu entfernen und schließlich die Steckbolzen herauszuziehen, die die Wanten an den Püttings hielten, bis nur noch ein einziges Verbindungsglied den Mast mit dem Boot verband: der Steckbolzen des Vorstags.

Die Vorstellung, auf den Bugspriet hinauszukriechen, um den Steckbolzen aus dem Vorstagbeschlag zu ziehen, machte Greg Angst. Dort war die gefährlichste Stelle an Bord, völlig ungeschützt und der vollen Wucht des Seegangs ausgesetzt. Der total verbogene Niro-Bugkorb war häufig ganz und gar unter Wasser. Die Aussicht, dort auf dem dauernd von Brechern überspülten Bug zu arbeiten, jagte Greg Todesangst ein.

Wenn ich da heruntergewaschen werde, selbst mit Sicherheitsgurt, komme ich nicht wieder an Deck, dachte er.

Er überlegte, welche anderen Möglichkeiten es gab, und kam dann zu dem Schluß, daß er keine Wahl hatte. Er mußte den Bolzen entfernen. Sonst würde der Mast irgendwann den Rumpf durchschlagen. Forbes glitschte nach vorn auf den Bugspriet hinaus und hielt sich dabei angespannt fest, weil der zerstörte Bugkorb im Dunkeln heftig wackelte. Dann erreichte er das Vorstag und klammerte sich an einer gebrochenen Bugkorbstütze fest, als die Yacht voranschoß und den Bug in gurgelndem Wasser begrub. Sobald Greg wieder aufgetaucht war, tastete er nach seiner Taschenlampe und leuchtete damit den Vorstagbeschlag an, um den Splint zu finden, bevor die nächste Welle kam. Zum Glück ging der Splint leicht heraus. Dann zog Greg den Steckbolzen, und das Stag rutschte über Bord. Damit war der Mast vom Boot gelöst. Bäuchlings auf Ellenbogen und Knien kroch Forbes zurück, um vom Vorschiff zu verschwinden, bevor die nächste Riesensee die PILOT überspülte.

„Ich konnte gar nichts retten", rief er Barbara niedergeschlagen zu, als er in die Plicht zurückkam. Für ihn war der Verlust wertvoller Ausrüstung fast so schmerzlich wie die Quälerei auf dem Vorschiff.

Drei Stunden hatte er gebraucht, um den Mast loszuwerden, jetzt war Greg durchnäßt und ausgekühlt. Es hatte wenig Sinn, trockene Kleidung anzuziehen, denn das Cockpit war ungeschützt, und Greg mußte an der Pinne bleiben, um zu verhindern, daß das Boot erneut überrollt wurde.

Beunruhigt entdeckte Barbara an Greg die ersten Anzeichen von Unterkühlung: Er zitterte. Sie fühlte sich hilflos. Sie war nicht stark genug, um die Pinne zu übernehmen. Das verlangte bei diesem Wetter einfach zu viel Kraft. Daher konnte sie ihn nicht ablösen, um ihn zum Aufwärmen unter Deck zu schicken. Sie durchwühlte das Durcheinander in der Kajüte, fand eine Wärmflasche, füllte sie und gab sie Greg, der sie unter seine Öljacke steckte. Die Wärme belebte seine ausgekühlten Glieder. Barbara war ganz sicher: Wenn irgend jemand mit diesem Sturm fertig werden konnte, dann Greg. Die ganze Nacht lang füllte sie die Wärmflasche immer wieder auf und bereitete ihm heiße Getränke.

Er kämpfte die Nacht hindurch, das Boot vor dem Wind zu halten. Sich selbst überlassen neigte die PILOT dazu, sich quer zur See zu legen, was gefährlich war. Er blieb bis weit in den Nachmittag des folgenden Tages (Sonntag) am Ruder. Erst dann kapitulierte er vor der Erschöpfung und bat Barbara, die Pinne zu übernehmen, damit er versuchen könne, zu schlafen. Mittlerweile war das Schlimmste vorbei, aber die See lief noch immer kreuz und quer durcheinander.

Ohne die Dämpfung durch den Mast bewegte sich die Yacht völlig anders. Statt langsam zu schlingern wie gewohnt, bewegte das Schiff sich jetzt so unberechenbar und ruckartig, ja bösartig, daß Greg und Barbara heftig herumgeworfen wurden, so daß es ihnen nicht nur schwerfiel, sich an Bord zu bewegen, sondern sogar, am Ruder zu sitzen. Greg brachte eine Steuerleine an der Pinne an, die er an den Plichtseiten belegte. Er hoffte, daß Barbara dadurch in der Lage sein würde, das Boot zu steuern, während er ruhte.

„Ich lasse besser den Motor laufen, um die Batterien geladen zu halten", sagte er beim Hinuntergehen.

Doch die Maschine wollte nicht anspringen. Trotz seiner Erschöpfung nahm er sein Werkzeug und stellte fest, daß beim Schlingern des Bootes Wasser in den Auspuff eingedrungen war. Greg behob den Schaden, und als er das nächste Mal den Zündschlüssel drehte, erwachte der Motor zum Leben. Völlig ausgelaugt sackte der Skipper auf einer Koje zusammen. Aber er sollte in dieser Nacht nicht viel Ruhe bekommen.

„Greg! Greg!" schrie Barbara aufgeregt aus dem Cockpit. „Greg! Da hinten ist ein Flugzeug!"

Er konnte kaum aus der Koje hochkommen, zwang sich aber dazu und kam in die Plicht. Sie hatte recht. Ungefähr fünf Seemeilen an Steuerbord war ein Flugzeug. Die Maschine flog in etwa 300 m Höhe und suchte anscheinend etwas.

„Ich kann es nicht glauben", sagte Barbara. „Erst dachte ich, daß es Sterne wären, aber es bewegte sich am Himmel. Dann drehte es, und ich sah das Nachbrennen", erklärte sie und meinte damit die nachglühenden Abgase der Flugzeugmotoren. „Mir wurde klar, daß es die Lichter eines Flugzeugs sein mußten. Sicher war ich aber erst, als die Maschine eine Kurve flog. Man konnte die Brenner sehen, sie waren richtig hell."

„Sie fliegen in Suchquadraten", bemerkte Greg. Sein Handsprechfunkgerät funktionierte nicht, deshalb ging er unter Deck, um die Fallschirmsignalraketen zu holen, die sein Freund Keith Levy ihm vor dem Auslaufen aus Auckland geschenkt hatte. Keith hatte ihn gewarnt, daß die Signale alt waren, ihr Verfalldatum war vorbei. Greg hoffte aber, daß sie noch funktionieren würden. Er hatte Glück. Die erste Rakete, die er abschoß, erstrahlte am Himmel als leuchtend roter, glühender Ball, aber das Flugzeug reagierte nicht, auch nicht auf zwei weitere Raketen.

Montag, 6. Juni, 0800 Uhr

Die Crew der Kiwi 315 beteiligte sich wieder an der Suchaktion und hatte erneut die Yachten geortet, auf die die anderen Rettungsflugzeuge ein Auge gehalten hatten. Die Kiwi 315 hatte die Heart Light, die Silver Shadow und die Sofia überflogen, mit den Yachtbesatzungen gesprochen, Funkverbindungen mit dem RCC und Rettungsschiffen hergestellt und festgelegt, welche der einzelnen Rettungsaktionen Vorrang hatten. Die Flieger machten sich Sorgen, daß der Zustand des verletzten Besatzungsmitglieds der Silver Shadow sehr viel ernster sein könnte, als es sich alle vorstellten. Sie hatten auch die allein treibende Rettungsinsel der Quartermaster wiedergefunden, ohne dort ein Lebenszeichen festzustellen.

Während die Rettungsflieger mit der SAN TE MARU 18 sprachen, einem Fischereifahrzeug, das auf dem Weg zur HEART LIGHT war, sah ein Beobachter an Bord der Orion ungefähr fünf Meilen entfernt ein rotes Glühen.

Major Yardley trug diese Entdeckung auf seiner Seekarte ein. Der Funkruf des Flugzeugs wurde nicht beantwortet. Als die Orion dichter herankam, wurden die Wolken in der Nähe der Yacht von einem kräftigen Suchscheinwerfer angestrahlt.

Wer konnte das sein? QUARTERMASTER! Es mußte die QUARTERMASTER sein!

Bei der Rettungszentrale war nicht bekannt, daß eine Yacht auf dieser Position Hilfe brauchte. Die Zentrale hatte keine anderen Notrufe erhalten als die der Yachten HEART LIGHT, SILVER SHADOW und SOFIA. Es schien daher logisch, daß das signalisierende Schiff die QUARTERMASTER sein könnte. Nichts sprach dagegen. Schließlich hatte sich auch die Rettungsinsel der DESTINY losgerissen. Wenn auf der QUARTERMASTER das gleiche passiert sein sollte, wäre das die Erklärung für die leere Insel, die sie vorher gesichtet hatten. Wahrscheinlich war auch die Seenotfunkboje mit der Rettungsinsel auf Drift gegangen. Sollte die Yacht durchgekentert sein, würde das auch die abgerissene Funkverbindung erklären.

Die Hercules hatte den ganzen Tag nach der QUARTERMASTER gesucht, weil man nichts mehr von der Besatzung der Yacht gehört hatte, seitdem Jon Cullen am frühen Sonnabendmorgen mit den Seglern gesprochen hatte. Jedermann wünschte inständig, daß sie gefunden würden. Alle hatten das Gefühl, die Vermißten zu kennen; sie hatten ihre Stimmen gehört und ihre Angst gespürt. Die Jagd war zu mühsam gewesen, um sie jetzt aufzugeben. Niemand wollte glauben, daß die Segler verloren waren.

Die Orion überflog die Yacht in geringer Höhe, aber im Dunkeln war kein Name zu erkennen. Die MONOWAI wurde gebeten, vom Kurs zur MARY T abzuweichen und zu dem unbekannten Fahrzeug zu fahren.

Nach Tagesanbruch flog die Orion noch einmal niedrig über die Yacht hinweg und identifizierte sie nun als PILOT. Die Nachricht hatte eine seltsame Wirkung auf die Beteiligten der SAR-Aktion. Viele von ihnen waren wieder einmal enttäuscht, daß es nicht die QUARTER-

MASTER war, über deren Notlage man ausführlich diskutiert hatte. Die Menschen auf der QUARTERMASTER waren den Helfern vertraut. Einige aus dem SAR-Team fühlten sich wegen der Gefühle, die die Entdekkung der PILOT bei ihnen hervorgerufen hatte, verstört und schuldig; sie spürten nicht die gleiche freudige Erregung und Befriedigung wie sonst, wenn ein Boot entdeckt worden war. Zwar wußten sie, daß auch die Besatzung der PILOT Hilfe brauchte, waren aber äußerst bedrückt, weil die QUARTERMASTER noch immer vermißt war.

*

Greg Forbes auf der PILOT wußte nicht, ob die Orion seine Leuchtraketen bemerkt hatte. Das Flugzeug war von der Yacht weggeflogen, als er die erste gezündet hatte, und Wolken könnten den Lichtschein der zweiten Rakete verdunkelt haben, aber die dritte mußten die Flieger gesehen haben.

Barbara und er leuchteten mit Stablampen in den Himmel, in der Hoffnung, von der Orion bemerkt zu werden.

„Könnte sein, daß sie uns übersehen. Ich hole den Suchscheinwerfer", sagte Greg.

Das wirkte anscheinend. Er richtete den Scheinwerferstrahl auf die Wolken und bewegte ihn. Da flog die Orion direkt auf die Yacht zu. Er war zuversichtlich, daß die Suchflieger Hilfe herbeiholen würden. Danach konzentrierten Barbara und er sich wieder darauf, das Boot auf einem sicheren Kurs vor dem Wind zu halten, bis Hilfe kommen würde.

Barbara übernahm das Ruder, während Greg sich ausruhte. Sie staunte über das Wetter. Um sie herum tobte der Sturm, er brüllte, heulte und rüttelte das Boot durch, begleitet von Flötentönen.

Ich bilde mir sicher nur ein, etwas zu hören. Ich bin wohl dabei durchzudrehen, zweifelte sie an ihrer geistigen Gesundheit, während sie allein im Dunkeln saß. Sie hatte schon davon gehört, daß Seeleute oder Segler auf See Stimmen hören, aber sie konnte nicht glauben, hier Mozarts „Zauberflöte" zu hören.

Als sie dann endlich entdeckte, woher das Geräusch kam, hatte es mit Zauberei nichts zu tun: Der Wind spielte auf den abgebrochenen Relingstützen entlang des Decks schwermütige Melodien, die einem nicht aus dem Kopf gingen. Die Flötentöne unterhielten und zerstreuten Barbara stundenlang. Sie begleiteten nicht nur das Crescendo des Sturms, sondern zogen auch neugierige Sturmtaucher an. In wilder Aufregung über das seltsame Geräusch flogen die Vögel um Barbara herum.

Die Orion erschien während dieser Nacht noch öfter. Ihr Flugschema zeigte, daß die Maschine nach etwas anderem als der PILOT suchte. Einmal glaubten Barbara und Greg, Lichter über dem Wasser blinken zu sehen und weit entfernt den Lichtschein eines Schiffes auszumachen, aber ganz sicher waren sie bei dem schweren Seegang und dem heulenden Sturm nicht.

Sie hatten sich noch immer nicht entschieden, ob sie die PILOT aufgeben sollten. Das Boot war alles, was sie hatten und enthielt all ihren Besitz. Es war ihr Heim und ihr Gefährte, sie waren damit auf der ganzen Welt umhergesegelt. Von Miami hatte die Yacht sie zu den Bahamas getragen, dann durch die Karibik und herunter nach Venezuela, anschließend nach Kolumbien und Panama. Sie waren in Ecuador gewesen, auf der abgelegenen Insel Pitcairn und auf den Gesellschaftsinseln. Zwischen Amerikanisch-Samoa, den Fidschi-Inseln und Neuseeland hatten sie die Südsee durchkreuzt. Von den 23 Jahren, die Greg auf Booten über die Weltmeere unterwegs war, hatten sie sechs Jahre lang auf der PILOT gelebt. Würden sie das Schiff aufgeben, dann hätten sie nichts mehr, weil die Yacht nicht versichert war. Greg hatte Jahre gebraucht, um die Ausrüstung der PILOT zusammenzubekommen, und er würde nach dem Verlust des Schiffs kaum in der Lage sein, eine neue Yacht auszurüsten.

Mit dem aufkommenden Tageslicht besserte sich das Wetter, und die Orion kam zurück. Das Seglerpaar bekam einen Schrecken, als das Flugzeug dicht über ihren Köpfen hinwegflog und ganz in ihrer Nähe einen Kanister abwarf. Sobald er das Wasser berührt hatte, quoll explosionsartig gelber Rauch heraus.

Und schon schob sich der weiße Rumpf der MONOWAI über den düster-grauen Horizont. Die zwei fielen sich in die Arme und weinten. Greg war zu ausgepumpt, um noch weiter gegen die See zu kämpfen. Wortlos einigten sie sich, ihre PILOT aufzugeben, nach Maine zurückzukehren und ganz neu anzufangen.

Sie sahen, wie die Monowai näherkam und ein Schlauchboot aussetzte. Ohne zu zögern, ging Greg Forbes unter Deck, griff sich ein Tranchiermesser und durchschnitt den Abflußschlauch der Spüle. Er öffnete das Seeventil, und schon begann das Wasser ins Boot zu schießen. Als er die PILOT verließ, stand es schon über den Bodenbrettern.

Das Rigg ist weg!

Sonnabend, 4. Juni

Die Besatzung der SILVER SHADOW bestand aus vier erfahrenen Männern, die in ihren Regattajahren einige der schlimmsten Stürme abgewettert hatten, die Neuseeland für sie bereithielt. Sie waren überzeugt, daß ihr Schiff, eine bewährte Fahrten- und Rennyacht, mit Leichtigkeit auch hartes Wetter durchstehen würde, bei dem andere Yachten schon in Schwierigkeiten wären. Die vier empfingen eine Warnung vor dem Tiefdrucksystem, das sich vor den Fidschi-Inseln bildete, und verfolgten, wie es nach Südosten zog. Es gab kein Anzeichen, daß der Wind über die vorhergesagten stürmischen 35 Knoten hinausgehen würde.

Als die Segler aber hörten, wie andere Yachten über die weit vor der SILVER SHADOW liegenden Wetterverhältnisse sprachen, begannen die Männer sich Sorgen zu machen. Entgegen der Vorhersage schien das Tief einen beträchtlichen Umweg zu nehmen. Die SILVER SHADOW würde ihm vielleicht direkt in die Quere laufen und dann in der Falle sitzen. Deshalb wurde an Bord beschlossen, nach Westen zu halten.

„Segelt nach Westen", pflichtete Jon Cullen von Kerikeri Radio ihnen bei.

Sie änderten den Kurs, um von ihrer Position auf 177°47'E aus auf 30° südlicher Breite raumschots nach Westen zu laufen. Normalerweise hätten sie keine Bedenken gehabt, dem Sturm ausweichen zu können, aber die Funkgespräche, die sie mithören konnten, ließen etwas anderes erwarten. Unter Sturmfock und dreifach gerefftem Großsegel jagte die SILVER SHADOW in dem 40-Knoten-Sturm mit acht Knoten dahin. An diesem Abend wurde den vier Seglern klar, daß ein außergewöhnliches Unwetter herannahte, und sie bargen das Großsegel, um nachts nicht so hart zu segeln.

Beim abendlichen Funk-Rundruf für die Yachtflotte in der Südsee hatte ein Boot nach dem anderen von seinem Kampf berichtet. Als die Crews der QUARTERMASTER, MARY T und SOFIA erzählten, was sie durchmachten, lauschten die vier auf der SILVER SHADOW wie gebannt und in großer Sorge, was der Sturm ihnen wohl bringen würde. Sie planten den eigenen Ausweichkurs und überlegten, welche Vorbereitungen sie für die bevorstehende rauhe Nacht treffen sollten. Sie fühlten mit Carol Baardsen auf der MARY T und stellten sich vor, wie die Besatzung dieser Yacht um ihr Leben pumpte.

Obwohl den Seglern auf der SILVER SHADOW klar war, daß der drohende Sturm nichts Gutes verhieß, blieben sie doch einigermaßen zuversichtlich. Wetterfaxe des neuseeländischen Wetterdienstes zeigten nicht so schweres Wetter an, wie die anderen Yachten es meldeten, und die Bedingungen an Bord der SILVER SHADOW waren noch halbwegs erträglich, obwohl das Barometer begonnen hatte zu fallen. Als die Männer die Meldungen der MARY T hörten, fragten sie sich sogar, ob Carol nicht ein wenig überreagiere.

Peter O'Neil stimmte das GW/KW-Funkgerät ab, um das nächste Wetterfax zu empfangen. Er hantierte gerade mit einer neuen Papierrolle, die er in das Gerät einlegte, und hielt dabei ein wachsames Auge auf die weißbemützten Hügel, die draußen am Bullauge vorbeirollten. Dann und wann verstellte er den Autopiloten um ein paar Grad, um die Yacht auf dem richtigen Kurs zu halten.

Oberhalb von Peter hatte John McSherry sich im Kajütniedergang verkeilt und blickte in die Dunkelheit hinaus. Mit dem Rücken lehnte er sich an ein Steckschott, und das Sprayhood schützte ihn ganz gut. Es war seine zweistündige Wache, aber er hatte draußen an Deck nichts zu tun. Das Schiff segelte gut, Wind und See kamen aus günstiger Richtung, und weit und breit war keine Menschenseele in Sicht. Auch das Wetter lockte ihn nicht gerade nach draußen. Der Sturm trieb starken Regen vor sich her, und es war so kalt, daß John eine Hagelbö erwartete, ähnlich der, die vorher einmal auf das Boot niedergeprasselt war.

Mit der Gemütlichkeit auf der SILVER SHADOW war es aber schlagartig vorbei, als eine in der Dunkelheit unsichtbare Riesensee sich mit ungeheurer Gewalt auf das Boot stürzte und es zur Seite warf, so wie eine Kegelkugel die Kegel umstößt.

Richard Jackson, der in der vorderen Koje schlief, schoß mit den Füßen voran durch die Luft und zertrümmerte dabei eine Schranktür auf der Steuerbordseite. Es schien fast, als hätte er eine Weile in der Luft geschwebt. Auch Peter O'Neil fiel krachend nach Steuerbord. Das Ganze dauerte nur ungefähr 10 Sekunden, dann hatte die SILVER SHADOW sich wieder aufgerichtet.

„Das Rigg ist weg!" rief Peters Sohn Murray aus.

Niemand konnte es glauben. Die Männer unter Deck hasteten nach draußen, um es mit eigenen Augen zu sehen. Tatsächlich – nur noch ein kaum halbmeterlanger Maststumpf ragte aus dem Deck. Alles übrige war über Bord gegangen und baumelte dort an den Drähten der Takelung, vor dem Kiel unter dem Rumpf durchgebogen. Die Spritzkappe war über dem Cockpit zusammengeklappt.

Mit Ölzeug und Sicherheitsgurten machten Murray O'Neil und Richard Jackson sich daran, das Rigg zu kappen, um den Mast vom Boot zu lösen. Sie staunten, daß eine einzige Welle das Rigg zu diesem Gewirr von Drähten und verbogenem, zerfetzten Aluminium machen konnte. Obwohl der 50-Knoten-Sturm 12 m hohe Seen aufpeitschte, waren die Kämme erstaunlich flach. Auch so befürchteten die Segler aber, das Werkzeug zu verlieren, wenn das Boot stark überholte. Deshalb band Murray sich den Bolzenschneider an den Sicherheitsgurt. Während er sich damit abmühte, den Stahldraht der Wanten und Stage zu durchtrennen, blickte er wachsam in die Dunkelheit hinaus, ob sich ein weiterer Brecher ankündigte. Jedesmal wenn die Yacht überholte, ließ er den Bolzenschneider fallen und hielt sich sicherheitshalber irgendwo fest. Nach einer Dreiviertelstunde hatte er das letzte Want durchtrennt, so daß Mast und Takelage im 3500 Meter tiefen Ozean versanken.

Während Murray und Richard am Rigg schufteten, stöberten Peter O'Neil und John McSherry die Notantenne des Kenwood-SSB-Funkgeräts auf und befestigten sie an den Resten des hydraulischen Achterstagspanners. Aber trotz all ihrer Bemühungen wollte das Funkgerät nicht funktionieren, vermutlich, weil Wasser über die Rückseite des Geräts gespritzt war, als das Boot auf der Seite lag.

„Das ist echt zum Kotzen", schimpfte Peter. „Ich finde, ein Einseitenbandgerät sollte auf keinen Fall wasserempfindlich sein. Das Ding war im trockensten Bereich an Bord, und von seiner Rückseite wurde nur eine Handbreit naß." Jetzt hatten sie keine Möglichkeit mehr zum Funkkontakt über große Entfernungen.

Die Mannschaft berappelte sich und untersuchte das Bootsinnere auf Schäden. Nur ein paar Dosen Suppe hatten sich selbständig gemacht, die Schapps und Schränke waren mit ihren doppelten Riegeln fest verschlossen geblieben. Es hatte sich ausgezahlt, daß die Segler vor dem Auslaufen aus Neuseeland Proviant und Ausrüstung so sorgfältig und gründlich verstaut hatten. Sie waren sehr zufrieden, daß das Boot sauber und aufgeräumt war, obwohl es flach aufs Wasser geworfen worden war. Peter war besonders froh, daß er so vorausschauend gewesen war, 60 m Ankerkette in Mastnähe unter den Bodenbrettern zu verstauen, statt die Kette im Ankerkasten zu lassen. Vielleicht hatte gerade die zusätzliche Stabilität durch dieses tiefliegende Gewicht die Yacht daran gehindert, durchzukentern. Die Anker waren noch immer fest verzurrt, und auch neun Bleibarren, die als Ballast im Vorschiff gestaut waren, hatten sich nicht vom Fleck gerührt. Der Bootskörper war unbeschädigt geblieben. Nach der Inspektion fühlte Peter sich sehr erleichtert.

Er holte eine große Whale-Bilgepumpe aus dem Stauraum und plazierte sie in der Nähe des Lenzbrunnens. Die Pumpe war auf einer Grundplatte aus Sperrholz verbolzt, um die Arbeit zu erleichtern. „So eine Pumpe sollte jedes Boot haben", bemerkte er. Alle waren von der Leistungsfähigkeit der Pumpe beeindruckt.

Peter und John wollten sich gerade wieder mit dem SSB-Funkgerät befassen, als John schrie: „Wir haben ein Leck! Wasser im Schiff!"

Peter eilte zur Bordtoilette und sah das Wasser über die Bodenbretter spülen.

„Oh, Scheiße!" rief er erschrocken aus. „Der Mast hat uns irgendwo ein Leck geschlagen. Irgendwas ist durchgekommen und hat die Bordwand durchlöchert!" Er rief Richard und Murray, die an Deck arbeiteten, zu: „Wir haben ein Loch! Kommt runter und helft!"

Das Bodenbrett, unter dem sich das Leck verbarg, klemmte und wollte sich zuerst nicht rühren. Mühsam hebelten sie es los und rechneten mit dem Schlimmsten, weil das Wasser sich noch immer über den Fußboden ergoß. Endlich gab das Brett nach, so daß sie in die Bilge sehen und dort nach dem Loch in der Außenhaut tasten konnten.

„Alles in Ordnung, Jungs“, rief Peter nach wenigen Sekunden. Man hörte ihm die Erleichterung deutlich an. „Es ist bloß der Schwinger des Echolots.“

Murray war erst bis zum Hauptniedergang gekommen, als er die gute Nachricht hörte. Er kehrte gleich um, um weiter an Deck aufzuräumen.

„Der Schwinger ist völlig reingedrückt worden“, fügte Peter hinzu. Er schraubte ihn wieder im Bordwanddurchlaß fest, und schon war es vorbei mit dem Springbrunnen.

Nachdem die vier das Boot innen und außen aufgeklart hatten, besprachen sie ihre Lage. Sie waren nicht übermäßig beunruhigt, sondern überzeugt, daß die SILVER SHADOW noch immer seetüchtig war, obwohl sie sich ohne das ausgleichende Gewicht des Mastes völlig anders bewegte. Der Seegang war noch immer gewaltig, und das Boot lag quer zur See, bekam aber keine Brecher ab, jedenfalls vorläufig nicht. Es standen nicht mehr so viele Alternativen offen, denn das Schiff hatte sein Rigg und die Funkverbindung verloren, aber die Lage war zu bewältigen.

„Wir brauchen die EPIRB-Boje nicht in Betrieb zu setzen“, sagte Peter. „Morgen wird der Sturm hoffentlich vorüber sein, so daß wir mit einem Spinnakerbaum ein Notrigg takeln und uns auf den Weg nach Tonga machen können.“

Bei nochmaliger Überprüfung stellten sie befriedigt fest, daß es nirgendwo nennenswert leckte, wenn auch noch ein wenig Wasser in die Bilge sickerte.

Entgegen Peters Hoffnung ließ der Seegang nicht nach. Als der Sturm 60 Knoten erreichte, begann die See kreuz und quer durcheinanderzulaufen. Wie Vorschlaghämmer schlugen die Wellen auf das Schiff ein und warfen es heftig auf die Seite, so daß die Insassen wild durcheinandergewürfelt wurden. Die Crew riß Bettzeug in Streifen, um daraus Schlaufen zu machen, die an Handläufen befestigt wurden, so daß man sich in dem rüttelnden und schüttelnden Boot daran festhalten konnte. In jener dunklen Nacht wurde das Schiff so viele Male flachgelegt, daß es der Mannschaft allmählich fast normal vorkam.

Am Sonntag, den 5. Juni stand Peter vor Morgengrauen auf, um für alle den Kaffee zu machen. Er füllte den Kessel und wollte gerade das Gas aufdrehen, da kündigte ein beunruhigendes Brüllen warnend eine

Welle an, die schon Sekundenbruchteile später die Yacht herumwarf, bis der Kiel himmelwärts zeigte. Peter, der in der Pantry gestanden hatte, schwebte einen Augenblick lang frei im Raum, bevor er auf die andere Kajütseite krachte. Murray wurde aus seiner Koje geworfen, mit dem Kopf prallte er dabei auf den Fußboden. Auch die anderen wurden aus ihren Kojen geschleudert, während die SILVER SHADOW vollständig durchkenterte.

Es war ein unglaubliches Gefühl. Einige der Segler hatten sich schon einmal mit dem Auto überschlagen, aber noch nie mit einem Boot. Wenn sich ein Wagen überschlägt, fühlt es sich an wie eine Katastrophe in Zeitlupe, hier dagegen ging alles so schnell vor sich, daß es einem vor den Augen verschwamm. Niemand wußte, wie es enden würde. Erst einmal gab es ein fürchterliches Durcheinander, die Leute schwebten, wirbelten und fielen durch die Luft, prallten gegen Schotten und Einrichtungsteile und wurden von Gegenständen getroffen, die wie Geschosse herumflogen.

Bodenbretter und Stauraumdeckel fielen beim Überschlag des Bootes heraus und wurden als tödliche Projektile durch die Kajüte geschleudert. Eines davon traf Murrays Rücken wie mit einem Prellschuß, der ihn umwarf und halb bewußtlos schlug.

Die SILVER SHADOW richtete sich wieder auf. Peter stürzte mit dem Kopf voran in die Bilge, seine Schulter schlug dabei auf einen der Bodenbrettträger. Ein Bodenbrett fiel noch auf ihn. Murray stöhnte. Peter brüllte vor Schmerz. Als er dort verkehrt herum in der Bilge verkeilt lag, spürte er, wie sich ein Teil seines zerbrochenen Schulterblatts an dem anderen Teil rieb. Er war verwirrt, und in seine Schmerzen mischte sich Furcht. Er konnte nichts sehen und befürchtete, das Boot sinke.

Halb betäubt drehte sich Murray um, um seinem Vater zu helfen, aber die Anstrengung war zuviel für ihn, so daß er wieder ohnmächtig wurde. John versuchte, Peter herauszuziehen, aber er schaffte es nicht, weil Peter fest zwischen den Querträgern des Fußbodens eingeklemmt war. Gemeinsam aber schafften sie es langsam, ihn aus der Bilge zu hebeln, legten ihn in eine Koje und lehnten ihn fest gegen ein Schott.

„Ich habe mir was in der Schulter gebrochen", sagte Peter. Die Knochenteile knirschten noch immer aneinander. „Aber egal", fügte er munter hinzu, „als wir uns so überschlugen, dachte ich wirklich, das wäre das nasse Grab." Er sah sich ungläubig um. „Das Boot schwimmt immer noch aufrecht!"

Während Murray und John die Bodenbretter wieder einlegten, ging Richard an Deck, um nachzusehen, was dort passiert war. „Die Rettungsinsel ist weg", rief er deprimiert ins Boot hinein.

Nach einiger Diskussion beschloß Peter, nicht mehr zu zögern: „Keine Rettungsinsel mehr, kein Funkgerät mehr – wir müssen die EPIRB-Boje anschalten", kommandierte er. Murray stellte die Funkboje im Boot an und beobachtete, wie die Anzeigelampe im Takt mit dem SOS-Ruf aufleuchtete.

Noch einmal überdachten sie ihre Lage. Obwohl Peter die Umstände für so gefährlich hielt, daß ihm ein Notruf gerechtfertigt schien, war er doch der Ansicht, daß sie im Falle einer Wetterbesserung unter Motor und Notrigg die Fidschi-Inseln erreichen würden. Die Distanz betrug 700 Seemeilen, 200 Seemeilen mehr als nach Tonga, aber auf den Fidschi-Inseln gab es bessere Reparaturmöglichkeiten. Treibstoff war reichlich an Bord, auch an Deck waren noch Reservekanister mit Diesel verzurrt. Der Rumpf war noch immer intakt, wenn auch von achtern ein rätselhaftes Klopfgeräusch kam, das sich niemand erklären konnte. In der Bilge stieg das Wasser nur alle drei Stunden auf etwa 20 cm Höhe. Im Endeffekt, so argumentierte er, hing alles vom Wetter ab.

Peter hatte quälende Schmerzen in der Schulter. Er weigerte sich aber, Morphium zu nehmen, weil er bei klarem Bewußtsein sein wollte, falls sie gezwungen wären, das Schiff zu verlassen. Er begnügte sich damit, die Qual mit Schmerztabletten zu lindern. Ständig aber drohte das heftige Schlingern der Yacht, ihn aus seiner Koje zu katapultieren und ihm noch weitere schlimme Verletzungen zuzufügen. Deshalb band die Crew ihn mit Leinen auf seiner Koje fest und stopfte Kissen um ihn herum, um seine zerschmetterte Schulter zu schonen.

Das war gut gemeint, aber eine zweischneidige Sache. Peter litt ernsthaft an Klaustrophobie. Während der nächsten Stunden bekam er immer wieder Panikanfälle, wenn das Boot flachgelegt wurde, was viele Male vorkam. Er hatte Angst, in der Koje gefangen zu sein, falls das Boot durchkenterte und sie gezwungen wären, es schnell zu verlassen. Vor den anderen, die zusammengerollt in ihren Kojen lagen und bei jedem Anprall der Sturmsee zusammenzuckten, verbarg er seine zwanghafte Angst, konnte aber nicht umhin, vor Schmerz zu schreien, wenn er sich immer wieder gegen das quälende Schlingern des Bootes abstützte. Die anderen boten ihm erneut Morphium an, und wieder lehnte er es ab, weil es ihn schläfrig machen würde.

Obwohl Peter buchstäblich ans Bett gefesselt war, schaffte er es doch, Ratschläge zu geben, als die anderen versuchten, die SILVER SHADOW in eine weniger gefährliche Lage zur See zu bringen. Sie lag quer im Seegang und tauchte beim Schlingern mit den Seitendecks abwechselnd tief unter. Besser würde sie mit Bug oder Heck gegen die Seen liegen. Peter machte Vorschläge, aber die Männer konnten mit improvisierten Seeankern anstellen, was sie wollten, die SILVER SHADOW ließ sich nicht von ihrer Dwarslage abbringen.

Die Segler schlugen an den Ecken einer kleinen Fock Leinen an, so daß sie eine Hahnepot bildeten. Daran befestigten sie 180 m Trosse und machten sich bereit, den Treibanker auszubringen, in der Hoffnung, daß er wirken und das Boot allmählich mit der Breitseite von den bedrohlichen Wellen wegdrehen würde.

Der wütende Sturm aber riß ihnen das Segel aus den Händen, so daß es im Nu ins Wasser fiel. „Das geht nicht", rief jemand. „Das Boot treibt darüber, und das Zeug verheddert sich um Ruder und Schraube."

Nur mit Mühe bekamen sie das Segel wieder an Bord und stopften es durch die Hauptluke in die Kajüte. Dort knieten sie darauf und rollten es zu dem kleinsten Bündel zusammen, das sie daraus machen konnten. Da der Sturm diesmal nicht hineinfassen konnte, ging das Segel unter, so daß sie die Trosse, an der es fest war, achtern belegen konnten. Trotz all der Mühe aber änderte sich nichts. Das Boot lag nach wie vor quer zur See.

Schließlich entschieden sie, daß nur ein am Bug ausgebrachter Seeanker etwas helfen würde. Dazu steckten sie eine zweite Trosse an den Segel-Treibanker und wuchteten sie unter großen Schwierigkeiten zum Vorschiff, um sie dort zu belegen. Anschließend kappten sie die achtere Trosse. Diesmal entfaltete sich das Segel im Wasser richtig und wirkte. Die Männer fierten noch mehr Trosse, um das Schiff geduldig dazu zu bringen, den Bug in die See zu drehen, aber die Trosse ruckte furchtbar. Nach jedem Einrucken kam Lose hinein, und das Vorschiff fiel wieder ab. Das Boot legte sich dann allmählich wieder quer zur See, bis die nächste Welle den Bug wieder abrupt herumriß. Wie sehr sich die Crew auch anstrengte, die SILVER SHADOW wollte einfach nicht beständig mit Bug oder Heck zur See liegenbleiben.

Einer der Hauptgründe für diese Schwierigkeit war der wirre Seegang. Riesige Dünungsberge, auf deren Rücken Brecher ritten, jagten aus beinahe jeder Richtung heran. Es war wieder einmal Zeit, unter Deck Schiffsrat zu halten, wie man mit der Lage fertig werden sollte. Jeder an Bord hatte eine ganze Bibliothek von Büchern über Seemannschaft gelesen, aber von den Widrigkeiten, mit denen sie jetzt zu kämpfen hatten, war darin nirgendwo die Rede gewesen. Schließlich beschlossen sie, achtern ein wenig Segelfläche zu setzen, um das Heck wegzudrücken und das Boot dadurch anluven zu lassen.

Unter grauenhaften Arbeitsbedingungen laschten sie an Backbord einen Jockeybaum an den verbogenen Resten des Heckkorbs fest und heißten daran den Kopf eines Trysegels. Das Unterliek des Segels befestigten sie weiter vorn an der Steuerbordseereling und mühten sich ab, den Segelhals weit genug vorn anzuschlagen, damit das Notrigg funktionierte.

Der behelfsmäßige Besan wirkte, wenn auch nicht ständig. Zumindest zeitweise hielt er den Bug der SILVER SHADOW gegen die See. Dabei ruckte der provisorische Treibanker immer wieder hart ein, und der Bug kletterte hoch auf die Wellenkämme, um gleich danach wieder hinunterzuknallen. Nicht selten aber fiel die Yacht störrisch ab und bot dem Seegang die Flanke dar.

Während Peter überlegte, was er als nächstes tun sollte, blickte er durch ein Bullauge und sah eine Hercules C 130 herankommen. Die anderen stürzten ins Cockpit und winkten wie wild. Aus offenen Türen der Maschine winkten ihnen Beobachter zu.

Sonntag, 5. Juni, 1210 Uhr

Murray griff zum Mikrofon des UKW-Sprechfunkgerätes, drückte auf die Sprechtaste und versuchte auf Kanal 16 Verbindung zu bekommen. Aber zu seiner tiefen Enttäuschung mußte er feststellen, daß er zwar die

Flugzeugbesatzung hören konnte, der Funker der Maschine aber die Antwort nicht empfing.

Dann geschah ein kleines Wunder. Eine Stimme aus der Hercules sagte, daß man dort das Klicken der Sprechtaste hören könne, wenn Murray diese drückte, um zu senden. Von da an wurde das gesamte Gespräch auf Seiten der SILVER SHADOW mit Klicken geführt – einmal Klick als Verneinung, zweimal als Bejahung.

Während die Crew der SILVER SHADOW zuhörte und mit diesem einfachen Code die Fragen beantwortete, wurde den vier Männern klar, daß die Flieger versuchten, die Reihenfolge der Rettungsaktionen festzulegen. Ungläubig hörten sie von einem Schlachtfeld um sie herum. Rundum auf dem Ozean sendeten EPIRB-Bojen, und die SILVER SHADOW sei nur eine von mehreren Yachten in Not. Dazu teilte Murray mit, daß Peter zwar anscheinend ernsthaft verletzt sei und starke Schmerzen habe, daß sie aber mit der Lage fertig würden.

„Wir haben Ihre Position. Wir müssen noch viele andere finden und identifizieren. Wir gehen davon aus, daß es Ihnen einigermaßen geht, bitte bestätigen."

Murray drückte mit dem Daumen die Sprechtaste seines Mikrofons. Zweimal Klick – bestätigt.

„Hatte Ihre Rettungsinsel eine EPIRB-Boje?"

Einmal Klick – nein.

„Wenn wir nicht zurückkommen, um nach Ihnen zu sehen, wird eine Orion kommen, mit Ihnen sprechen und feststellen, was los ist", teilte Major Mount den Seglern mit. „Sie sollten auf keinen Fall mit einer Rettung vor morgen mittag rechnen."

Bevor das Flugzeug außer UKW-Reichweite war, fügte Mount noch hinzu: „Wollen Sie uns noch irgendwas mitteilen?" Er wußte, daß sie alle weiteren Informationen nur mit einem elektronischen Quizspiel bekommen würden.

Einmal Klicken.

„Dann auf Wiedersehen." Die Hercules ließ sie allein, um nach der Besatzung der QUARTERMASTER zu suchen.

Den ganzen Tag lang baute sich die tobende See höher auf und fuhr Schlitten mit der SILVER SHADOW, die vor ihrem provisorischen Treibanker lag. Manchmal nahm sie die Wellen breitseits, manchmal auch mit Bug oder Heck. Wenn die Unterwasserfock sich füllte, ruckte ihre Trosse heftig ein. In dieser wirren, aufgewühlten See konnte nichts das Boot dazu bringen, ruhig und sicher zu liegen.

Murray reparierte das UKW-Funkgerät, so daß er mit der Kiwi 315 sprechen konnte, als die Maschine sie nachmittags überflog.

„Wie ist Ihre Lage im großen und ganzen?“ erkundigten sich die Rettungsflieger.

„Medizinisch stabil“, antwortete Murray. „Vater hat Panadine[1] bekommen, es scheint ihm erträglich zu gehen. Der Bootsrumpf ist unbeschädigt, aber wir haben keine Rettungsinsel. Das Schiff macht kein Wasser.“

David Powell, der Arzt im Majorsrang an Bord der Kiwi 315, bat sie, Peters Verletzungen zu beschreiben. Er fragte, ob sie ihm das Ölzeug ausziehen könnten, um sich die verletzte Schulter anzusehen. Aber sie lehnten es ab, weil es ihnen besser schien, Peter nicht zu bewegen, um ihm die damit verbundenen Schmerzen zu ersparen.

„Wie würden Sie sich, was Ihre Sicherheit betrifft, auf einer Skala von eins bis fünf einstufen?“

Die vier Segler blickten sich ratlos an. Es war ihnen völlig klar, daß von ihrer Antwort abhängen konnte, ob sie vor anderen gerettet würden, die in größerer Not waren. Mit der Antwort ließen sie sich Zeit. Sie betrachteten die Lage nicht als lebensbedrohlich, aber sie hatte sich im Laufe des Tages eindeutig verschlimmert.

„Ich würde zwei sagen“, schlug jemand vor.

„Warte mal“, warf ein anderer ein.

„Laß uns darüber reden“, sagte Peter.

Alle stimmten überein, daß die SILVER SHADOW keine sofortige Hilfe benötigte, falls andere Yachten in Schwierigkeiten wären, und daß die Rettungsmannschaften sich lieber um die anderen kümmern sollten, die in größerer Gefahr waren.

„Wie fühlst du dich?“ wurde Peter gefragt.

„Mir geht es gut. Es tut mir weh, aber es geht schon.“

Sie teilten den Fliegern mit, daß sie sich auf einer Skala von eins bis fünf bei zwei einstufen würden.

Die Besatzung der Orion schien das dankbar aufzunehmen. Es gab ihnen die Möglichkeit, das Rettungsschiff zu einer Yacht zu schicken, die in unmittelbarer Gefahr war. Als das Flugzeug später noch einmal über sie hinwegflog, konnten sie noch einmal kurz miteinander sprechen. Murray fragte nach dem Wetter. Wenn es besser würde, so sagte er, würden sie ein Notrigg takeln und sich mit Motorhilfe in Sicherheit bringen. Während des Gesprächs fiel die Sprechmöglichkeit erneut aus, so daß der Kontakt mit dem Klick-Code weitergeführt werden mußte. Nachdem die Flieger alle benötigten Informationen gesammelt hatten, kündigten sie an, daß sie das Seegebiet jetzt verlassen müßten.

„Morgen sind wir wieder da", sagte Major Yardley den Männern auf der Yacht, ohne sich voll darüber klar zu sein, wie deprimierend diese Mitteilung für die Segler war. Das bedeutete eine weitere einsame Nacht in der gnadenlosen See, die ihnen nach dem Leben trachtete. Vor ihnen lagen 13 Stunden Dunkelheit, 13 Stunden starr in der Koje liegen, nach draußen horchen und angsterfüllt auf jene Welle warten, die ihr Schiff schließlich versenken würde.

Die Stromversorgung begann zu versagen. Allmählich drang Feuchtigkeit in die anfälligen Stellen der Verkabelung bei den Steckverbindungen und Sicherungen ein. Murray arbeitete an der Verteilertafel und legte Stromkreise still, die für das Boot nicht lebenswichtig waren. Er klemmte geladene Batterien ab, um ihre Spannung zu erhalten. Er schloß den Gas-Absperrschalter wieder an, so daß sie den Herd in der Pantry benutzen konnten, um Würstchen zum Abendessen zu kochen. Gierig verschlangen die Männer die Hotdogs mit viel Ketchup.

Die Nacht war schlimm. Während der Sturm allmählich über die Yacht hinwegzog, hielten die Segler sich fest, wo sie konnten, und keilten sich in ihren schmalen Kojen ein. Die Seen stießen und schoben die SILVER SHADOW, ließen sie schlingern, stampfen und schlagen. Sie glitt seitwärts an der Vorderfront von Brechern herunter, stolperte beinahe über ihren Kiel, richtete sich aber im letzten Moment immer wieder auf. Es war eine schwarze, wütende Nacht, eine gewalttätig tobende, äußerst ungemütliche und gefährliche Nacht, eine Nacht, von der alle an Bord hofften, sie nicht noch einmal erleben zu müssen.

Während der dunkelsten Stunden versuchte John, Peters Schmerzen zu lindern. Er gab ihm Tabletten und versuchte so behutsam wie möglich, ihn anders hinzulegen, um seine verkrampfte Lage zu mildern.

Die ganze Nacht wurde das klopfende Geräusch vom Heck lauter.

Noch immer konnte sich niemand einen Reim darauf machen. Murray sah noch einmal gründlich nach, konnte aber die Quelle des Geräusches noch immer nicht finden. Beim Herumtasten im Dunkeln fand er aber den Grund für das geringfügige Lecken des Schiffs: Wasser drang durch ein Loch im Deck ein, wo vorher die Stütze der Radarantenne gestanden hatte. Er vermutete, daß der Radarmast beim Schlingern des Bootes aus dem Deck gerissen worden war, und reparierte den Schaden behelfsmäßig, indem er das Loch mit einer Dose und einem Geschirrtuch zustopfte. Und wirklich – das Wasser in der Bilge stieg nicht mehr an.

Montag, 6. Juni, 0600 Uhr

Der langersehnte Morgen graute über einem endlos leeren, grauen, trostlosen Ozean. Die vier freuten sich auf die Rückkehr der Orion, die versprochen hatte, um 0900 Uhr wieder da zu sein. Sie kam aber nicht. Die Segler horchten und suchten den Horizont ab, sie fragten sich, wo die Maschine wohl blieb. Eine Stunde später hörten sie ihr Motorengeräusch über sich. Die Mitteilung der Flieger entschädigte die Yachtsegler für das Warten: Die MONOWAI war unterwegs, um sie abzuholen. An Bord des Schiffes waren schon zwei weitere gerettete Yachtbesatzungen.

Die Nachricht munterte alle kräftig auf. Es wurden sogar Witze gemacht. Die Rettungsflieger sagten, daß die MONOWAI dreimal Forbes aufgenommen hätte – Bill und Robyn von der RAMTHA und Greg von der PILOT. Sie hofften, daß auf der SILVER SHADOW nicht noch mehr Forbes wären. Die Verwirrung wäre dann nicht mehr auszuhalten.

Aber das Scherzen hatte bald ein Ende, als der Crew auf der SILVER SHADOW klar wurde, daß die MONOWAI sie nicht vor 1730 Uhr erreichen würde – knapp vor Dunkelwerden. Sie wußten, daß das Schiff bei Nacht wahrscheinlich kein Rettungsmanöver versuchen würde.

„Das ist ganz schlecht, wir müssen etwas unternehmen", bemerkte Peter. „Warum motoren wir nicht? Ich will bei diesem Seegang auf keinen Fall im Dunkeln abgeborgen werden."

Sie planten, der MONOWAI unter Maschine direkt entgegenzulaufen, um die Strecke zu verringern, die das Schiff zurückzulegen hatte. Aber sobald der Motor lief, stellte sich heraus, woher das rätselhafte Klopfen unter dem Heck kam: Die Ruderanlage war beschädigt. Das Ruder schlug lose hin und her. Wieder etwas zum Reparieren.

Die MONOWAI meldete sich um 1500 Uhr über Funk. Die Mannschaft der SILVER SHADOW hatte inzwischen ein Notsteuersystem angebracht und motorte mit ihrer Yacht, zeitweise mit 7 Knoten, auf das große Schiff zu, so daß man mit dem Zusammentreffen schon um 1600 Uhr rechnen konnte.

Das Vermessungsschiff hatte es nach dem Abbergen der Leute von der PILOT nicht leicht gehabt. Die See ging wieder hoch, und der Wind frischte bis 40 Knoten auf. Fregattenkapitän Larry Robbins machte sich wegen dieser Wetterbedingungen Sorgen um die bevorstehende dritte Rettungsaktion innerhalb von ebenso vielen Tagen. Es dämmerte allmählich, und die See war zu grob, um mit der MONOWAI gefahrlos an der SILVER SHADOW längsseits zu gehen. Robbins probierte herum, um den Kurs zu finden, auf dem sein Schiff am ruhigsten lief, aber die See war so konfus, daß es keinen Unterschied machte, welcher Kurs anlag. Für das Rettungsmanöver standen ihm nur wenige Möglichkeiten offen. Er konnte nicht wie bei der RAMTHA mit Rettungsschlingen arbeiten, denn der Skipper der SILVER SHADOW war schwer verletzt und würde es nicht überleben, durchs Wasser geschleift zu werden. Der Kommandant hatte nur eine Wahl. Er würde das 6-m-Beiboot zu der waidwunden Yacht schicken müssen.

Als die MONOWAI Funkverbindung mit der SILVER SHADOW aufgenommen hatte, war Murray noch immer nicht sicher, ob sie die Yacht aufgeben sollten. „Würden Sie es in Betracht ziehen, uns zum nächsten Hafen zu schleppen?“ fragte er den Schiffskommandanten.

„Wir stehen 500 Seemeilen von Land entfernt, und ich muß vor allem daran denken, Menschenleben zu retten“, antwortete Robbins. „Wir können den Skipper abbergen und die anderen an Bord lassen, wenn Sie wollen.“

„Wir haben Treibstoff für zwei Tage an Bord.“

„Wir können Treibstoff abgeben, haben aber keine richtigen Kanister, und es könnte schwierig werden.“

Murray schwieg eine Weile. Man merkte, wie es ihn belastete, für alle

Beteiligten die richtige Entscheidung treffen zu müssen. „Was wollt ihr?“ fragte er seine Mitsegler.

„Es eilt nicht“, beruhigte Fregattenkapitän Robbins ihn. „Denken Sie einfach darüber nach und sagen uns Bescheid, wenn wir an Ort und Stelle sind.“

Murray dachte voraus. „Wenn wir von Bord müssen, sollten wir einige wichtige Sachen mitnehmen“, schlug er vor. „Wir haben ein paar Säcke und Taschen.“

Es verging viel Zeit mit der Diskussion, welche Besitztümer sie mitnehmen sollten.

„Das Cribbage-Brett[2] meines Vaters, das muß ich mitnehmen“, sagte Peter. „Und unter mir sind 12 Flaschen Rum gestaut. Steck zwei Flaschen in die Tasche.“

„Nein, tu vier Flaschen rein.“

Sie griffen sich die Flaschen und wickelten sie in ein Handtuch. Die Silver Shadow war für die Party, die auf Tonga steigen sollte, reichlich verproviantiert. Vier Flaschen kamen für die Besatzung der Monowai in die Tasche, um die Rettung zu feiern. Ein Dreimonatsvorrat Alkohol blieb an Bord zurück.

Genau um 1600 Uhr kam die Monowai in Sicht.

„Wir haben die Lage mit dem Skipper besprochen und möchten das Boot aufgeben“, teilte Murray mit.

Fregattenkapitän Robbins hatte alles vorbereitet. Das 6,1 m lange Festrumpfschlauchboot des Schiffs stand mit dreiköpfiger Besatzung bereit. Es waren der Hauptgefreite Abraham Whata als Bootsführer, der Obergefreite Linton Hemopo als Bugmann und ein Sanitätsoffiziersanwärter, der Sanitätshauptgefreite Michael Wiig. Das Boot wurde seitlich ausgesetzt, während das Schiff fünf Knoten Fahrt voraus machte. Sobald das Schlauchboot im Wasser war, wurden die Fangleinen losgeworfen, und es schoß auf die Silver Shadow zu. Der Bootsführer umfuhr die Yacht mit gutem Abstand, um ihr Schlingern und Stampfen abzuschätzen, bevor er sich für die beste Anlaufrichtung entschied.

Hauptgefreiter Whata stand mittschiffs am Fahrstand des Bootes. Während die Silver Shadow auf geradem Kurs vorausmotorte, hielt er mit dem Bug langsam auf das Heck der Yacht zu. Dann ging er an Backbord längsseits. Der Sanitäter sprang über, und Whata drehte von der Yacht ab, um auf das Zeichen zu warten, daß die Segler bereit waren, von Bord zu gehen.

„Also, Jungs, wir machen folgendes", sagte der Sanitäter zu den Männern auf der Yacht. „Wir holen euch hier raus."

„Ach, wirklich?" antwortete Peter gereizt. Der Sanitäter wirkte viel zu jung und zu aufgekratzt. Aber schon bald beeindruckte er Peter mit seiner Fachkenntnis. Er untersuchte den verletzten Skipper der Silver Shadow, um genau festzustellen, was mit ihm war, und Peter vergab Wiig seine Jugend. Die Besatzung half Peter durch den engen Niedergang nach oben und hielt ihn an Deck fest, während sie darauf warteten, daß das Schlauchboot wieder längsseits kam.

„Oha, wenn ich da mit Ölzeug reinfalle, sacke ich ab wie ein Stein", sagte Peter mit Blick auf das Wasser.

Um die Seereling zum Verlassen des Bootes aus dem Weg zu schaffen, bog der Sanitäter ein paar Relingstützen um, die bei der Durchkenterung beschädigt worden waren. Nach mehreren fehlgeschlagenen Anläufen kamen die beiden Boote schließlich zusammen, so daß Peter hinübergeschoben werden konnte. Er landete mit einem Schmerzensschrei auf dem harten Boden des Schlauchbootes, dann zog der Bugmann ihn auf die Trage, die er vorbereitet hatte, und gurtete ihn darauf fest. Da lag Peter und wartete auf die anderen.

Hauptgefreiter Whata hielt Abstand zwischen seinem Boot und der Yacht, bis der Rest ihrer Besatzung bereit zum Übersteigen war. Mit zerfurchter Stirn konzentrierte Whata sich auf den Seegang, um zu sehen, wo die größten Wellen waren, und wann er am besten wieder längsseits gehen konnte. Und wieder manövrierte er heran, ebenso sauber wie beim ersten Mal. John und Richard sprangen über, so daß nur noch Murray allein auf der SILVER SHADOW war. Das Schlauchboot entfernte sich wieder von der Yacht.

Whata wurde ärgerlich, weil er warten mußte, bis Murray an Deck erschien. Der Bootsführer wollte den Verletzten unbedingt noch bei Tageslicht zur MONOWAI bringen. Endlich kam Murray zum Vorschein. Bepackt mit Säcken und Taschen kam er nur mühsam an Deck. Er schwenkte das Gepäck und machte Whata dadurch nur noch wütender, denn der hatte Anweisung, die Crew und nur drei Taschen mitzunehmen, nicht die sechs, die jetzt auftauchten. Der Bootsführer verlor die

Konzentration und schoß mit dem Schlauchboot über einen Wellenkamm hinaus. Dort hing das Boot den Bruchteil einer Sekunde freischwebend, bevor es von der Schwerkraft heruntergezogen wurde und voll Wasser schlug. Peter schrie vor Schmerzen, als sich sein Körper vom Fußboden des Bootes hob und wieder hinabfiel, wobei sich die beiden Teile der zerschmetterten Schulter aneinander rieben. Der Sanitäter schützte ihn so gut es ging vor dem Wasser, aber Peter mußte trotzdem etwas schlucken, als das Wasser ihm über den Kopf schlug.

Endlich sprang Murray ins Schlauchboot, so daß Whata abdrehen konnte. Behutsam suchte er den besten Weg zurück zur MONOWAI, indem er die riesigen Seen ausmanövrierte, um seinen verletzten Passagier so weit wie möglich zu schonen.

Peter, der auf dem Bootsboden lag und nur die Umrisse der berghohen Wellen um sich herum und den grauen Himmel darüber wahrnehmen konnte, fragte sich, ob es für ihn nicht sicherer gewesen wäre, auf der Silver Shadow zu bleiben. Das Wasser, das das Schlauchboot kurz vorher übergenommen hatte, platschte noch um ihn herum. Er fragte sich, ob er hier nicht eher ertrinken würde als auf seinem eigenen Boot.

Plötzlich ragte über ihm der weiße Rumpf der MONOWAI empor. Aus seiner Rückenlage schien ihm das Schiff wie wild zu schlingern. Peter konnte sich nicht vorstellen, wie man ihn an Bord des Schiffs schaffen wollte.

„Vorsicht! Bleibt weg von dieser Seite!" Diese Warnung schrie jemand, als das Beiboot gegen das große Schiff schlug.

Auf das Festrumpfschlauchboot prasselten Leinen, die es an der Schiffsbordwand halten sollten. Eine weitere Leine wurde um Peters Trage gelegt und schnell schwebte er himmelwärts. Die Seeleute holten ihn in aller Eile auf. Bei der hohen Dünung bestand die Gefahr, daß das Schlauchboot so weit angehoben würde, daß es die schwebende Trage von unten treffen könnte. Sobald Peter am Ausleger des Torpedodavits angekommen war, wurde die Trage über Deck geschwenkt und abgesetzt.

Um die anderen aus dem Schlauchboot an Bord zu bekommen, ließ die Schiffsbesatzung zwei Hubschraubergurte herunter, dieselben Rettungsschlingen, die 48 Stunden vorher Bill und Robyn Forbes gerettet hatten. John McSherry und Richard Jackson legten sich die Gurte um, hielten sich aneinander fest und wurden so an Deck gehievt.

Gerade, als sie hochschwebten, bekam das Beiboot Schwierigkeiten. Plötzlich spuckte der Auspuff seines Innenbordmotors schwarzen Qualm. Die Maschine war während der gesamten Rettungsaktion stark beansprucht worden. Alarmtöne warnten schrill vor sinkendem Öldruck, abfallender Lichtmaschinenleistung und ansteigender Kühlwassertemperatur. Rote Warnlämpchen leuchteten auf dem Fahrpult auf, während der dichte Qualm vom Heck die Bootsmannschaft einhüllte.

Ganz plötzlich fiel das Schlauchboot in ein Wellental, die Vorleine kam unter Last und riß den Beschlag aus dem Boot, an dem sie befestigt war. Wasser schoß ins Schlauchboot.

„Wir müssen vorne ein Loch haben!" schrie Whata dem Bugmann zu. „Der Schleppbeschlag muß rausgerissen sein!"

Murray wurde in aller Eile aus dem Boot gehievt, die Crew blieb an Bord, um den Schaden abzuschätzen. Sie warfen die Leinen los und setzten das Boot rückwärts von der MONOWAI ab. Whata rief das Schiff mit dem Handsprechfunkgerät, meldete seine Annahme, daß das Boot ein großes Leck hätte, und sagte, daß er hohe Fahrt laufen wolle, um mit den Selbstlenzern das Wasser herauszubekommen. Es stieg ihnen allmählich bis zu den Knien.

Fregattenkapitän Robbins beobachtete es von der Brücke aus. Die Dämmerung war hereingebrochen, und das Tageslicht schwand rasch. Da das Schlauchboot voll Wasser war, schwarzer Rauch aus seinem Auspuff quoll und alle Motorwarnsignale ertönten, war ein Totalausfall des Bootsmotors alles andere als unwahrscheinlich. Dann aber wäre die Katastrophe da. Der Kommandant fand die Aussicht auf eine nächtliche Suchaktion nach dreien seiner Männer in einem der schlimmsten Stürme, die er je erlebt hatte, nicht gerade beglückend.

Das Schlauchboot humpelte zur Leeseite des Schiffs herum, wo es mit dem Kran an Bord genommen werden sollte. „Motorleistung 60 % zurückgegangen", rief Whata ins UKW-Gerät.

Das Boot kämpfte sich mit stotterndem Motor durch die Dünung, bis es rummsend an seinem Mutterschiff aufstoppte. Von Deck wurden Leinen geworfen, die die Bootsmannschaft festmachte, um das Boot längsseits zu halten, bis der Heißdraht in Griffweite war.

Weil aber das Schiff und sein Beiboot schwerfällig stampften und schlingerten, schlug das Unheil noch einmal zu: Der Heißdraht sprang von seiner Scheibe und klemmte im Block fest.

Das Schlauchboot baumelte jetzt am Draht und schwang wie ein Pendel im Takt des Seegangs herum, wobei der Rumpf der MONOWAI aber das Ausschwingen begrenzte. Wieder und wieder pendelte das Beiboot von der Bordwand weg und wieder heran. Der Ruck beim Stoß an die Schiffsbordwand konnte die Bootsgasten jederzeit in die brodelnde See katapultieren.

Inzwischen zerlegten die Leute am Bootskran den Block und bauten ihn wieder zusammen. Fregattenkapitän Robbins befahl zwei Seeleuten, sich mit Rettungsringen und Rauchbojen für den Fall bereitzuhalten, daß jemand von der Bootsmannschaft über Bord geschleudert würde. Als die See das Schlauchboot bis zur Deckshöhe anhob, wurden Wurfleinen ins Boot gegeben, die die Männer im Boot sich um die Hüften knoten sollten.

Trotz seiner militärischen Ausbildung hatte Whata Angst, diese Tortur nicht zu überstehen. Als er den Sanitäter ansah, bemerkte er, daß dieser zitterte. Sein Gesicht war leer und ausdruckslos. Whata gab ihm einen freundschaftlichen Knuff auf die Schulter, um ihn zur Besinnung zu bringen.

„Denk einfach daran, daß du in ein paar Jahren Enkelkinder auf den Knien schaukelst und ihnen erzählst, was du hier erlebt hast“, scherzte er.

Der Sanitäter blickte ihn ungläubig an. „Jetzt ist nicht die Zeit, über Enkelkinder nachzudenken“, sagte er.

„Keine Sorge, mein Freund, wir holen dich hier raus, laß nur die Halteleinen nicht los.“

Whata schlug dem Mann, der das Aufnehmen des Beiboots leitete, vor, den Sanitäter bei der ersten Gelegenheit an Bord zu nehmen. „Er ist ziemlich durcheinander“, sagte er.

Das Boot wurde angehoben, und als es in Deckshöhe hing, stieg der Sanitäter über und war in Sicherheit. Erneut schlingerte die MONOWAI nach Steuerbord, und das Motorschlauchboot schwang weg vom Schiff, nur um gleich danach wieder gegen die Bordwand zu prallen. Whata befahl dem Bugmann überzuspringen. Die Taschen der Segler von der

Silver Shadow wurden an Bord der MONOWAI geworfen, und alles war vorüber.

Das Schiff nahm Fahrt auf, um nach der QUARTERMASTER und der MARY T zu suchen.

[1] Ein Paracetamol-Codein-Präparat, in Deutschland u. a. als Gelonida im Handel – der Übersetzer.

[2] „Cribbage“: Ein Kartenspiel, bei dem die Punktzahl der Mitspieler durch Holzpflöckchen markiert wird, die auf einem Brett in Löcher gesteckt werden – der Übersetzer.

Können Sie eine Leuchtrakete abfeuern?

Keith Levy und Ursula („Uschi") Schmidt genossen ideales Segelwetter. 15 Knoten Wind trieben ihren 9,75-m-Kutter SOFIA auf dem Weg nach Tonga voran. Das war genau das gute Leben, das Keith seiner Uschi bei der Reiseplanung versprochen hatte. Besseres Segeln konnten sie sich nicht vorstellen. Seit sie sich von den Freunden auf der PILOT entfernt hatten, hatten sie während der letzten drei Tage durchschnittlich 100 Seemeilen täglich zurückgelegt. Sie würden Greg und Barbara erst auf den Tonga-Inseln wiedersehen.

„Schade, daß ihr Funkgerät nicht geht", sinnierte Keith. „Sonst könnten wir sie rufen." Er erinnerte sich daran, daß in dem Gerät jedesmal eine Sicherung durchgeschmort war, wenn Greg versucht hatte, es zu benutzen. Das überraschte ihn nicht. Bevor er versucht hatte, es zu reparieren, war das Gerät einmal so heiß geworden, daß das Gehäuse geschmolzen war und beinahe in Flammen aufgegangen wäre.

Zwar konnte Keith keine Verbindung mit der PILOT aufnehmen, sprach aber häufig mit vorbeikommenden Schiffen. Bei einem dieser Gespräche warnte ihn der Funker eines Frachters vor einem Sturm, der schnell durch den Südpazifik zog. Der Funker schlug vor, vorsichtshalber mehr nach Westen zu halten, obwohl es wirklich wenig Grund zur Besorgnis gab, denn das Sturmsystem befand sich noch 500 Seemeilen weiter östlich.

Als Keith sich am nächsten Tag zur vorgesehenen Zeit bei Kerikeri Radio meldete, bestätigte Jon Cullen, was der Funker des Frachters gemeldet hatte:

Keith: Keri Radio, hier ist SOFIA. Wie ist der Empfang?
Jon: Verstanden, Keith. Kriege dich mit Signalstärke drei deutlich rein. Bitte kommen.

Keith: Prima. Wir stehen auf 31°27'S 178°5'E. Wir haben mäßigen Seegang, Baro(-meter) 1018 und östliche Dünung von zwei Metern. Wir haben 20 % Bewölkung. Wir laufen 3,5 Knoten mit einem Kompaßkurs von 19° und haben nordöstliche Winde von 20 bis 25 Knoten, Jon.

Jon wiederholte die Position der SOFIA und gab dann eine 24 Stunden-Wettervorhersage für das Seegebiet der Yacht durch.

Jon: Ostsüdost, 20–25 Knoten, vielleicht sogar 30. Wäre nicht schlecht, etwas langsamer zu segeln, glaube ich. Ich würde an eurer Stelle kürzer treten und das System durchziehen lassen, oder auch etwas nordwestlicher halten, um dem Schlimmsten aus dem Weg zu gehen. Aber im Augenblick würde ich ganz bestimmt langsamer segeln, statt direkt hineinzulaufen. Over.
Keith: Gut, Jon, ausgezeichnet, genau das werden wir tun. Vielen Dank. Soll es morgen so bleiben oder schlimmer werden? Over.
Jon: Nein, ich glaube eigentlich nicht. Es könnte morgen abend an 35 Knoten herangehen oder vielleicht morgen nacht. Ich habe etwas wenig Informationen, aber im Moment glaube ich, daß 30 Knoten morgen das Höchste sein werden, aber morgen abend oder morgen nacht könnte es mehr werden. Zur Zeit bin ich etwas unsicher. Over.
Keith: Okay, Jon. Wie weit nordwestlich sollten wir nach deiner Ansicht steuern? Over.
Jon: Nun, solange ihr überhaupt nordwestlicher haltet, erleichtert es eure Lage. Ich glaube, so kann man es am besten erklären. Ich meine nicht, daß ihr es übertreiben müßt, aber es hilft schon, wenn ihr überhaupt mehr nach Nordwesten geht. Over.
Keith: Gut, Jon, freue mich, morgen abend von dir zu hören. Hier ist SOFIA, Ende.

Keith war nicht beunruhigt. Mit diesem Wetter würde er ebensogut fertig werden wie seine Yacht. Trotzdem befolgte er den Rat, den Jon und der Funker des Frachters ihm gegeben hatten, und änderte den Kurs leicht nach Westen. Allerdings entschloß er sich, nicht direkt nach Westen zu segeln, weil das ein zu großer Umweg geworden wäre.

Sonnabend, 4. Juni

Allmählich verschlechterte sich das Wetter, und die See wurde gröber. Uschi klebte sich ein Pflaster gegen Seekrankheit hinter das Ohr, Keith versicherte ihr aber, daß es keinen Grund zur Beunruhigung gäbe. Die SOFIA und er hatten schon Stürme von 50 Knoten abgewettert, und er konnte sich nicht vorstellen, daß es noch schlimmer würde.

Am Sonnabend stieg kurz vor Dunkelwerden eine schwere See von achtern ein, füllte die Plicht und zerstörte die Windfahnenselbststeueranlage.

Keith machte sich daran, das Durcheinander von zerbrochenen Teilen und verhedderten Leinen zu klarieren. Er belegte dann die beiden Tampen einer dicken Trosse auf dem Achterschiff und warf die Bucht als Seeanker über Bord. Sobald die SOFIA vor diesen Trossen lenzte, lief sie stetiger und schien sich besser steuern zu lassen.

Keith dachte darüber nach, welche Möglichkeiten er hatte. Er konnte sich am Ruder, dicht hinter dem Kajütniedergang, angurten und Uschi unter Deck lassen. Er würde es ein paar Stunden am Ruder aushalten können, bis der Sturm sich ausgeweht hätte. Es war aber auch möglich, daß er sich verletzte, und mit Sicherheit würde er ermüden. Dann wäre Uschi in Gefahr, denn ihre Hochseeerfahrung war begrenzt, und er bezweifelte, daß sie allein klarkommen würde, falls ihm etwas zustoßen sollte.

Deshalb hielt er es für das Beste, das Schiff sich selbst zu überlassen und sich gemeinsam mit Uschi unter Deck zu verkriechen. Er überprüfte und sicherte die Laschungen der Treibstoff- und Wasserkanister. Die Rettungsinsel schien sicher befestigt, der behelfsmäßige Seeanker erfüllte anscheinend seine Aufgabe. Die nachgeschleppte Trosse hatte die Fahrt bis auf drei Knoten verringert, wie das Buch „Schwerwettersegeln" von Adlard Coles es versprochen hatte. Noch an diesem Nachmittag hatte Keith darin gelesen. Zufrieden, daß die Yacht sicher lenzte, zog er sich unter Deck zurück, schob die Steckschotten ein, schloß das Schiebeluk und machte es sich bequem, um den Sturm abzuwettern.

Aber der Sturm wurde stärker, und es gab keine Ruhe auf der SOFIA, weder unter Deck, noch sonstwo. Die Wellen wurden steiler und unregelmäßiger und warfen die Yacht wild umher.

Keith überlegte, ob er an den nachgeschleppten Trossen vielleicht zusätzlich ein Trysegel befestigen sollte, um das Boot noch langsamer zu machen. Aber er fürchtete, daß das Durcheinander von Tauwerk in die Schraube geraten könnte, falls der Motor im Notfall benötigt würde. Deshalb beschloß er schließlich, alles zu lassen, wie es war.

Uschis Gelassenheit beeindruckte ihn. Für jemanden ohne größere Segelerfahrungen als die gemeinsame Fahrt im vorigen Jahr vor den Tonga-Inseln und einen Eingewöhnungstörn zur Bay of Islands nördlich von Whangarei an der Ostküste der Nordinsel Neuseelands zeigte sie erstaunlichen Mut und beachtliche Fähigkeiten.

Der Sturm, dessen zunehmende Stärke Keith überraschte, hämmerte jetzt gnadenlos auf die SOFIA ein. Das Unwetter war für diese Jahreszeit völlig untypisch. Immerhin konnte das bedeuten, daß es sich schnell auswehen würde. Bis jetzt wurde das Boot zum Glück mit den Anforderungen fertig.

Um 2000 Uhr stellten Uschi und Keith ihr Funkgerät auf Kerikeri Radio ein und hörten Jon den Wetterbericht vorlesen. Und wieder wurde gemeldet, wie ausgeprägt das Tiefdrucksystem war, das durch die Südsee fegte. Noch immer aber gab es keine Anzeichen, daß sie sich in seiner Zugbahn befanden, und die Vorhersage warnte vor schlimmerem Wetter weiter draußen im Pazifik.

„Ich bin froh, daß wir nicht weiter östlich stehen", sagte Keith, als er mit dem Mikrofon in der Hand darauf wartete, zur Positionsmeldung aufgerufen zu werden.

Plötzlich kippte die Welt auf die Seite. Uschi flog vor Keith durch die Luft und landete gegenüber auf der Steuerbordseite. Gläser, Proviant und Küchengerätschaften flogen durch die Kajüte und zerbrachen zu seinen Füßen.

„Wir sind überrollt worden!" rief er. Nachdem die SOFIA sich wieder aufgerichtet hatte, vergewisserte er sich, daß Uschi unverletzt war, und kniete dann nieder, noch immer verdutzt, um die Glasscherben aufzuheben.

„SOFIA, SOFIA, hörst du, Keith?" hörte er Jons Stimme aus dem SSB-Gerät, während er versuchte, die gezackten Scherben zu beseitigen, die überall auf dem Boden herumlagen.

Keith: Ja, Jon, wie geht es? Wie ist der Empfang? Over.
Jon: Verstanden, Keith. Ich bekomme dich laut und deutlich rein. Bitte kommen.
Keith: Jon, wir sind auf 30° Null Minuten Süd, 176°55′E. Wir haben gerade unsere Selbststeueranlage verloren und lenzen vor Topp und Takel. Die Pinne ist ... Wir sind gerade überrollt und fast flachgelegt worden. Es geht uns gut. Wir haben sehr hartes Wetter und grobe See, erfreulich ist es nicht gerade, aber wir stehen die Nacht durch. Over.
Jon: Verstanden. Welche Windrichtung und -stärke habt ihr? Over.
Keith: Ja, ich glaube, es ist noch immer Südost, Jon. Anscheinend laufen wir im Moment ungefähr Südwestkurs oder so ähnlich. Schwer zu sagen. Over.
Jon: Verstanden, also, euer Boot ist überrollt worden, aber ihr seid wohlauf? Over.
Keith: Wir kommen gerade so zurecht, Jon. Man kann nicht viel tun ... Einfach versuchen, die Nacht zu überstehen. Over.
Jon: Ja, mehr bleibt euch nicht übrig, fürchte ich. Also, für SOFIA habe ich 40–50 Knoten Wind aus nordöstlichen bis östlichen Richtungen und morgen abend um diese Zeit Böen bis 60 Knoten mit einer Tendenz nach Ostsüdost bei euch. Ich fürchte, eure nächsten 24 Stunden werden ziemlich rauh. Over.
Keith: Na ja, in Ordnung. Wir haben gehört, daß heute nachmittag eine Orion oben war, und hoffen, daß die auch anfangen, nach uns zu suchen, Jon. Ich hoffe, daß deine Station die ganze Nacht in Betrieb ist, oder?
Jon: Verstanden, ja, sicher. Die Orion wird sogar auch bis Mitternacht über der DESTINY in Bereitschaft bleiben, so daß die ganze Nacht eine Orion draußen sein wird. Over.
Keith: Gut, Jon. Hören die auf (Kanal) 16, oder wie sonst? Over.
Jon: 16 ständig und außerdem 2182 (kHz).
Keith: Alles klar, Jon. Vielen Dank.

Im gleichen Augenblick, als Keith das Gespräch mit Kerikeri Radio beendete, baten zwei andere Stimmen die SOFIA dringend, mit ihnen auf einem anderen Kanal Verbindung aufzunehmen. Andere Fahrtensegler, mit denen er sich vor einiger Zeit angefreundet hatte, sprachen ihm Mut zu. Ihre Worte wirkten Wunder, sie bestärkten und ermunterten ihn sehr. Selbst 500 Seemeilen von Land entfernt im Südpazifik war er nicht allein.

Er ließ den Motor an, um die Batterien zu laden, und kehrte dann zur Navigationsecke zurück. Uschi stand zwischen dem Tisch und der Pantrybank und war dabei, lose Sachen neu zu verstauen, da spürte sie, wie die Kajüte sich langsam drehte. Uschi schrie. Der Teppich flog durch die Luft, und der Niedergang stand plötzlich auf dem Kopf. Eine übermächtige Kraft packte sie von hinten und warf sie zur entgegengesetzten Bootsseite.

Innerhalb weniger Sekunden wurde die SOFIA kopfübergedreht. Sie richtete sich nicht sofort wieder auf, sondern blieb einfach kieloben liegen, während Polster, Staufachdeckel, Bücher und Geschirr auf die Deckenverkleidung der Kajüte herabregneten.

„Wir müssen hier raus!" schrie Uschi aus dem Durcheinander.

Keith antwortete nicht. Er konnte es nicht, weil er kraftlos und ohne Bewußtsein auf der Kajütdecke lag.

„Meine Brille, ich finde meine Brille nicht", schluchzte Uschi, während sie in dem Chaos herumstocherte. Dann gab sie die Suche auf und setzte sich verzweifelt hin.

Die SOFIA schien eine Ewigkeit kieloben zu bleiben, aber allmählich drehte sie sich weiter und immer schneller, bis sie die 360°-Rolle vollendet hatte.

Uschi purzelte in der SOFIA herum, bis die Yacht sich endlich wieder aufgerichtet hatte. Unmittelbar danach fühlte Uschi Wasser an ihre Waden platschen. Sie griff zum Mikrofon. „Mayday! Mayday! Mayday!" rief sie in Todesangst. Niemand antwortete. Sie konnte andere Segler über Funk reden hören, aber es war offenkundig, daß die anderen sie nicht hörten. Die Antenne mußte beschädigt sein.

Schnell beruhigte sie sich und versuchte klare Gedanken zu fassen. Der Motor der SOFIA war stehengeblieben, als das Boot durchkenterte, und der schrille Öldruckwarnton der Maschine machte alles noch erschreckender.

Ursula fummelte auf der Suche nach ihrer Brille wieder im Wasser herum, konnte sie aber noch immer nicht finden. Schließlich entdeckte sie ihre Kameratasche, in der sie eine Ersatzbrille aufbewahrte. Der

Anblick der Kajüte war nicht gerade ermutigend. Im Boot herrschte völliges Chaos. Überall schwappte und gurgelte Wasser herum. Darin schwammen Papiere, Bücher, gefrorener Proviant und alles mögliche andere.

Rettungswesten! dachte sie. *Ich muß die Rettungswesten holen!*

Sie sah die EPIRB-Funkboje in ihrer Halterung neben dem Kajütniedergang und las schnell die Anleitung durch, wie man sie in Betrieb setzt. Da war von drei verschiedenen Möglichkeiten die Rede, was sie völlig durcheinanderbrachte. Deshalb beschloß sie, zu warten, bis Keith wieder bei Bewußtsein wäre.

Während sie sich in eine Rettungsweste zwängte, fand sie ihren rechten Schuh und einen linken Stiefel. Sie zog beides an, um die Füße vor den Glasscherben zu schützen, die unter Wasser auf den Bodenbrettern lauerten.

Als sich von oben Wasser auf sie ergoß, blickte sie auf. Das Skylight war zertrümmert, so daß sie überlegte, ob sie die Rettungsinsel klarmachen sollte, damit sie beide das Schiff verlassen könnten. Die Rettungsinsel war an Deck, aber als Uschi versuchte, das Schiebeluk zu öffnen, klemmte es und ließ sich nicht bewegen.

Uschi ging zurück zu Keith und bemühte sich angestrengt, ihm eine Rettungsweste überzuziehen, während er allmählich wieder zu Bewußtsein kam. Dabei drang der jaulende Ölalarm des stehengebliebenen Motors in sein Bewußtsein.

„Wo sind wir?“ fragte er benommen. „Was ist los? Woher kommt das Wasser?“

Sie sagte ihm, was geschehen war, aber er verstand es nicht. „Wie kann es das Wasser wagen, in dies Boot einzudringen?“ fragte er verwirrt. „Wie kann es das wagen? Wie kommt es dazu?“

Uschi wartete geduldig darauf, daß er wieder voll zu Bewußtsein käme. „Was zum Teufel ist passiert?“ fragte er noch einmal. „Ich kann es einfach nicht glauben“, sagte er wütend.

„Wir sind auf dem Weg nach Tonga im Sturm und sind durchgekentert“, berichtete Uschi ihm.

Verwirrt und orientierungslos fragte Keith sich, ob seine Ohren ihm einen Streich spielten. *Mist, sie sagte, wir sind auf dem Weg nach Tonga. Ich begreife es nicht. Vielleicht gibt es zwischen uns ein Sprachproblem.*

In den folgenden 10 Minuten sagte sie ihm wiederholt dasselbe, während er allmählich wieder klar wurde.

„Wir sind auf dem Weg nach Tonga? Was machen wir jetzt?"

„Also, wir sind überrollt worden und durchgekentert. Das Oberlicht ist zerbrochen." Sie sprach es ganz langsam, deutlich und sachlich aus.

Er blickte auf und sah das Loch über sich, durch das das Wasser hereingerauscht war.

„Überall Wasser, auf unserem schönen, neuen Teppich und überall, es ist einfach zum Verrücktwerden", schimpfte er, noch immer stark benommen. Aber allmählich wurde sein Kopf klarer, und bald konnte er sich ernsthaft mit der Lage auseinandersetzen.

„Bist du unverletzt?" fragte Uschi besorgt.

„Mein Rücken tut weh", antwortete Keith.

Sie zeigte ihm die Seenotfunkboje und sagte, daß sie versucht hätte, das Gerät in Betrieb zu setzen. „Ich war aber zu nervös, ich konnte die Betriebsanleitung nicht verstehen", gestand sie ein. „Ich habe versucht, Kerikeri Radio mit einem Mayday-Ruf zu erreichen. Wir konnten die anderen hören, aber ich bin nicht durchgekommen. Jon redete einfach immer weiter, ich konnte nicht durchkommen."

Keith kämpfte sich zum Niedergang durch, um die Funkboje nach draußen zu bringen, aber auch er bekam das Schiebeluk nicht auf. In der Hoffnung, daß das Funksignal nach außen dringen würde, klemmte er die Boje im Niedergang fest und stellte sie an. Es war Sonnabend, der 4. Juni, 2211 Uhr.

„Nimm deine Stiefel", warnte Uschi Keith wegen der Scherben, die unter dem Wasser verborgen waren, das über den Kajütfußboden spülte.

Keith begann dann eine Inspektionsrunde, um festzustellen, welche Schäden unter Deck entstanden waren. Der Gefrierschrank hatte sich entleert, und die Kaffeemühle war durch die Luft geflogen, aber erleichtert stellte der Skipper fest, daß sorgfältiges Stauen das Durcheinander im Boot in Grenzen gehalten hatte. Er sah, daß in der Vorderkajüte Kojenabdeckungen aus Sperrholz herausgefallen waren, aber nicht die Kojendeckel im Salon. Packnetze hatten Dutzende von Büchern, einen Computer, Fotoapparate und Lebensmittel festgehalten. Amüsiert stellte er fest, daß eine schwere Nähmaschine von Steuerbord nach Backbord geflogen war, während Kette, die ursprünglich an Backbord verstaut gewesen war, jetzt als Haufen auf der Steuerbordseite lag. Der Kocher war aus seiner kardanischen Aufhängung gesprungen und funktionierte nicht mehr. Auf dem Kajütfußboden spülte Wasser herum.

Das Wasser schien aber nicht zu steigen. Daher war Keith ziemlich sicher, daß das Boot kein Leck hatte. Irgend etwas klopfte leicht gegen den Rumpf, aber es hörte sich nicht so schlimm an, daß man der Sache sofort auf den Grund gehen müßte. Besorgniserregender war schon das Loch im Skylight auf dem Kajütdach. Anscheinend war der Deckel des Oberlichts nicht durch irgendeinen draußen herumfliegenden schweren Gegenstand zertrümmert, sondern eher aus den Scharnieren gerissen worden. Aber im großen und ganzen waren sie mit einem blauen Auge davongekommen, dachte Keith. Er freute sich, daß die sorgfältige Vorbereitung der Reise den Schaden in Grenzen gehalten hatte.

Uschi wollte sich jetzt unbedingt hinlegen, aber Keith befürchtete Schock und Unterkühlung. Aktivität würde ihr Verbündeter sein, argumentierte er. Die Arbeit würde sie ausfüllen und die Gefahr negativer Gefühle bannen. Er bestand darauf, daß sie sich beschäftigten. Also begannen sie das Boot aufzuräumen und suchten nach einem trockenen Platz zur Unterbringung wertvoller Werkzeuge und der Überlebensausrüstung: Taschenlampen, Batterien und Proviant.

Die trockenste Stelle an Bord war die Vorderkajüte. Sie machten dort Platz und verstauten ihre Überlebensausrüstung so, daß sie keinen Schaden nehmen würde, sollte das Schiff erneut durchkentern. Die beiden sahen auch, daß die V-Koje im Vorschiff für sie selbst der sicherste Platz war, denn falls die SOFIA noch einmal durchkenterte, würden sie dort nicht weit fallen können.

Aber wie schlimm waren die Schäden draußen? Keith öffnete das Vorluk und steckte den Kopf hinaus. Mast und Rigg waren weg, der Baumgalgen war zum Niedergang hin zusammengeknickt. Im Dunkeln konnte Keith nicht erkennen, ob die Kanister mit Treibstoff und Wasser noch da waren, aber er sah die Rettungsinsel. Gott sei Dank! Wenigstens hatten sie noch die sichere Rettungsinsel. Er schloß die Luke, um für eine nähere Untersuchung das Tageslicht abzuwarten.

Inzwischen suchten die beiden vergebens nach dem UKW-Funkgerät. Sie würden es brauchen, um mit Flugzeugen oder Schiffen zu sprechen, die Kurs auf ihre Funkboje nehmen würden. Sie fischten sogar unter Wasser danach, besessen von dem Gedanken, es zu finden, selbst wenn es naß und unbrauchbar wäre. Sie durchsuchten Schapps, Stauräume und die Navigationsecke und kehrten zwischendurch immer wieder dorthin zurück, wo das Gerät normalerweise untergebracht war – hinter dem Kurzwellenfunkgerät. Dort hätte es sein sollen, und keiner von beiden konnte sich daran erinnern, es dort weggenommen zu haben. Niedergeschlagen starrten sie auf die leere Stelle, als wollten sie das Gerät beschwören, sich wieder zu materialisieren. Unglaublich! Es war nirgends zu finden.

Die Suche nahm die beiden stundenlang voll in Anspruch, aber das Radio blieb unsichtbar, bis sie es in der Vorderkajüte hinter einem Kojenpolster entdeckten. Sie stellten es an, und zu ihrer ungeheuren Erleichterung blieb es nicht stumm.

Als nächstes mußten sie sich um das Wasser kümmern. Es mußte raus. Keith hatte Angst, daß sie es nicht schaffen würden, sich wieder aufzuraffen, wenn sie sich erst einmal in die Kojen gelegt hätten. Sie mußten mit Eimern lenzen, weil die Bilgepumpe verstopft war. Zuerst gab Uschi die gefüllten Pützen an Keith weiter, der sie durch das Vorluk auskippte. Aber die Arbeit war langsam und mühevoll. Sie verlangte das Letzte von ihnen.

Einige Zeit später öffneten sie eine kleine Luke über der Pantry. Die Öffnung war kaum größer als das Buch „Schwerwettersegeln“, das Keith kurz vorher gelesen hatte. Um das Wasser hinauszubefördern, mußte er eine kleine Schüssel vorsichtig durch die Öffnung manövrieren, auskippen und wieder hineinbugsieren. So arbeiteten sie fast die ganze Nacht. Dauernd bekamen sie zurückplatschendes Wasser ab und mußten die Arbeit mehrmals unterbrechen, um gegen Unterkühlung trockene Sachen anzuziehen. Es war erschöpfend, und keiner von beiden dachte darüber nach, was sie dabei in Gang hielt. Der Wasserspiegel im Boot fiel aber weiter, bis die Bilge leer war. Gott sei Dank stieg das Wasser danach nicht wieder.

Sonntag, 5. Juni, 0600 Uhr

11 Stunden Plackerei zogen sich lange hin. Keith und Uschi begannen die unheimliche Stille zu fürchten, die sich häufig über die SOFIA legte. Wie sie festgestellt hatten, kündigte die trügerische Ruhe an, daß eine Riesensee drauf und dran war, sich auf das Boot zu stürzen und es an den Rand einer erneuten Durchkenterung zu bringen. Die Stille war jedesmal die Warnung, sich auf den unvermeidlichen Schlag gefaßt zu machen, der die SOFIA zum letzten Mal umwerfen könnte. Aber jedesmal richteten sie sich mit ihrem Schiff wieder auf, nur um auf die nächste Stille zu warten. Auch das Morgengrauen munterte sie nicht auf. Das Tageslicht zeigte den beiden die gewaltigsten Wellen, die sie in ihrem ganzen Leben gesehen hatten, und jagte ihnen noch größere Angst ein.

Keith hatte angenommen, daß das Klopfen, das er die ganze Nacht gehört hatte, davon kam, daß der Mast gegen den Rumpf schlug. Jetzt mußte er sich Gewißheit verschaffen.

Er kletterte, mit zwei Sorgleinen gesichert, durch das Vorluk und zog sich an Deck. Sein Körper war vom stundenlangen Pützen steif geworden. Er pickte sich mit den beiden Sorgleinen in die Backbord- und Steuerbordstrecktaue ein und kroch langsam das kahlrasierte Deck entlang, während Uschi ihn mit lauten Rufen vor anstürmenden Seen warnte. Dann zurrte er eine orangefarbene Signalplane über das gebrochene Oberlicht, so daß kaum noch Wasser in die Kajüte eindrang. Soweit Keith sehen konnte, war der Mast nicht die Ursache für das Klopfgeräusch. Der Baum hing an Backbord über Bord und schlug gegen den Rumpf. Uschi reichte ihrem Gefährten den Bolzenschneider. Keith machte sich Sorgen, daß der Mast den Bootsrumpf wie eine Lanze durchstoßen würde, wenn die Yacht noch einmal durchkenterte. Deshalb kappte er einen Teil der Wanten und Stage, bis der Mast zwar noch am Boot hing, aber freikam. Er entschied sich, die Drähte dort zu durchtrennen, wo sie auf dem Deck lagen, statt die Steckbolzen an den Püttings in der Nähe des Schandecks zu lösen. Er hielt es für zu gefährlich, so dicht an der Bordwand zu arbeiten. Nachdem Wanten und Großschot gekappt waren, verschwand der Baum auf Nimmerwiedersehen. Vom Mast ragte nur noch ein 7–8 cm langer Stumpf aus dem

Deck. Keith Levy kroch nach achtern zum Cockpit und sah dort, daß das Schiebeluk sich deshalb nicht öffnen ließ, weil der Baumgalgen dagegen gefallen war.

Der Skipper war beunruhigt darüber, wie sein Boot in der See lag. Er meinte, daß es helfen würde, einen Anker auszubringen. Deshalb fierte er den 18-kg-Pflugscharanker an der vollen Kettenlänge von 37 m weg. Dann machte er den 36-kg schweren Northill-Sturmanker los, knotete gut 100 m 25 mm starker Ankerleine daran, hob das Ganze mit einer Hand hoch und warf es über Bord. Wenige Augenblicke später dachte er darüber nach, was er zustandegebracht hatte, und war perplex. *Mein Gott, wie habe ich es bloß geschafft, das rauszuwerfen?* fragte er sich.

Als er sich noch darüber wunderte, wurde das Handsprechfunkgerät lebendig. Man hörte die Stimme des Piloten einer Hercules der neuseeländischen Luftwaffe. Keith kletterte wieder unter Deck.

„Können Sie in ein paar Minuten eine Leuchtrakete abfeuern?" fragte der Pilot.

Keith fand die Raketen und schoß eine ab. Nach wenigen Sekunden tauchte die Maschine aus dem alles umhüllenden Grauschleier auf und flog niedrig über die Yacht hinweg. Uschi und Keith umarmten sich, weinten und schrien, so erleichtert waren sie, daß es jetzt wenigstens menschliche Wesen in der Nähe gab, die wußten, wo die beiden waren. Nachdem die Gefühle aus ihnen herausgebrochen waren, verlor Keith alle Kraft. Völlig erschöpft sackte er in der Plicht zusammen.

Die Flieger versprachen, in der Nähe zu bleiben und stündlich vorbeizukommen. Das nahm den Druck von Keith, so daß er zum ersten Mal seit der Kenterung ausruhen konnte. Er stieg in die Vorschiffskoje, war aber so steif und erschöpft, daß er sich nicht ausziehen konnte. Uschi schnitt ihm die nasse Kleidung mit einer Schere vom Leib, und er sank in einen erschöpften Schlaf, der nur etwa 20 Minuten dauerte. Im Laufe des Tages besserte sich das Wetter, die Wolkendecke lockerte sich, und dazwischen schaute blauer Himmel durch. Nachdem Keith aufgewacht war, aßen sie zu Mittag getrocknete Aprikosen und tranken Coca-Cola. Die Zukunft begann wieder etwas rosiger auszusehen.

„Es wird schon wieder", sagte Keith zu Uschi. „Vielleicht müssen wir doch nicht aussteigen. Vielleicht werden wir in Schlepp genommen." Ihm fielen auch noch ein paar weitere „Vielleichts" ein: *Vielleicht kommt*

Uschi auf das Rettungsschiff und ein Mann vom Schiff kommt hier an Bord. Vielleicht können wir morgen ein Notrigg setzen, wenn es sich beruhigt. Das einzige, was er nicht einkalkulierte, war, daß das Wetter sich wieder verschlechtern könnte. Aber genau das geschah.

Wenige Stunden später waren seine Illusionen, an Bord bleiben zu können, dahin. Der Sturm wurde langsam, aber unerbittlich stärker, und das schon bekannte Gebrüll riesiger Brecher war wieder da. Uschi und Keith brachen gemeinsam in Tränen aus, als sie von den Fliegern hörten, daß Greg und Barbara, ihre Freunde von der PILOT, wohlbehalten an Bord der MONOWAI waren und daß die Leuchtraketen, die Keith ihnen geschenkt hatte, zur Rettung beigetragen hatten. Erschöpft und aufgewühlt, wie die beiden waren, waren sie jedesmal aufs neue ergriffen, wenn die Hercules sie überflog, und begannen sich darauf zu verlassen, die Maschine stündlich zu sehen. Sie bewunderten die Präzision, mit der die Flugzeugbesatzung im Tiefflug eine Sonarboje neben der Yacht abwarf, um die SOFIA orten zu können, falls die EPIRB-Funkboje versagen sollte.

Bei einem ihrer Anflüge meldete die Maschine, daß sie zum Auftanken nach Neuseeland zurückkehre und daß ein anderes Flugzeug als Ablösung kommen werde. Wahnhafte Angst stieg in Uschi hoch, als drei Stunden lang kein Flugzeug kam. So lange hatte man sie noch nicht alleingelassen, seit die Flieger sie am Morgen gefunden hatten.

Keith mußte sich um den übriggebliebenen Teil des Riggs kümmern, weil er nach wie vor befürchtete, daß es das Schiff bei einer erneuten Durchkenterung beschädigen könnte. Er hielt es jetzt für das Beste, das Ganze auf Tiefe gehen zu lassen. Deshalb wollte er mit dem Bolzenschneider das Rollvorstag mit dem aufgerollten Segel kappen. Nur einen kurzen Augenblick lang, während er das Schiebeluk verschloß, legte Keith das Werkzeug an Deck. Das Boot schlingerte unberechenbar. Hilflos mußte er zusehen, wie der Bolzenschneider in Zeitlupe zum Schandeck rutschte. Er griff nach dem Werkzeug, aber es war zu spät, es glitt über Bord. Keith staunte über das Saphirblau des Wassers, das das Gerät verschlang. Es war, als hätte er die Farbe bis dahin noch nie bemerkt.

Ich hab' das verdammte Ding verloren. Ich hätte es mir anbinden müssen, dachte er. *Ich konnte einfach nicht schnell genug dahin kommen.*

Er fluchte über seine Leichtfertigkeit und holte eine Metallsäge aus dem Boot. Das mit dem Bolzenschneider mußte natürlich ausgerechnet jetzt passieren, als Keith das Vorstag kappen mußte, das gefährlichste aller Wanten und Stage. Es war sehr viel schwerer, das Stag mit der Eisensäge zu durchtrennen, und würde viel länger dauern. Aber er machte sich entschlossen an die Arbeit, bis Mast und Takelage vom Bootsrumpf getrennt waren und versanken.

Am Abend kehrten mit der Dunkelheit die altbekannten Ängste zurück. Das Seglerpaar horchte gespannt auf die nervtötende Stille, mit der sich der seitliche Anprall einer Riesensee ankündigte, die das Boot zum Kentern bringen konnte. Jedesmal stand die SOFIA dann auf der Kippe und schien kurz davor, sich zu überschlagen, hielt sich dann aber doch. Dann und wann tranken Uschi und Keith zum Anwärmen ein wenig Whisky, aber die Nacht zog sich elend in die Länge. Sie konnten nur hoffen, noch einige Stunden zu überleben, bis das französische Kriegsschiff, das auf dem Weg war, sie retten würde.

*

Das französische Landungsschiff JACQUES CARTIER verließ am Dienstag, den 31. Mai das australische Brisbane mit dem Ziel Tauranga. Das ist ein Holzverschiffungshafen an der Ostküste der neuseeländischen Nordinsel. Das Schiff hatte einen wichtigen Auftrag: Es war das erste französische Kriegsschiff, das Neuseeland besuchen sollte, seit französische Sprengkommandos neun Jahre zuvor im Hafen von Auckland die RAINBOW WARRIOR, das Atomprotestschiff von Greenpeace, versenkt hatten.

Die RAINBOW WARRIOR hatte mehrere Jahre lang gegen die französischen Atomtests auf dem Südseeatoll Mururoa protestiert. Die Neuseeländer waren der Ansicht, daß Frankreich diese Versuche lieber im eigenen Hinterhof durchführen sollte statt im Hinterhof Neuseelands. Die RAINBOW WARRIOR hatte erst drei Tage in Auckland gelegen, als französische Marinetaucher eine Haftmine am Rumpf anbrachten, das Schiff versenkten und dabei Fernando Pereira, einen portugiesischen Fotografen, töteten. Die Beziehungen zwischen Frankreich und Neuseeland waren dadurch stark belastet worden.

Der Besuch des Kriegsschiffs in dem ruhigen, kleinen Hafen war als Teil einer unaufdringlichen Öffentlichkeitsarbeit vorgesehen, um die angeschlagenen Beziehungen zu den Neuseeländern behutsam wieder aufzubauen, deren Gefühle Frankreich durch seinen eklatanten Terrorakt mit Füßen getreten hatte.

Die Besatzung der JACQUES CARTIER war sich dessen genau bewußt und kannte auch die Bedeutung ihrer Public-Relations-Aufgabe in Neuseeland. Ein Besuch in Auckland, der größten Stadt des Landes, verbot sich für das Schiff wegen möglicher Proteste der Einwohner von selbst. Darum wurde geplant, statt dessen Tauranga anzulaufen.

Während das Kriegsschiff die Tasmansee durchquerte, lief es in den Sturm hinein. Es kam nur noch mit acht Knoten voran, so daß man befürchtete, verspätet in Tauranga einzutreffen. Da die JACQUES CARTIER nur leicht beladen war und ein flaches Unterwasserschiff hatte, damit beim Anlanden auf Atollen das Vorschiff auf den Strand gesetzt werden konnte, waren die Schiffsbewegungen bei diesem Sturm unangenehm.

Der Befehl, die neuseeländischen SAR-Mannschaften zu unterstützen, erreichte das Schiff aus dem französischen Hauptquartier in Noumea auf Neukaledonien. Die Informationen überraschten: Acht Yachten in Schwierigkeiten, einige schon aufgegeben. Die Franzosen sollten die Besatzung der SOFIA retten.

Sie änderten den Kurs und liefen 36 Stunden lang bei immer gröberer See gegen den Sturm an. Das RCC und die Orions hielten die JACQUES CARTIER über die Entwicklung im Katastrophengebiet trotz gelegentlicher Sprachprobleme auf dem laufenden.

Montag, 6. Juni, 2030 Uhr

Die Orion warf Leuchtsignale ab, um dem französischen Schiff den Weg zu weisen. Die Nacht war pechschwarz, und es wehte mit neun Windstärken.

Mit seinen Suchscheinwerfern fand das Schiff die SOFIA dann endlich in der Finsternis. Das Scheinwerferlicht huschte über Keith und Uschi, die wartend in der Plicht standen. Die Franzosen waren über die

Bedingungen beunruhigt. Riesige Seen hämmerten auf die SOFIA ein, jeden Augenblick konnte die Yacht kentern. Schaumkämme rollten über das Deck des Bootes und ließen es so heftig schlingern, daß der Kiel zu sehen war.

„Ich bin so glücklich, ich kann kaum glauben, daß jemand gekommen ist, um uns zu holen", schrie Keith erleichtert ins Funkgerät. Er schien so gerührt, daß die Franzosen glaubten, er würde gleich in Tränen ausbrechen. „Zwei Tage lang war ein Flugzeug über uns, aber das ist nicht dasselbe wie ein Schiff. Die Flieger können nichts tun, außer mit uns zu sprechen", erklärte er.

Die Offiziere auf der JACQUES CARTIER begannen sich Gedanken zu machen, daß sie das kleine Boot, das durch turmhohe Wasserwände vor den Scheinwerferstrahlen verborgen wurde, aus den Augen verlieren könnten. Dann würden sie noch einmal ganz von vorn anfangen müssen, würden sich von der Orion heranführen lassen und die See nach einem kleinen Fleck in der Finsternis absuchen müssen. Während sie die SOFIA mit den Scheinwerferstrahlen aufspießten, suchten sie nach der besten Methode für die Rettungsaktion, die exakte Schiffsführung verlangte und bei der die Sicherheit beider Fahrzeuge auf dem Spiel stand. Die Seen waren so bedrohlich, daß der Kommandant nicht wagte, sie dwars zu nehmen. Sollte die JACQUES CARTIER zu dicht an die SOFIA kommen, könnte die Yacht durch einen Zusammenprall mit dem großen Schiff zertrümmert werden.

Kapitän und Besatzung des Kriegsschiffs hatten einen kühnen Plan. Sie wollten ein Motorschlauchboot aussetzen und damit eine Gruppe von Froschmännern losschicken, um die hilflose Besatzung der SOFIA abzubergen.

Die französischen Offiziere bedauerten Keith, der lethargisch im Cockpit wartete. Sie konnten sich vorstellen, was er und seine Gefährtin schon durchgemacht hatten. Die Franzosen vermuteten, daß er zu erschöpft war, um noch länger durchzuhalten. Jetzt, da Hilfe in greifbarer Nähe war, hatte der letzte Rest Kraft Keith verlassen.

Auf der JACQUES CARTIER herrschte eine spannungsgeladene Atmosphäre. Ungeachtet der Gefahr wären alle 70 Mann an Bord bereit gewesen, sich für die Rettung freiwillig zu melden. Sie spürten eine Verbundenheit mit der durchnäßten Crew der SOFIA, die sie in höchster Lebensgefahr glaubten. Sie wußten, daß sie schnell handeln mußten. Vermutlich hatte der Sturm schon drei Menschenleben gefordert.

Als das Zodiac-Schlauchboot zu Wasser kam, ruckte und zerrte es an seiner Fangleine, kam dann aber mit dem Bootsführer und drei Kampfschwimmern an Bord schnell in Fahrt.

Obwohl sich die See seit dem Höhepunkt des Sturms am Samstagabend etwas gelegt hatte, war sie noch immer aufgewühlt. Der Wind heulte mit Sturmstärke, und rund um das Schlauchboot, das vorsichtig seinen Weg durch die Dunkelheit zur SOFIA suchte, wälzten sich grollende Brecher. Bei der Yacht ließ sich einer der Taucher in das brodelnde Wasser fallen und hielt sich an der umlaufenden Greifleine des Schlauchboots fest – zur Sicherung für den Fall, daß Keith oder Uschi beim Übersteigen ins Wasser stürzen sollten.

Die fünf Offiziere auf der Brücke der JACQUES CARTIER waren besorgt, als die SOFIA aus der 500-m-Reichweite der Scheinwerfer verschwand. Die Yacht trieb schnell vom Schiff weg.

Eine Welle hob das Schlauchboot höher als die Yacht. Die Retter sprangen auf die SOFIA und fanden Keith und Uschi dort erschöpft, beinahe hilflos vor.

„Jemand verletzt?" wurden die beiden gefragt. „Können Sie sich bewegen?"

„Alles in Ordnung", kam die Antwort.

„Die Taschen, wirf die Taschen rüber!" schrie Uschi Keith zu, als sie den Rettern ihre Habe reichte.

„Nein, Sie gehen zuerst", beharrte der Franzose.

Keith schloß das Schiebeluk.

Die Franzosen warfen einen Teil der Sachen in das Schlauchboot und erklärten, daß sie nicht alles mitnehmen könnten, weil mit sechs Personen an Bord nicht mehr viel Platz für Gepäck blieb. Sie wiesen Uschi und Keith an, abzuwarten, bis beide Boote in gleicher Höhe wären, und dann in das Schlauchboot zu springen.

Keith verabschiedete sich mit dem Handsprechfunkgerät von der über ihnen kreisenden Orion. „Nicht wegfliegen. Nicht wegfliegen. Vielen Dank für alles, was Sie getan haben. Wir sehen uns in Auckland."

„Los, los, los!" befahl der Franzose. Uschi hakte ihren Sicherheitsgurt aus, stieg über die Seereling und sprang ins Schlauchboot. Sie klammerte sich an einem der Froschmänner fest, als die Franzosen mit dem torkelnden Boot sicherheitshalber ein Stück von der Yacht wegfuhren.

„Wir müssen uns beeilen!" rief der Bootsführer Keith zu, als das Schlauchboot wieder längsseits der Yacht kam. Aber Keith war zu erschöpft, um zu springen. Unterstützt durch zwei Kampfschwimmer, mühte er sich ab, vom Deck der SOFIA in das Schlauchboot zu kommen. Die Männer darin zogen an seinen Beinen, um ihn in das Gummiboot zu bekommen. Schließlich plumpste er zwischen ihnen ins Boot.

Als der Bootsführer an der JACQUES CARTIER längsseits ging, wurde ein Sicherheitsgurt an einer Leine heruntergelassen. An der hohen Bordwand des Schiffs hing ein Fallreep.

„Wir legen Ihnen den Gurt um, um Ihnen beim Hochklettern zu helfen", sagte der Bootsführer zu Keith. „Klettern Sie so schnell, wie Sie können."

Gott, wie soll ich das schaffen? fragte Keith sich. Er konnte gerade eben stehen.

Aber darüber brauchte er sich keine Gedanken zu machen. Die Leute an Deck zogen ihn schneller hoch, als er klettern konnte. Er stolperte kopfüber an Deck. Benommen wurde er von helfenden Händen hochgehoben und ins Schiffslazarett geführt. Auf dem Weg dorthin drehte er sich um, weil er sehen wollte, ob Uschi in Sicherheit war. Da sah er sie an der Bordwand hochklettern.

Während die beiden im Lazarett untersucht wurden, richteten sich die Schiffsgeschütze auf die SOFIA. Die Franzosen waren von der Seenotleitstelle aufgefordert worden, die Yacht zu versenken, damit sie nicht zu einer Gefahr für die Schiffahrt würde.

Der Kommandant kam, um Uschi und Keith mitzuteilen, was er vorhatte. Sie weinten, als sie es hörten. Bevor sie die SOFIA verlassen hatten, hatte Keith in der Kajüte auf das Hauptschott geschrieben:

„Vielen Dank, du warst ein gutes Mädchen. Wir kommen wieder."

Jetzt kam es ihnen vor, als würden sie ihr Boot verraten. Sie würden an seiner Vernichtung beteiligt sein. Während sie duschten, warteten sie darauf, das Feuer des 20-mm-Geschützes als Zeichen für das Ende der SOFIA zu hören. Aber sie hörten nichts.

Der Kommandant der JACQUES CARTIER hatte Bedenken gehabt. Die SOFIA war in Neuseeland registriert. Eine neuseeländische Yacht zu versenken, hätte dem diplomatischen Zweck des Kriegsschiffsbesuchs widersprochen.

Der Kommandant wandte sich an das RCC und bat um Bestätigung, daß er die SOFIA tatsächlich versenken solle. Auf seine Bitte hin sprach Bill Sommer eine Begnadigung aus. Er sagte den Franzosen, daß sie die SOFIA nicht zu versenken bräuchten, wenn sie die genaue Position des Bootes bestimmen könnten, damit das RCC eine nautische Warnnachricht herausgeben könne.

Statt den Kurs wieder nach Tauranga abzusetzen, lief die JACQUES CARTIER mit der geretteten Besatzung der neuseeländischen Yacht direkt zur Devonport Navy Base in Auckland und machte dort, im Hauptstützpunkt der neuseeländischen Marine, fest. Der Liegeplatz der Franzosen war nur einen Kanonenschuß von der Stelle entfernt, wo ihre Landsleute neun Jahre zuvor die RAINBOW WARRIOR gesprengt hatten, aber die Bevölkerung äußerste keine Einwände. Die französische Marine hatte sehr tapfer einen Sohn des Landes gerettet.

An den Rand des Verderbens

Die Botschaft, die Diviana Wheeler empfangen hatte, daß sie an den Rand des Verderbens fahren würden, hätte den Skipper der HEART LIGHT dazu bringen können, die Reise zu den Fidschi-Inseln abzubrechen. Aber nach dem Sturm, den sie vor Great Barrier Island nahe Auckland erlebt hatten, besserte sich das Wetter, und Darryl Wheeler bestand darauf, weiterzusegeln. Diviana war unglücklich über seine Entscheidung und hielt es für unvernünftig, daß er ihre Vorahnungen beiseite schob, obwohl sich ihre Weissagungen in 25 Ehejahren unzählige Male bewahrheitet hatten. Sie konnte an seinem Entschluß jedoch nichts ändern. Sie spürte, daß Darryl an einem Scheideweg seines Lebens vor einer wichtigen Entscheidung stand, die sein ganzes Bewußtsein erfaßte. Diviana glaubte, daß der Materialismus, der aus Darryls geschäftlichem Erfolg herrührte, die sonst einwandfreie Logik seines Denkens untergraben hatte. Jetzt aber, bei diesem Entschluß, mußte sie ihn unterstützen, obwohl sie vor den Folgen gewarnt worden war. Außerdem fühlte sie sich durch ihren Glauben an Gott gewappnet, mit Todesgefahr umgehen zu können.

Inzwischen versuchte Darryl sich zu entscheiden, ob er die 60 Seemeilen zur neuseeländischen Bay of Islands zurücksegeln sollte, um den gebrochenen Stützmast des Windgenerators zu reparieren. Das Gerät hatte 2000 Dollar gekostet, und Darryl fürchtete, daß es über Bord gehen könnte, wenn die See unterwegs gröber würde.

Das Wetter war so schön, daß man sich nicht vorstellen konnte, daß es mehr als 40 Knoten Wind geben würde. Immerhin war die Wirbelsturmzeit vorbei, und Divianas Warnung vor dieser Reise hatte sich schon durch das Erlebnis vor Great Barrier Island erfüllt. Weder er noch Diviana hatten ihrem Sohn Shane oder seiner Frau Stephanie von der Warnung erzählt, die jetzt nicht mehr von Bedeutung schien.

„Das Wetter ist perfekt", sagte Darryl, „ein Seglertraum."

Also eilte die HEART LIGHT auf ihrem Weg von Neuseeland nach Fidschi weiter. Dabei überholte sie zuerst die QUARTERMASTER und danach die SILVER SHADOW. Darryl hatte es eilig, 29°S zu erreichen, die magische Grenze zwischen den stürmischen Ausläufern der Brüllenden Vierziger und den sanften Passatwinden.

Diviana genoß das wunderbare Segelwetter ebenso wie Darryl, aber aus einem anderen Grund. Sie spürte, daß vorangegangene Blauwassertörns ihren hellseherischen und telepathischen Fähigkeiten zugute gekommen waren. Draußen auf dem Ozean gab es keine Störstrahlungen in der Atmosphäre, keinen Elektrosmog durch Stromleitungen, Fernsehgeräte, Telefone und anderes.

Auf ihrem Weg zur Selbstfindung hatte Diviana sogar Verbindung mit dem Außerirdischen bekommen. Vor dem Aufbruch zu dieser Reise hatte sie die Botschaft erhalten, daß auf See etwas aus einer anderen Dimension Kontakt mit ihr aufnehmen würde. Am Donnerstag, den 2. Juni war diese Verbindung für Diviana so wirklich, daß sie von einem veränderten Bewußtseinszustand sprach.

Sie berichtete Darryl, daß sie zum ersten Mal im Alter von vier Jahren Kontakt mit Wesen aus einer anderen Welt gehabt, aber 32 Jahre lang nicht darüber gesprochen hätte.

Als sich im Laufe des Törns die Wetterlage änderte, hatte Diviana erneut das Gefühl, mit außerirdischen Besuchern in Verbindung zu stehen. Für Darryl waren diese Erfahrungen seiner Frau nicht neu, und er kümmerte sich wenig darum, während er das Boot bei gröber werdender See auf Kurs hielt.

Beim Meditieren ging Diviana ein ganz bestimmtes Mantra nicht aus dem Kopf: „Das Himmelreich ist nahe. Das Himmelreich ist nahe. Das Himmelreich ist nahe." Sie konnte diese Mitteilung nicht unterdrücken. Während Diviana weiter meditierte, wurde ihr die Botschaft immer klarer, obwohl sie sich von der Bedeutung noch kein vollständiges Bild machen konnte: Sie würden an den Rand des Verderbens geraten.

Die Wetterverschlechterung ließ alle an Bord des Katamarans Böses ahnen. Darryl verbrachte einen großen Teil seiner Zeit auf Wache und bekam dadurch ab Donnerstagabend wenig Schlaf. Weder Shane noch

Stephanie hatten viel Hochseeerfahrung, deshalb saß Darryl während ihrer Wachen neben ihnen.

„Wenn ein Containerschiff über den Horizont kommt, kann es uns schon 20 Minuten später rammen, wenn du nicht aufpaßt", warnte er die beiden.

Stephanie war seekrank, ging aber die Wache von 2100 bis 2400 Uhr. Shane übernahm die folgenden drei Stunden. Die Wachzeiten wiederholten sich alle 24 Stunden, und Stephanie erschien jedesmal, wenn sie an der Reihe war, obwohl sie sich krank fühlte. Diviana versuchte es damit, ihr Joghurt zu geben, aber Stephanie konnte nichts bei sich behalten. Sie hatte auf Wache immer eine Schüssel neben sich und wollte nur eins: Die Wache hinter sich bringen und schlafen gehen.

Diviana konnte Darryl nicht viel helfen. Oft meditierte sie während ihrer Wache. Sie stellte fest, daß sie es in ihrem halbwachen Zustand schaffte, bis zu acht Stunden Ausguck zu halten, und daß sie sich danach erstaunlicherweise ebenso frisch fühlte wie vorher. Darryl dagegen brauchte seinen Schlaf, weil die Erschöpfung an ihm zehrte. Aber solange Diviana meditierte, fühlte Darryl sich gezwungen, beinahe rund um die Uhr auf Wache zu sein.

Freitag, 3. Juni

Sie stimmten das SSB-Funkgerät ab und hörten, daß mehrere Yachtcrews wegen des bedrohlichen Wetters unruhig wurden. Sie nahmen Verbindung mit der QUARTERMASTER auf und spürten, daß Bob und Marie Rimmer Angst hatten. Bob hörte sich sehr müde an. „Wir hoffen einfach das Beste", sagte er.

Darryl entschloß sich, die Fahrt zu vermindern, um das Tief vor dem Katamaran vorbeiziehen zu lassen. Er barg alle Segel und motorte. Am Abend sprachen sie mit Kerikeri Radio über die Wetteränderung.

Jon: HEART LIGHT. Hörst du, Darryl?
Darryl: Guten Abend, Jon. Hier ist HEART LIGHT.
Jon: Verstanden, ich kriege dich mit Stärke zwei bis drei. Bitte kommen.
Darryl: Wir stehen auf 30°5'S 179°30'E, laufen nur sechs Knoten und

steuern 20° am Kompaß. Östlicher Wind, 20 bis 25. Wir haben vollständig bedeckten Himmel, zwei Meter hohen durcheinanderlaufenden Seegang und Baro 1025. Alles soweit in Ordnung. Over.

Jon Cullen wiederholte die Angaben, um sicherzugehen, daß er sie zutreffend notiert hatte, und gab dann Vorhersage und Aussichten für die kommenden 24 Stunden durch, die er für das Seegebiet der HEART LIGHT zusammengestellt hatte.

Jon: Winde vorherrschend aus dem östlichen Quadranten. Zwanzig, 25, könnte auch bis auf 30 gehen. Vielleicht müßt ihr auch mit Böen bis 40 rechnen. Da habe ich aber ein Fragezeichen, also vielleicht kriegt ihr sie nicht, aber ich warne euch trotzdem. Es könnte so kommen. Ihr seid natürlich schon ziemlich weit und könntet gerade eben den Rand erwischen, selbstverständlich mit der Aussicht auf südostdrehenden Wind, wenn das System vorbeizieht. Also müßt ihr euch morgen vorsehen…
Darryl: Verstanden, Jon.
Jon: An eurer Stelle würde ich lieber einen Zacken langsamer segeln. Ich weiß, daß das etwas schade ist, aber ich würde dazu neigen, mit der Fahrt etwas herunterzugehen, weil das System … Ihr wollt doch nicht mittenrein geraten. Over.
Darryl: Ja, verstanden. Ich glaube, das ist ein guter Rat, Jon, sehr gut. Wir werden jetzt versuchen, auf vier Knoten herunterzugehen. Das war die HEART LIGHT, Ende. Over.
Jon: Ja, das wird das Richtige sein. Um die vier Knoten müßte ungefähr richtig sein, damit es vor euch vorbeizieht, denn die Zuggeschwindigkeit ist unbekannt, und ich würde euch nicht gern mittendrin wissen. Also dann, paßt auf euch auf. Wir rufen euch morgen wieder. Gute Nacht.
Darryl: Gute Nacht, Jon.

Darryl beschloß, nach Westen zu halten, und brachte achtern einen kleinen Fallschirmseeanker als Lenzsack aus, um das Boot noch langsamer zu machen. Während der Nacht zogen QUARTERMASTER und SILVER SHADOW vorbei. Als die beiden Yachten sich das nächste Mal über Funk hören ließen, standen sie 60 bzw. 70 Seemeilen vor der HEART LIGHT.

Sonnabend, 4. Juni

Jon: HEART LIGHT. Guten Morgen.
Darryl: Guten Morgen, Jon. Unsere Position ist 29°28′S 179°30′E. Wir steuern genau nach Westen und haben 30–40 Knoten Südost (Wind). Die See ist wirr und grob. Wellenhöhe gut drei Meter, und das Barometer sieht aus wie 1018. Wir machen etwa vier Knoten. Over.
Jon: Und ist alles klar?
Darryl: Ja, alles in Ordnung, Jon. Ungefähr zehn Seemeilen nördlich von uns haben wir ein Positionslicht gesehen, das sich nach Nordosten bewegte, da haben wir uns entschlossen, nach Westen zu halten, und vielleicht zieht das System oberhalb (nördlich) von uns vorbei. Wir überlegen, ob das die beste Entscheidung ist. Over.
Jon: Ja. Also sie (die Wetterkarte) sieht heute morgen nicht gerade gut aus, muß ich leider sagen. Unglücklicherweise ist zu erwarten, daß der niedrige Luftdruck um Mitternacht ungefähr bei 27°S und 178°E liegen wird und der hohe Druck unten im Süden bei 43 oder 44°S, 173°E mit 1034. Der Gegensatz wird zu einer sehr starken südöstlichen Luftströmung zwischen den beiden Systemen führen. Sieht leider so aus, als wenn es direkt über euch hinweggeht, aber immerhin lauft ihr in die richtige Richtung, um es möglichst abzumildern. Mehr könnt ihr nicht tun. Over.
Darryl: Verstanden. Nach Westen zu gehen ist also die richtige Taktik?
Jon: Ja, ja. Das ist richtig. Also, ihr habt gar keine Wahl. Wenn ihr es überhaupt etwas leichter haben wollt, ist das die einzige Richtung, die ihr einigermaßen bequem nehmen könnt, sonst würdet ihr geradewegs hineinsegeln. Es wird euch aber trotzdem einholen. Ich fürchte, daß euch im Endeffekt nichts anderes übrigbleibt, als einfach beizudrehen. Wie es aussieht, wird der Tag äußerst rauh. Ihr bekommt 30–40 (Knoten), und später könnten es 40–50 werden. Over.
Darryl: Okay, verstanden. Wird es in 24 Stunden durchziehen, oder meinst du, daß wir ein paar Tage damit zu tun haben? Over.

Jon: Ich würde sagen, es wird wahrscheinlich während der nächsten 24 Stunden über euch hinwegziehen und dann auf der Rückseite mit südlichen Winden allmählich ruhiger werden. Over.
Darryl: Gut, Jon. Das freut mich. Wir wollen aufhören, weil andere mit dir sprechen wollen. Hier ist HEART LIGHT, Ende.
Jon: Alles klar und viel Glück für den Tag. Seht euch vor.

Während Darryl den Berichten der anderen Yachten zuhörte, die Kerikeri riefen, wurde ihm deutlich, daß die Vorhersagen des neuseeländischen Wetterdienstes mit der zunehmenden Heftigkeit des Sturms nicht Schritt hielten. Eine Yacht nach der anderen berichtete von einer rauhen Nacht mit immer härter werdendem Wetter. Nur wenige der Boote hatten jetzt noch die Möglichkeit, dem Sturm aus dem Weg zu gehen. Jon riet den Seglern, sich auf Schlimmes gefaßt zu machen.

Diviana war besorgt, daß das Wetter Darryl Angst machte und die Angst ihm die Kraft nahm. „Du hörst dich sehr müde an und siehst auch so aus", sagte sie mitfühlend.

Dann nahm sie sich die Seekarten vor, um einen Schutzhafen zu suchen. Aber sie konnten sich nirgendwo verkriechen. Die neuseeländische Küste lag über 400 Seemeilen hinter ihnen, die Kermadec-Inseln lagen im Osten noch weiter weg, und die Fidschi-Inseln waren noch ungefähr eine Woche entfernt.

Sie änderten den Kurs, um nach Nordwesten abzulaufen, ein wenig dichter am eigentlich gewünschten Kurs. Darryl bezweifelte, daß der Sturm nennenswert über die 40 Knoten hinausgehen würde, die Jon vorhergesagt hatte. Er rechnete allerdings mit einer Winddrehung auf Nordwest beim Durchzug des Tiefs.

Um 2100 Uhr versuchte Stephanie tapfer, ihre Wache zu gehen, aber Wind und Seen waren inzwischen so stark, daß sie es nicht schaffte und Diviana sie ablösen mußte. Die Wachen waren auf der HEART LIGHT körperlich nicht schwer. Das Schiff wurde ununterbrochen vom Autopiloten gesteuert, so daß der Wachgänger nur auf dem Rudergängerstuhl in der geräumigen Kajüte zu sitzen brauchte und dabei den Horizont absuchen und die Instrumente über dem Steuerrad im Auge behalten mußte. Es war so angenehm und leicht, das Boot von innen zu fahren, daß die Crew es während der hinter ihnen liegenden 16000

Ozeanmeilen nie von Hand gesteuert hatte. Nur dann, wenn Darryl in einem Hafen anlegte, an eine Boje ging oder den Katamaran behutsam auf den Strand setzte, wurde der Autopilot abgeschaltet.

„Wenn wir das Boot von Hand steuern müssen, kannst du auch gleich dein Testament machen, denn ich weiß nicht, wie man es auf Kurs hält", gab Darryl zu, als der Wind im Laufe des Vormittags 60 Knoten erreichte und die See entsprechend grob wurde. „Ich habe es noch nicht einmal bei ruhigem Wetter geschafft, geschweige denn bei Sturm."

Weil sie alle so wenig Erfahrung als Rudergänger hatten, konzentrierte Diviana sich während ihrer ganzen Wache auf die drei Anzeigeinstrumente, die angaben, wie der Autopilot arbeitete. Sie beobachtete, wie „George", so hatten sie ihn genannt, das Schiff steuerte. Die Seen waren inzwischen über sieben Meter hoch und liefen stark durcheinander. Die HEART LIGHT glitt die Hänge hinab, dabei rutschte das Achterschiff seitwärts, als wolle es das Vorschiff überholen. Der Autopilot protestierte bei diesem Ungehorsam kreischend und änderte die Ruderlage. Um wieviel Grad, das las Diviana von den Skalen und dem Ruderlageanzeiger ab. George brachte das Heck immer wieder langsam herum, stellte sie fest. Das Boot kletterte auf den Wellenberg und rauschte ins Tal, und jedesmal wollte das Heck wieder ausbrechen. Aber George behielt unweigerlich die Oberhand. Diviana prägte sich seinen Rhythmus ein und stellte sich vor, wie sie das Boot von Hand steuern würde, falls nötig. Gott bewahre!

„Was zum Teufel war das?" schrie Darryl, als das Boot unter einer Welle erzitterte.

„Das Panzerglas ist weg!"

„Gott im Himmel!"

Die Seeschlagblenden aus Plexiglas hatte er über den großen Kajütfenstern befestigt, bevor sie Neuseeland verlassen hatten. Jetzt hatte eine schwere See eine davon abgerissen. Diviana entschloß sich, dafür zu sorgen, daß andere von dieser mißlichen Situation erfuhren, und rief Kerikeri Radio.

Diviana: Kerikeri Radio, hier ist HEART LIGHT.
Maureen: Ach, HEART LIGHT. Kerikeri. Bitte kommen.
Diviana: Guten Abend. Es ist HEART LIGHT, HEART LIGHT. L.I.G.H.T.

Wir haben hier so einen kleinen Zwischenfall, so daß wir es für richtig hielten, uns schon eher zu melden. Wir haben einen Katamaran, damit können wir nicht beidrehen. Wir sind vor dem Sturm abgelaufen. Wir haben 60 Knoten Wind und mehr mit sehr konfusem Seegang, deshalb hielt ich es für richtig, unsere Position durchzugeben.
Maureen: Ja, verstanden. Bitte kommen.
Diviana: Wir sind jetzt auf 28°53,96'S 178°40,55'E. Wir steuern ungefähr 300° am Kompaß, jedenfalls zeitweise. Unsere Fahrt schwankt zwischen sechs und zwölf Knoten. Die Windgeschwindigkeit ist im Augenblick 49–53, also es geht auf und ab. Over.

Maureen wiederholte die Koordinaten, um sich zu vergewissern, daß sie die Position richtig notiert hatte. Dann bat sie die Yacht, auf Empfang zu bleiben, während sie nachfragte, ob Jon eine Wettervorhersage für den Katamaran vorbereitet hätte.

Maureen: Östliche Winde von 50, in Böen 60 (Knoten), auf Ostsüdost drehend und morgen beim Abendrundruf Südost bis Ostsüdost. Over.
Diviana: Kannst du uns irgendwie Hoffnung machen, wann es nachlassen könnte? Das Steuern ist sehr schwer, wir werden verdammt müde und würden gern wissen, wann es etwas abflauen könnte?
Maureen: Bleibt mal hörbereit. Ich gehe und frage Jon. Er ist gerade beim Abendessen... Nein, macht nichts, das ist das Beste, was er für euch tun kann, fürchte ich. Das ist das Beste, was er tun kann. Over.
Diviana: Danke. Könntest du bitte diese Telefonnummer aufschreiben? Bitte nur anrufen, wenn unwiderruflich feststeht, daß wir nicht zurück an Land kommen. Meine Familie in den Vereinigten Staaten weiß nicht, wo wir sind. Bitte Ester Watson anrufen (sie gab eine neuseeländische Nummer an).
Die Telefonnummer meiner Mutter in den Staaten ist (sie sagte eine Nummer von der amerikanischen Westküste) und man sollte ihr auch sagen, daß ihr Enkelsohn an Bord war.
Maureen: Verstanden, alles klar. Ich habe es notiert, und wir hören morgen früh auf Kurzwelle von euch. (Maureen schien durch Divianas Bitte, die deutlich zeigte, welches Drama sich auf See abspielte, sehr aufgewühlt zu sein.)

Diviana: Wir hoffen es. Und bitte ruft diese Nummer nur an, wenn ihr nichts mehr von uns hört. Herzlichen Dank und auf Wiedersehen.
Maureen: Ja, gut. Nehmt euch in acht da draußen. Haltet durch, es bessert sich.

Es wurde aber nicht besser. Den ganzen Samstagabend hindurch wurden Wind und See heftiger. Selbst für George war es zuviel, als das Heck der HEART LIGHT von einer gewaltigen Sturzsee getroffen und mit unwiderstehlicher Kraft herumgeschleudert wurde. Diviana spürte, wie der Rhythmus sich plötzlich änderte. Sie reagierte schnell, schaltete den Autopiloten aus und steuerte so, wie das Gerät es ihr gezeigt hatte. Das brachte sie auch Darryl bei. Als das Boot wieder auf Kurs war, stellte sie den Autopiloten wieder an. George übernahm also wieder das Ruder, nur um 10 Minuten später schlappzumachen. Nach zwei weiteren Versuchen war klar, daß George es nicht mehr packte.

Darryl übernahm von Diviana das Ruder und begann zu steuern. Am Himmel leuchteten Blitze auf, Donner rollte und knallte über den Ozean. Das Boot erzitterte, knackte und kreischte.

Die vergangenen 48 Stunden lang hatte Diviana meditiert. Jetzt spürte sie, daß sich der ganze kosmische Konflikt, der um sie herumwirbelte, verstärkte. Sie empfing machtvolle Botschaften, die mit allen an Bord der HEART LIGHT zu tun hatten.

Darryl am Ruder war nicht sicher, daß sie überleben würden. Er kämpfte dagegen, daß der Katamaran sich überschlug, war aber nicht sicher, eine Kenterung verhindern zu können. Er hatte verschiedene Wortwechsel mit Diviana, die glaubte, daß er gerade eine tiefgreifende Bewußtseinsänderung durchmache. Besorgt über Darryls Pessimismus zog Diviana ihm das Polster vom Rudergängerstuhl, so daß er auf dem harten Schalensitz saß. Sie bemühte sich darum, seine Einstellung zu ändern und ihm etwas Zuversicht zu geben.

„Vergiß nicht, daß du in Fairbanks geboren und aufgewachsen bist", sagte sie. „Du bist einer der besten Autofahrer, die ich kenne. Schon in als Junge hast du Fahrradkunststücke auf Glatteis gemacht. Versetz dich wieder in die Zeit zurück. Stell dir vor, du fährst deinen Wagen auf Glatteis. Es ist hier genau das gleiche! Steure nach Gefühl, mit dem Hosenboden. Verlaß dich ganz darauf."

Beide hatten sie einen großen Teil ihrer Jugend in schneereichen Gegenden verbracht: In Alaska, Colorado und Idaho. Sie wußten, wie man bei Schnee und Glatteis fährt, und Diviana hatte volles Vertrauen zu Darryls Fahrkünsten gehabt.

„Ich habe mir nie Gedanken gemacht, wenn wir damals mit dem Wagen gefahren sind“, sagte Diviana zu ihm. „Also bleib mit deinem Hinterteil auf dem Sitz, dann machst du es hier draußen genau wie damals.“

Sie stand hinter ihm, massierte ihm Nacken und Schultern, um die Verspannungen zu lösen, und streichelte seine Wange. Sie versuchte ihn zu beruhigen und ihm klarzumachen, daß sie nicht allein seien. Sie wußte, daß andere Wesen bei ihnen waren.

Es gelang Diviana, Darryl aufzumuntern. Er ließ beide Motoren der HEART LIGHT laufen und manövrierte den Katamaran damit so, daß er nicht querschlug.

Immer wieder drehte er das Steuerrad in die eine Richtung, dann entgegengesetzt und wieder mittschiffs, um das Boot abzufangen, sobald die Doppelruder gefaßt hatten und wirkten. Dann schob er die Fahrhebel voll nach vorn, und die Motoren drehten brüllend hoch, wenn die Schrauben aus dem Wasser kamen. Er hielt das Schiff auf Kurs, indem er sich auf den Kompaß konzentrierte und versuchte, zwischen 300 und 330° zu halten. Der Wind – inzwischen 60 Knoten – wurde immer noch stärker.

Diviana war beeindruckt. Es schien ihr, daß Darryl das Gieren des Bootes jetzt im Griff hatte und die HEART LIGHT daran hindern konnte, hierhin und dorthin abzuirren. Die Nacht draußen war trostlos, die Dunkelheit undurchdringlich. Die Kajütfenster standen dauernd unter Wasser, von Gischt gepeitscht und von Brechern überspült.

Darryl war froh, daß er die dicken, unzerbrechlichen Plexiglasscheiben über den großen Fenstern befestigt hatte. Die HEART LIGHT war so oft unter Wasser, daß man sich eher wie in einem U-Boot vorkam statt auf einem Katamaran.

Darryl wurde auf ein schlagendes Geräusch auf dem Backbordrumpf aufmerksam. Das Beiboot hatte sich losgerissen. Bevor sie aus Auckland ausgelaufen waren, hatten sie für 3000 Dollar ein neues Schlauchboot mit starrem Boden gekauft. Nachdem der Wind es vorher schon einmal gelockert hatte, hatten sie es wieder fest verzurrt, aber jetzt knallte es wie ein Flugkörper im Cockpit herum und drohte einen Rumpf zu durchlöchern. Darryl wagte nicht, das Ruder zu verlassen. Shane mußte in die Dunkelheit hinaus, um das Beiboot zu sichern, bevor es ernsthaften Schaden anrichtete.

Diviana hielt Shanes zitternde Beine fest, um ihn nach Möglichkeit zu beruhigen, bevor er die Tür zum Cockpit öffnete, um die Lage zu peilen. Die Seen brachen heftig herein und stürzten durch die Tür. Diviana konnte sie nicht lange offen halten, deshalb mußte sie Shane draußen alleinlassen. Er hatte weder einen Sicherheitsgurt, noch eine Sorgleine, um sich an Deck einzupicken. Mit einer Taschenlampe leuchtete Diviana durch ein Fenster und beobachtete, wie Shane das Schlauchboot festzurrte. Eine Wasserwand brach über das Heck und wirbelte Shane hoch.

„Ist er noch da?“ schrie Darryl. „Ist er noch da? Hol ihn rein, hol ihn rein!“

Eine zweite Welle stürzte mit solcher Gewalt auf das Boot, daß Darryl spürte, wie sich das Schott des Ruderstands gut fünf Zentimeter nach vorn wölbte.

Dann hörten sie Shane draußen rufen. „Leckt mich am Arsch!“ schrie er die Wellen an.

„Er ist noch da! Gott sei Dank ist er noch da!“ Diviana leuchtete mit der Taschenlampe und sah, wie er sich festklammerte, um sein Leben zu retten. Tonnen von Wasser hatten ihn erfaßt und gegen die Kajüttür geworfen. Er packte die Leine, die er gerade durchschneiden wollte, und hielt sich daran fest, als das Wasser zurücklief und an seinen Beinen sog.

„Nächstes Mal gehst *du* raus“, sagte Shane zu seiner Mutter, als er wieder hereinkam und die Eingangstür hinter sich zuschlug. Die Anspannung ließ nach und alle lachten.

Diviana bearbeitete Darryl weiter, damit die Erschöpfung ihn nicht überwältigte. Sie bat Shane, seinem Vater den Kopf zu massieren. Shane klopfte Darryl daraufhin leicht mit den Fingerknöcheln auf die Augenbrauen und rieb dann kräftig, um ihn anzuregen.

„Wir müssen ihn wach halten“, ermahnte Diviana Shane. „Wir müssen ihn wach halten.“

Darryl kämpfte den ganzen Samstagabend mit einem einzigen Ziel vor Augen: Das Boot aufrecht zu halten, aber seine Kräfte versagten allmählich. Er klagte darüber, daß er kaum noch die Augen offen halten konnte, alles verschwamm, die Lider waren schwer.

Diviana umklammerte ihn von hinten, hielt ihn auf dem Sitz fest, tröstete ihn und sprach mit ihm, während sie mit sechs bis dreizehn Knoten Fahrt eine Welle nach der anderen hinabjagten und dabei ihren Seeanker nachschleppten. Darryl konnte kaum glauben, daß sie so schnell waren. Der Treibanker von 1,8 m Durchmesser, den sie achteraus schleppten, hätte das Schiff nahezu zum Stillstand bringen müssen.

Während Darryl darüber nachdachte, schlug der Katamaran quer. Das Achterschiff schoß herum, und der Backbordrumpf hob sich an. Dahinter steckte solche Wucht, daß Diviana von Darryl weggerissen wurde und auf die Kajütseitenwand herabfiel. Dabei wurde sie gegen eine Holzkante geschleudert, wobei sie Prellungen an der Hüfte erlitt und sich Bein und Knöchel aufschlug. Darryl wurde aus dem Sitz geworfen und fiel auf seine Frau. Die Motoren der HEART LIGHT brüllten und jaulten dazu eine Totenklage, bis der Backbordrumpf wieder eintauchte. Benommen rappelte Darryl sich auf und ging zurück ans Ruder, um das Schiff wieder unter Kontrolle zu bekommen.

„Das war das verfluchteste Kreischen, das ich je gehört habe", sagte er.

Das Boot war in einem fürchterlichen Zustand. Dadurch, daß sich Schotten verzogen hatten, waren einige Türen fest zugeklemmt, während verschiedene Schapptüren aufgesprungen waren, weil die Verschlüsse nicht gehalten hatten, so daß sich der Inhalt der Schränke in die Kajüte ergossen hatte.

Stephanie wurde mehr als einen Meter weit aus der Vorschiffskoje geworfen. Sie landete unsanft auf dem Boden und erlitt schlimme Prellungen. Sie kletterte gar nicht erst in die Koje zurück, sondern blieb breitbeinig auf dem Fußboden sitzen und klammerte sich an ihre Schüssel.

„Alles in Ordnung?" fragte Diviana.

„Mir geht es gut. Solange es dir gut geht, geht es mir auch gut", antwortete Stephanie matt.

Divianas Bein schwoll an und wurde steif, so daß sie nicht mehr stehen und Darryl auf dem Sitz festhalten konnte. Deshalb rief sie Shane, der dann die Arme um seinen Vater legte, um ihn festzuhalten, damit er nicht aus dem Stuhl geworfen wurde. Der Katamaran mit seinem großen Auftrieb bockte durch den fortwährenden Anprall der immer größer werdenden Seen heftig. Obwohl der stämmige, über 1,80 m große Shane seinen Vater festhielt, schaffte jede dritte oder vierte Welle es doch, ihn aus dem Sitz zu werfen.

„Du fliegst nicht vom Sitz!" rief Shane jedesmal, wenn das Boot erbebte. „Du fliegst nicht aus dem Sitz!"

Die Leuchtziffern des Anemometers sagten ihm, daß der Sturm 75 Knoten erreicht hatte.

„Ach, wenn es doch nur auf 60 zurückgehen könnte. Wäre es nicht schön, wenn es nur 60 Knoten wären?" sagte Shane.

Mit einem klopfenden Geräusch von draußen machte sich ein weiteres Problem bemerkbar. Nachdem sie die Salingleuchten angeschaltet hatten, sahen sie, wie eine 200-m-Rolle Perlontauwerk kurz davor war, vom Backbordrumpf zu kippen.

„Das könnte in die Schrauben kommen", bemerkte Darryl. „Wir müssen das festmachen."

Trotz des haarsträubenden, qualvollen Erlebnisses, das Shane an diesem Abend schon durchgemacht hatte, gab es keine Wahl: Sie mußten ihn wieder hinausschicken. Er nahm allen Mut zusammen und verschwand wieder aus der Kajüttür, auch diesmal ohne Sicherheitsgurt. Er mußte zum äußersten Ende des Backbordrumpfes kriechen, bis zur Badeleiter. Wasser donnerte über ihn und drückte ihn flach gegen das Süll, aber er bekam die Leine zu fassen und schaffte es, sie ins Cockpit zu ziehen. Dort mußte er sie losschneiden, weil sie sich hoffnungslos mit der Großschot vertörnt hatte.

Darryl war sich der Gefahr bewußt, in der Shane schwebte, und konnte es nicht erwarten, ihn wieder in der Sicherheit der Kajüte zu sehen.

„Ist er noch da? Ist er noch da?" rief er mit besorgter Stimme.

Diviana öffnete vorsichtig die Tür zur Plicht, um nach Shane zu sehen, schon wusch eine See herein. Dann stürzte Shane hinterher, gefolgt von einer zweiten Welle.

Erleichtert, daß er wieder da war, rief Stephanie: „Verflucht noch mal, ich habe das Boot zwei Tage lang geschrubbt und geputzt. Mach die Tür hinter dir zu und sieh dir an, was du angerichtet hast.“ Sie brachen alle zusammen in Gelächter aus.

Aber das Schlimmste war noch nicht vorüber. Der Windanzeiger ging bis auf 90 Knoten, dann explodierte eine gewaltige Welle wie eine Wasserbombe an der Bordwand der HEART LIGHT und warf einen Rumpf in die Luft. So blieb das Schiff ein paar Sekunden lang in der Schwebe, bevor es wieder auf ebenen Kiel fiel. Shane, der seinen Vater noch immer fest von hinten umklammert hielt, wurde mit ihm zusammen durch die Kajüte geschleudert. Beide knallten an die Seitenwand. Darryl befreite sich und schleppte seinen müden Leib zurück zum Rudergängerstuhl, um das Boot wieder auf Kurs zu bringen.

„Das Fenster ist zerbrochen“, schrie Shane, während das Boot sich wieder aufrichtete. Wie sie alle mit Schrecken sahen, rauschte Wasser durch das offene Kajütfenster. Bei näherem Hinsehen stellte sich heraus, daß die Scheibe mit ihrem Aluminiumrahmen aus der Kajütseitenwand herausgebogen und durch den Druck der See wieder hineingesprungen war, aber erst nachdem viele Liter Wasser durchgelaufen waren.

Durch die nachgiebigen Fenster strömten Sturzbäche von Wasser in die Rümpfe der HEART LIGHT. Die Familie beobachtete die Bewegungen der Fenster starr vor Schreck. Jedesmal, wenn der Katamaran auf dem Wellenkamm von der vollen Gewalt des Windes gepackt wurde oder wenn eine See das Boot mittschiffs traf, klafften die Fensterrahmen daumenbreit, danach schlossen sich die Spalten wieder. Darryl stellte die elektrischen Lenzpumpen an und hoffte, daß sie das Wasser schnell genug hinausschaffen würden, um Ihnen das Leben zu retten.

Und wieder legte sich der Katamaran über, diesmal hob sich der andere Rumpf. In einem zerstörerischen Crescendo flog alles krachend und splitternd auf die gegenüberliegende Seite. Schubladen fielen heraus, Glas und Geschirr zerbrach. Wasser stürzte ins Boot, füllte Schapps und Schubladen und spülte über die Teppiche. Diesmal schien das Schiff kurz vor dem Kentern zu sein, bevor es endlich zurückklatschte.

Ich muß wieder ans Ruder. Ich muß das Schiff wieder richtig auf Kurs bringen, sagte Darryl sich, während er sich wieder einmal abmühte, zurück auf seinen Stuhl zu kommen.

Jon: Kerikeri, (wir empfangen euch) laut und deutlich. Bitte kommen.
Darryl: Wir wollen nur unsere Position durchgeben. Zum Glück sind wir noch nicht gekentert. Wir sind ziemlich heftig auf eine Welle geknallt. Wir sind auf 28°22'S 178°8'E. Haben ungefähr 80 Knoten Wind, und es ist ziemlich unangenehm hier draußen. Deshalb wollte ich nur eine Position durchgeben für den Fall ...

(Er beendete den Satz nicht.)

Jon: Verstanden, HEART LIGHT, alles empfangen. Over.
Darryl: Ach, Augenblick mal. Ich kämpfe hier noch mit dem Ruder.
Jon: Verstanden. Die Breitenminuten – stimmten die: Zwei, zwei? Over.
Darryl: Zwo acht zwo. Zwo acht, zwo zwo Süd.
Jon: Verstanden, alles verstanden. Und ihr habt im Moment etwa 80 Knoten Windgeschwindigkeit?
Darryl: Ja, also, wir haben durchgehend 65–70, in Böen bis 80. Over.
Jon: Verstanden. Welchen Kurs steuert ihr im Moment? Over.
Darryl: Ach, wir versuchen, ungefähr 310° zu halten. Over.
Jon: Verstanden, danke. Kompaßkurs 310. In Ordnung. Könnt ihr euch bitte stündlich melden? Over.
Darryl: Ja, werden wir, wenn wir können.
Jon: Gut. Wir warten jede Stunde auf euren Funkspruch. Alles Gute da draußen. Over.
Darryl: Danke, Jon. Hier ist die HEART LIGHT, Ende.

Es gab keine Atempause. Der Schrecken der Nacht nahm kein Ende. Stunde um Stunde wiederholten sich Beinahe-Kenterungen, Wassereinbrüche und der unablässige Kampf am Ruder, um die HEART LIGHT auf dem richtigen Kurs zu halten. Oft schwebte das Boot in der Luft, wenn es über einen Wellenkamm hinausgeschossen war. Die Kunststoffrümpfe knackten und zitterten dann, wenn das Schiff wieder ins Wasser fiel.

Während der Nacht überholte die mit hoher Fahrt vor Wind und See lenzende HEART LIGHT erneut die SILVER SHADOW und die QUARTERMASTER, ohne die Yachten in der Dunkelheit zu sehen.

24 Stunden vorher hatte Diviana Darryl eine erschreckende Botschaft mitgeteilt, die sie erhalten hatte, und die sich jetzt erfüllte: „Mir wurde gesagt, daß wir in einen Wirbel kommen, ja, da geraten wir hin-

ein. Das Boot wird seine Bestimmung erreichen, und es ist deine Aufgabe, es in Fahrt zu halten."

Diviana glaubte, daß sie alle vielleicht ihren Körper verlassen würden, wenn sie das Zentrum des Energiefeldes erreicht hätten, in dem sie sich bewegten. Sie spürte, wie die Vorahnungen bei ihren Kindern immer stärker wurden, und wollte die beiden nicht unvorbereitet lassen.

Sie nahm Stephanie und Shane bei den Händen und ließ sie sich nahe Darryls Stuhl auf den Kajütboden setzen. Inmitten der intensiven Energie, die der draußen tobende Sturm erzeugte, fühlte sie, wie sie alle von einem überaus friedlichen Bewußtseinszustand ergriffen wurden. Während sie sich konzentrierte, verlangsamten sich alle Bewegungen um sie herum, und Ruhe kam über sie.

Diviana verlangte von Shane, eine Hand auf den Griff der Eingangstür zu legen, um sie öffnen zu können, falls das Boot kentern sollte. Sie wollte nicht, daß jemand in Panik geriet oder im Boot gefangen wäre, sondern alle sollten frei in den Ozean hinausschwimmen können. Alle sollten in einem friedlichen Bewußtseinszustand gemeinsam schwimmen.

„Bevor ihr auf die Welt kamt, wart ihr im Mutterleib, der salziges Wasser enthielt. Ihr wart dort geborgen, wurdet behütet und geliebt. In euren Körpern lebt noch immer die Erinnerung daran. Sobald ihr euch nicht mehr an eure Leiber klammert, werden sie in einen Zustand der Freude, nicht der Furcht übergehen. Ihr werdet Wasser einatmen. Es wird euch mit seiner Kälte einen Schock versetzen, aber es wird nicht weh tun. Ganz plötzlich werdet ihr frei sein und schwimmen. Beim Schwimmen werdet ihr merken, wie ihr eure Körper verlaßt", erklärte sie.

Das Windmeßgerät zeigte inzwischen 86 Knoten, und die Seen schienen über 30 m hoch zu sein. Darryl konzentrierte sich darauf, den Katamaran auf Kurs zu halten, so gut er konnte, während seine Familie hinter ihm auf dem Fußboden saß. Auch er erfuhr etwas von dem Frieden, der sie überkam, als Diviana sie in die Meditation führte. Die nächste Beinahe-Kenterung aber war alles andere als sanft. Sie stand in krassem Gegensatz zur langsam und friedlich dahinfließenden Meditation und riß alle abrupt aus ihrer Gelassenheit. Shane sprang instinktiv auf, um seinen Vater aufzufangen, der durch die Luft geschleudert wurde, und wieder einmal stürzten die beiden an die Kajütwand.

Diviana blieb in Trance. Für sie geschah das Ganze in Zeitlupe. Sie sah, wie das Boot sich anhob, während Stephanie sich an ihr festhielt, und sie sah Darryl langsam durch die Luft fliegen. Shane schien dreimal nacheinander umgeworfen zu werden. Die Backbordseite hob sich höher und höher, während das Boot auf einem Rumpf dahinjagte. Zur Begleitung kreischte die Maschine, das Geräusch erinnerte an den Todesschrei eines Falken.

„Tut mir leid, ich habe getan, was ich konnte!" schrie Darryl entschuldigend, während er versuchte, wieder festen Stand zu gewinnen.

„Nein!" brüllte Shane. Die gewaltige Stimme kam geradewegs aus den Tiefen seiner Seele. Während er protestierte, daß er nicht bereit sei, zu sterben, fiel die HEART LIGHT heftig zurück ins Wasser. Dabei wurden sie alle zur Backbordseite der Kajüte geworfen.

„Ich habe genug. Ich will mein liebes Mädchen, ich will meine Freundin. Ich will mein Leben leben", flehte Shane. „Auf das hier bin ich nicht vorbereitet."

„Setz dich hin und versenke dich wieder in Meditation", befahl Diviana streng.

„Ich weiß nicht, ob das wirklich funktioniert", erwiderte er.

Diviana bemerkte, daß er zitterte. Sie hatte ihn das gelehrt, woran sie glaubte, bis er mit achtzehn von zu Hause fortgegangen war. Zehn Jahre später war er zurückgekommen und hatte gesagt, daß er bereit sei, weiterzulernen. Jetzt zweifelte er wieder.

„Das macht nichts", sagte Diviana beruhigend. „Das bist du nicht selbst, es ist nur die Reaktion deines Körpers, der überleben will. Diese Reaktion ist völlig in Ordnung."

„Ich habe keine Angst, für dich zu sterben, Mama. Ich habe keine Angst zu sterben. Ich bin einfach nur noch nicht bereit dazu."

Er beruhigte sich, und Diviana fühlte mit ihm. Er war erschöpft und wütend darüber, in dieser schlimmen Lage zu sein. Er hatte zwei Fast-Kenterungen überstanden und war draußen zweimal in Lebensgefahr gewesen. Sein Zorn und seine Zweifel waren verständlich.

Diviana bemerkte ein eigenartiges Surren, das vom Instrumentenbrett kam, und fragte Darryl, was das nach seiner Ansicht sei. Er sah, daß die Öldrucklampe glimmte, während das Geräusch stärker wurde.

„Ich hasse das Geräusch. Was ist das?" fragte Diviana. Es kam von einer Maschine.

„Ich glaube, in eine Maschine ist Seewasser eingedrungen", vermutete Darryl. Ohne weitere Warnzeichen verstummte die Backbordmaschine.

Ohne die Backbordmaschine war die HEART LIGHT nicht mehr so manövrierfähig und deshalb anfälliger. Darryl mußte eine neue Taktik entwickeln. Sobald die Yacht begann, den Wellenhang hinabzuschießen, drehte er das Rad nach Steuerbord, um das Heck auf der See und den Bug in Windrichtung zu halten.

Plötzlich schüttelte sich die Steuerbordmaschine und blieb stehen. Fieberhaft versuchte Darryl, die streikenden Motoren wieder anzulassen, aber ohne Erfolg. Diviana rief ihm zu: „Darryl, hör auf, dagegen anzukämpfen. Die HEART LIGHT ist am Ziel. Wir sind im Zentrum des Wirbels."

Er drehte das Rad augenblicklich hart nach Steuerbord und laschte es fest, in der Hoffnung, die HEART LIGHT quer zu den aufgetürmten Seen zu halten, damit das Boot seitlich die Hänge hinabrutschte. Darryl fürchtete, daß der Katamaran außer Kontrolle geraten würde, wenn er ohne Steuerhilfe durch die Maschinen und nur mit einem vertörnten Seeanker als Bremse weiterlenzte.

Sonntag, 5. Juni

Darryl befürchtete außerdem, daß die anstürmenden Seen die geschwächten Kajütfenster herausschlagen würden. Als er schließlich kurz das Ruder verließ, um sich das Boot bei Tageslicht anzusehen, stellte er überrascht fest, daß es keine größeren Schäden hatte.

Innen aber herrschte ein fast unvorstellbares Durcheinander, ein nasses, übelriechendes Chaos. Die Motoren liefen noch immer nicht. Die Batterien hatten sich aus ihren Halterungen gelöst und rutschten auf dem Boden des Motorraums umher. Der Backbordrumpf hatte einen Riß, möglicherweise dadurch, daß sich die Treibankerleinen um die Schraubenwelle gewickelt und diese aus der Flucht gezogen hatten. Er lenzte den Rumpf, nur um sehen zu müssen, wie er sich wieder anfüllte. Jedesmal, wenn das Schiff ins Wellental fiel, sickerte Seewasser ein.

Während Darryl den Backbordmotorraum untersuchte, der halb unter Wasser stand, hatte das erste Orion-SAR-Flugzeug den Katamaran geortet. Mit der Besatzung der Orion und später mit den Fliegern der Hercules hatte Darryl diese Probleme besprochen. Batteriesäure war ausgelaufen, und die Flieger hatten ihm wegen der Explosionsgefahr dringend geraten, die Säure zu entfernen.

Dann dichtete er den beschädigten Rumpf mit Linoleum aus der Küche und Epoxidharz ab. Glücklicherweise leckte der Riß danach nur noch ganz wenig.

An Deck sah es ebenfalls böse aus. Die Vorschoten hatten sich mit den Wanten und Fallen verheddert, und es bestätigte sich, daß sich die Trosse des nachgeschleppten Treibankers um die Ruder und Schrauben gewickelt hatte.

Darryl hatte keine Zweifel, daß ihre Lage weitaus gefährlicher war als damals, als er auf den eisigen Hängen Alaskas die Natur herausgefordert hatte. Nach 36 Stunden am Ruder war er erschöpft. Während dieser Marathonwache hatten sie mehrmals dem Tod ins Auge gesehen. Jetzt war die HEART LIGHT beschädigt, und sie würden Hilfe brauchen, um das Tauwerk von den Propellerwellen loszuschneiden.

Darryl fügte sich in die Niederlage und aktivierte die Seenotfunkboje.

Wir stehen alle unter Schock

Am Montag, den 6. Juni, 0810 Uhr fing ein Satellit einen weiteren Hilferuf von einer 406-MHz-EPIRB-Boje auf. Die Funkboje gehörte zu der neuseeländischen 13,4-m-Yacht WAIKIWI II. Sofort wurde eine Orion P 3 von ihrem Patrouillenflug abgezogen, um das Boot zu suchen.

Die 406-Megahertz-Funkboje war die einzige Verbindung der WAIKIWI II mit der Außenwelt. Dem Funkgerät hatte es den Rest gegeben, als die Yacht über Kopf gegangen war und sich wieder aufgerichtet hatte. Die 243-MHz-Seenotfunkboje hatten Brecher aus der Plicht gerissen.

„Bist du sicher, daß es so geht?“ fragte jemand den Skipper John Hilhorst.

John war nicht sicher, daß die EPIRB-Boje unter Deck ihren Dienst tun würde. Nachdem er aber die andere Funkboje verloren hatte, scheute er sich, die 406er ins Cockpit zu bringen. Schließlich zurrte er sie aber doch draußen fest und hoffte das Beste. Cath Gilmours Vater hatte ihnen die Boje zu Weihnachten geschenkt. Er war der Ansicht, daß sie das wichtigste Ausrüstungsstück sein würde, falls das Schiff irgendwann einmal von der See überwältigt würde.

John entsann sich, daß die Boje nach der Gebrauchsanleitung an einer Stelle aktiviert werden sollte, wo das Funksignal den Satelliten am Himmel ungehindert erreichen konnte. Er erinnerte sich vage daran, daß die Funkboje ins Wasser gesetzt werden sollte, befürchtete aber, daß sie sich dann losreißen würde. Das Gerät war viel zu wertvoll, um es den Wellen anzuvertrauen, die in der Dunkelheit wie Vorschlaghämmer auf die WAIKIWI II einschlugen.

Die EPIRB-Boje stellte den Glauben der Segler an die Technik auf eine harte Probe. Die Boje war kalt, leblos und passiv. Sie war klein, kaum größer als eine Milchflasche. Könnte so etwas die Rettung bringen? Sendete das Gerät tatsächlich, oder hielt das Blinklicht, das das

Plastikgehäuse krönte, sie nur zum Narren? Wie John den anderen erklärte, zeigte das Licht an, daß die Boje wirklich ihre lebenswichtige Botschaft funkte. Er hoffte, damit recht zu haben. In der kleinen gelben Apparatur steckten Schaltungen, die das Wunder vollbrachten, ein Signal weit in den Weltraum bis zu einem COSPAS-SARSAT-Satelliten auszustrahlen, der es wiederum zur nächstgelegenen Empfangsschüssel an Land weiterleiten würde. Von dort aus würde dann der Standort der Funkboje festgestellt und ihre Kennung entschlüsselt werden. Dann würden die Angaben zu einer Leitstelle weitergehen, die anhand der Kennung die Größe des Schiffs, den Eigner und die Notfall-Kontaktadresse ermitteln würde. Danach würden die geeigneten SAR-Einheiten alarmiert und die Retter ausgesandt werden, um den Ozean nach dem Urheber des Notsignals abzusuchen. John hoffte, daß die Aktion so reibungslos ablaufen würde, wie es die Werbebroschüren versprachen.

Er war müde und fand, daß seine Besatzung nicht die Hilfe war, die er sich erhofft hatte. Im zweiten Sturm, in den sie geraten waren, hatte John die meiste Arbeit allein machen müssen. Es war einfach unfair: Schon seit dem Auslaufen waren sie von einem Sturm in den anderen gekommen, und jetzt hatte die See ihnen grausam zugesetzt. Das Boot war über Kopf gegangen und mehrmals flachgelegt worden. Der Mast war weg, die Lage war entsetzlich. Sie waren viel zu weit im Süden gewesen, um die sanften, warmen Winde zu erleben, von denen die anderen Yachten vor dem Sturm während der regelmäßigen Gespräche mit Kerikeri Radio berichtet hatten. An Bord der WAIKIWI II trug man wollene Skimützen, Schals, Handschuhe und unter schwerem Schlechtwetterzeug dicke Pullover, um im peitschenden Sturm von 50 Knoten die antarktische Kälte abzuhalten. Die Segler wollten den Bezug der Spritzkappe abnehmen, um den Windfang zu verringern. Als sie dazu die Reihleine lösten, mit der das Tuch über dem Niedergang befestigt war, schmerzten ihnen vor Kälte Finger und Gesichter.

Als am Donnerstag, den 2. Juni die Dunkelheit hereinbrach, rollte die Crew die Sturmfock ein, weil John sich an die Regel hielt, für die Nacht die Segel zu kürzen. Sie brachten einen Autoreifen an einer Trosse aus und schleppten ihn als Seeanker nach. John und sein alter Wanderfreund Geoff Spearpoint saßen fast eine Stunde lang in der

Plicht und versuchten das Boot so einzutrimmen, daß es mit dem Heck gegen die See vor Topp und Takel lenzte. Aber sie konnten machen, was sie wollten, die Yacht trieb hartnäckig quer und bot dem neun Meter hohen Seegang die Steuerbordseite dar. Schließlich ließen die beiden dem Schiff seinen Willen und gingen um 2200 Uhr unter Deck.

Als sie nach einer einigermaßen erträglichen Nacht aufstanden, hatte der Wind etwas nachgelassen, bis auf 40 Knoten. Das deutete darauf hin, daß der Sturm sich tagsüber weiter beruhigen würde. Sie setzten die Sturmfock, segelten bequem mit achterlichem Wind und vertrauten darauf, daß sie kaum etwas zu befürchten hätten, nachdem sie seit der Abreise aus Lyttelton schon mit so unangenehmem Wetter fertig geworden waren.

Am Freitag, den 3. Juni hörten sie über Funk, daß sich ein neues Tiefdrucksystem bildete, diesmal vor Vanuatu. Es war jedoch Hunderte von Seemeilen entfernt und würde sie wohl kaum bedrohen. Auf jeden Fall waren die Windstärken, von denen die anderen Skipper berichteten, nicht schlimmer als das, was die WAIKIWI II auf ihrer stürmischen Fahrt seit Neuseeland schon durchgemacht hatte.

Während der nächsten 24 Stunden führten sie drei vorher vereinbarte Funkgespräche mit Kerikeri Radio, eins am Vormittag und zwei am Abend. Die Wettermeldungen wurden nicht besser. Als die Segler am Samstagabend mehr Vertrauen zu ihrem Boot gewonnen und sich an seine Bewegungen gewöhnt hatten, aßen sie dampfend heiße Lasagne. Aber noch während sie aßen, legte der Wind zu, so daß sie beschlossen, noch vor dem festgelegten Abendgespräch mit Jon Cullen die Segel wieder zu kürzen und nur noch die Sturmfock stehen zu lassen.

Die Nachrichten waren nicht gut. Die Bahn des Tiefdrucksystems wurde in die Karte eingetragen. Es zog mit ungefähr 10 Knoten nach Süden, möglicherweise würde es aber vor der Yacht abschwenken. Auf dem gegenwärtigen Kurs würden sie vielleicht geradewegs hineinlaufen. Wenn sie aber die Fahrt verringerten, hatten sie die Chance, den Sturm nördlich vorbeiziehen zu lassen.

„Verdammt, wir machen es uns über Nacht bequem und lassen das Boot treiben", schlug John vor. „Warum sollen wir mitten hineinsegeln und uns die Köpfe einrennen? Wir treten einfach etwas kürzer."

Sie bargen die Sturmfock, brachten ihren Seeanker aus und richteten sich auf die Nacht ein, in der immer eine Person auf Ausguck war.

Am nächsten Morgen, es war Sonntag, offenbarte das Funkgerät, welche Verwüstungen der Sturm angerichtet hatte. Die Besatzung erfuhr, daß die See voraus mit Yachten in Seenot übersät war, und das die größte SAR-Aktion im Südpazifik ausgelöst worden war.

„Mensch, bin ich froh, daß wir nicht dort sind", sagte Cath, als sie einen Skipper nach dem anderen von den Schrecken der zurückliegenden Nacht berichten hörte. Gleichzeitig fühlte sie sich sicher, weil sie wußte, daß sie auf diesem Törn schon Stürme von 50 bis 60 Knoten überlebt hatten. „Wir haben schon in schlimmerem Wetter beigelegen, und uns ist nichts passiert."

Die Wellen draußen erreichten inzwischen weit über sechs Meter Höhe. Das war die Warnung, daß die Fahrtverminderung vielleicht keine ausreichende Taktik war, dem neuen Sturm aus dem Weg zu gehen. Wie sich die See aufführte, zeigte deutlich, daß das Wetter gröber wurde.

„Entweder, wir gehen auf Westkurs und laufen dann seitlich am Sturmsystem hoch oder wir bleiben hier und warten, bis es sich ausgeweht hat", überlegte John. „Ich glaube es ist vernünftiger, hierzubleiben." Er nahm an, daß der heftige Wind, der jetzt über sie hinwegfegte, nachlassen würde, wenn das Zentrum des Sturms nördlich vorbeiziehen würde.

Tagsüber lag das Boot zum Treiben, die Crew blieb in den Kojen, las Zeitschriften und Bücher, aber es war ungemütlich. Die WAIKIWI II nahm den wirren Seegang querein und schlingerte bösartig.

John war mit den Sturmvorbereitungen zufrieden. Er hatte Bodenbretter und Lukendeckel festgeschraubt und Schrankverschlüsse verstärkt, von denen er befürchtete, daß sie aufspringen könnten. Er hatte Seeschlagblenden aus Sperrholz über die luvseitigen Kajütfenster geschraubt, aber nicht in Lee, damit noch etwas Licht in die Kajüte kam. Mit Sturmblenden auf beiden Seiten hätte man unter Deck im Dunkeln gesessen.

Beim abendlichen Funk-Rundruf meldeten alle Boote nördlich der WAIKIWI II Windgeschwindigkeiten zwischen 50 und 60 Knoten und ungefähr neun Meter hohe Wellen.

John: Hallo, Jon! Wir laufen nicht mehr weiter nach Norden, sondern haben beigedreht. Dadurch driften wir zur Zeit mit ungefähr ein bis zwei Knoten mißweisend 204°.

Der Wind ist böig um 30 (Knoten) herum. Seegang ein bis zwei Meter, bedeckter Himmel, Barometer ungefähr 1103. Over.

Jon: Was für ein Wetter habe ich hier für euch? Sieht nicht so gut aus. Südöstliche Winde zwischen 30 und 40 Knoten, bei euch vielleicht ab und zu noch mehr. Aus dem südöstlichen Quadranten. Habt ihr jetzt auch südöstliche Winde?

John: Wir haben im Augenblick Ost bis Südost. Over.

Jon: Verstanden, in Ordnung. Ich hatte hier auf meinem Schmierzettel für den Anfang Ostsüdost, der morgen bei euch mehr auf Südost drehen soll. Over.

John: Verstanden. Kannst du uns sagen, ob das System direkt über uns zieht? Over.

Jon: Hmm, man erwartet, daß das System morgen mittag auf 28°S und 180° sein wird, also es geht knapp nach … ach, verflucht, ihr seid auf Westlänge, auf Westlänge! Nein, es wird direkt über euch hin ziehen, so sieht es aus. Over.

John: Wir werden also in den sprichwörtlichen Mahlstrom hineinsegeln? Over.

Jon: Ich fürchte. Ja, es wird direkt über euch hinweggehen, bei den westlichen Koordinaten, die ihr durchgegeben habt. Over.

John: Verstanden. Also, wenn wir jetzt wirklich West machen könnten (westlichen Kurs), könnten wir uns dann dahinter vorbeimogeln? Over.

Jon: Keine Chance, nein, ich fürchte nicht. Es kommt mit 15 Knoten auf euch zu, und ich fürchte, daß ihr sehr wenig dagegen unternehmen könnt. Ihr müßt euch einfach darauf einrichten, beizudrehen, abzuwarten und durchzuhalten. Over.

John: Verstanden, vielen Dank. Und ich muß damit rechnen, daß das 24 Stunden anhält? Over.

Jon: Ja, ja, 24 Stunden lang, und der Wind wird … Ich hab' euch auf der falschen Seite des Tiefs gesehen, also müßt ihr wahrscheinlich mit 50 bis 60 Knoten Wind rechnen, morgen noch mehr. Over.

John: Verstanden, danke, Jon. Die Hälfte würde auch reichen, oder?

Jon: Ja, ja, (er lachte) das kann man wohl sagen. Verdammt, ihr könntet gut darauf verzichten. Also dann, viel Glück dabei, und wir hören von euch morgen zur festgelegten Zeit. Over.

Bei Jon Cullens Meldung lief es der Crew kalt den Rücken herunter. Eine Welle von Angst packte sie. War für den herannahenden Sturm alles richtig vorbereitet? Was war noch zu tun? War alles gesichert?

Jons Vorhersagen trafen zu. Während die Segler in den Kojen lagen, dem Crescendo zuhörten, das sich draußen entwickelte, und die Stöße der gröber werdenden See spürten, hörten sie ein unbekanntes Geräusch wie Gewehrknallen, das sich immer wiederholte. Das Großsegel hatte sich aus den Zeisingen gerissen, die es auf dem Baum hielten, und das lärmende Stakkato des schlagenden Dacrontuchs ließ das ganze Boot erdröhnen.

Bei dem immer heftiger werdenden Sturm und der pechschwarzen Dunkelheit gefiel John der Gedanke überhaupt nicht, an Deck zu gehen, um das wild knallende Großsegel festzumachen. Aber es gab keine Wahl, deshalb legten Geoff und er Gurte an. Geoff blieb in der Plicht, während John im Licht eines von Cath gehaltenen Handscheinwerfers vorsichtig nach vorn ging.

John schlang die Arme um den Baum und das widerspenstige Segel und mühte sich ab, es festzumachen, während das Boot bedenklich schlingerte und stampfte. Wasserwände brachen an Deck und überschütteten ihn. Einen Moment lang erstarrte er vor Angst, als ihm klar wurde, daß er ganz auf sich gestellt war. Dann aber machte er einfach weiter.

„Ganz klar, wir sind in einem ordentlichen Sturm", sagte er, als er wieder in die sichere Kajüte trat.

Im Laufe der Nacht hämmerten die zunehmenden Seen bedrohlich auf die Waikiwi II ein. Sie jagte unter bloßen Masten vor dem Ansturm davon, im Angesicht tosender Brecher torkelte und stolperte sie wie betrunken dahin.

„Wir sollten lieber die Rettungsinsel aufpumpen und klarmachen", schlug jemand vor. Die Stimmung an Bord wurde schlechter. Merve und Shirley Bigden, das britische Ehepaar, blieb in der Vorderkajüte, wo es wahrscheinlich am sichersten war, sollte die Yacht durchkentern oder über Kopf gehen. Alle wechselten sich an der Lenzpumpe ab. Die

Bilge füllte sich jedesmal mit Wasser, wenn eine Welle in die Plicht stieg, weil das Wasser durch die Lüftungsschlitze des Niedergangs nach innen gedrückt wurde. Obwohl John außen Bretter und innen Plastikfolie befestigte, strömte noch immer Wasser unter Deck.

Geoff, der „Überzählige", tat John und Cath leid. Sie konnten sich ebenso wie Merve und Shirley gegenseitig trösten, aber Geoff war mit seinen Ängsten allein. John klemmte sich am Fuß von Geoffs Koje fest und versuchte ihn mit Erinnerungen an die gemeinsamen Wander- und Bergabenteuer in Neuseeland aufzumuntern.

Plötzlich ging es bergab. Es schien, als hätte eine Riesenhand die WAIKIWI II angehoben und mit Gewalt wieder hingeworfen.

„Alles in Ordnung?" riefen sie einander zu, als das Boot sich wieder aufrichtete.

John erhob sich vom Fußboden, auf dem er ein ganzes Stück von seinem Sitzplatz entfernt gelandet war, und überprüfte die Bilge.

„Alles klar", sagte er ruhig zu seiner Besatzung. „Es leckt nichts, nirgendwo dringt Wasser ein."

Durch die heftigen, unberechenbaren Stampf- und Schlingerbewegungen war es mittlerweile äußerst schwierig, im Boot aufrecht zu gehen. Am sichersten war es noch in den Kojen.

John aber saß auf dem Fußboden, festgekeilt zwischen einem Schott und einem Schrank, und lenzte die Bilge.

„John, mir bringt das keinen Spaß", rief Cath. Es war eine Untertreibung. Cath war von ihrer Ruhe selbst überrascht, denn sie hatte das Meer schon lange gefürchtet, bevor sie auf diese Reise gegangen waren.

Wie damals, als ich bei der Ambulanz arbeitete, dachte sie. *Ich hatte immer Angst vor der ersten Begegnung mit dem Tod gehabt, aber als es soweit war, übernahm ich automatisch meinen Part, und die Angst war verflogen. Hier ist es jetzt ebenso.*

Während Cath pumpte, brach der Hebel der Lenzpumpe ab. Das Lenzen war überlebenswichtig, deshalb übernahm John das Pumpen, indem er die Gummimembrane mit den Fingern herauszog und wieder hineindrückte, eine höchst mühsame Arbeit. Nach einer Weile löste Geoff ihn ab. Drücken, ziehen, drücken, ziehen. Es war schwierig und anstrengend, ohne Pumpenschwengel den Takt zu halten, aber so lebenswichtig wie der Herzschlag.

Ungefähr 20 Minuten nachdem Geoff begonnen hatte zu pumpen, klatschte wieder eine Riesensee gegen die Bordwand und legte die Yacht so weit über, daß sie fast aus dem Gleichgewicht kam. Aber der Ballastkiel erfüllte wieder einmal seine Aufgabe und riß das Boot kurz vor dem Durchkentern wieder zurück. Wasser schoß unter Deck, und Geoff brauchte 40 Minuten, um es wieder auszupumpen.

John stellte fest, daß der Rumpf anscheinend noch intakt war. Alle Seeventile waren zugedreht, alles war geschlossen. Daher nahm er an, daß das Wasser wieder an der Niedergangsluke eingedrungen war.

Im Boot sah es schlimm aus. Proviant war aus dem Tiefkühlschrank geflogen, und der Inhalt einer Shampooflasche hatte sich überall verteilt. John beschloß, Kerikeri Radio zu rufen.

John: Wir stehen auf 33°5'S 178°9'W. Wir machen ungefähr 2,5 Knoten bei einem Kurs von mißweisend 274°. Die Windgeschwindigkeit liegt noch immer bei 60 Knoten, in Böen über 70. Die See ist noch grob. Wir liegen noch immer unter nackten Masten vor ausgebrachten Reifen bei. Es ist noch immer erträglich. Das Barometer steht ungefähr bei 1001, und natürlich ist es bewölkt und regnet. Over.
Jon: Soweit verstanden. Eure Windrichtung bitte? Over.
John: Verstanden. Ich will nicht den Kopf raus stecken, um auf den Steuerkompaß zu sehen, aber ich glaube, es weht hier noch immer östlich. Over.
Jon: Verstanden, gut. Also ... außer daß ihr fürchterlich durchgeschüttelt werdet, seid ihr ganz zufrieden mit der Lage? Over.
John: Verstanden, das trifft es ganz gut. Over.
Jon: Okay, die nächsten 24 Stunden wird es leider ziemlich so bleiben, John. Ihr habt wahrscheinlich die Position des Sturmsystems mitbekommen. Es wird geradewegs über euch hinwegziehen. Morgen wird es etwas durchwachsen sein, aber wenigstens sieht es so aus, als würde es sich morgen gegen Abend um diese Zeit bessern. Over.
John: Verstanden. Wir können also nicht damit rechnen, daß das System vor morgen nachmittag über uns weggezogen ist, richtig? Over.
Jon: Ja, richtig, stimmt. Es wird (nach der Wetterkarte) morgen mittag direkt über euch sein. Der niedrigste Druck wird für 32°Süd und

177°West angegeben, also geht es ziemlich genau über euch ... Es wird also ganz schön rauh werden. Over.
John: Verstanden. Wir warten es einfach ab, wo wir sind und lassen uns nicht wild machen. Over.
Jon: Finde ich auch. So geht ihr richtig heran, immer mit der Ruhe. Also, viel Glück. Wir rufen euch morgen früh, John. Wünschen euch eine sichere Nacht. Für alle Fälle sind wir natürlich die ganze Nacht hörbereit. Over.

„Wenigstens kennt er jetzt unsere Position, wenn was schiefgehen sollte", sagte Cath, als John in die Koje neben ihr stieg. Nie hatten die beiden sich vorgestellt, daß die Natur so gewalttätig sein könnte.

Die Riesensee schlug lautlos zu. Sie näherte sich im Dunkeln wie ein Torpedo auf der Jagd nach seinem Opfer. Sie fühlten die flüssige Bombe schon an der Bordwand explodieren, bevor sie etwas hörten. Das Boot knackte gequält und kippte vornüber. John und Cath fielen auf die dicht über ihnen liegende Kajütdecke. Unbeholfen lagen sie quer übereinander, während das Boot still auf dem Kopf schwamm.

Na gut, ich muß hier jetzt liegenbleiben und mich schnell bewegen, wenn wir uns wieder aufrichten, sagte John sich. Die Stille überraschte ihn. Es war, als hätte die See Pause gemacht, um sich die nächste Gemeinheit auszudenken.

Schließlich gewann das Gewicht des Kiels doch die Oberhand und zog die WAIKIWI II in die richtige Lage zurück. Als sie herumrollte und sich wieder aufrichtete, war es vorbei mit der Stille. Wasserrauschen, herunterfallendes Geschirr, das Ächzen des überbeanspruchten Riggs und das Geräusch schmerzhaft herumtaumelnder Leiber erfüllten das Boot mit Lärm. Die Ankerkette schoß aus dem Kettenkasten. Am Kajütdach zerplatzte Joghurtbecher verteilten ihren Inhalt überall im Salon.

„Mist! Das Boot ist hinüber!" rief jemand. Niemand wußte, was als nächstes passieren würde und was zu tun war.

Bodenbretter fielen aus ihren Öffnungen, Schapps spuckten Weinflaschen, Erdnußbutter, Sirup, Mehl, Zucker, Salz und Nudeln aus. All das verschmierte Schotten und Fußboden, klebte an Polstern und Wegerung.

John rappelte sich vom Boden auf, um das Schiff zu inspizieren, kam aber nicht weit. Seine Kabinentür ging nicht auf. Er hörte Geoff draußen vor Schmerz stöhnen.

Als John noch mit der Tür kämpfte, spürte er Wasser an den Knöcheln. Noch bestürzter wurde er, als er die Tür schließlich aufbekommen hatte: Er spürte den Wind durch die Kajüte wehen. Viel Wasser in der Bilge und Wind! Das Boot mußte ein großes Leck haben.

Im Dunklen fand er Geoff, der vor Schmerzen stöhnte. Er hatte beim Kentern des Bootes Rückenverletzungen erlitten.

Taschenlampen! Wo waren die Taschenlampen? Es war keine zu finden. Johns Bestürzung wuchs, als er beim Herumtasten in der Finsternis feststellen mußte, daß überall Wasser über den Bodenbrettern stand und der Wind noch immer über sein Gesicht blies. Er fand einige Leuchtstäbe, von denen er einen Vorrat für den Notfall hatte, und knickte sie, um die chemische Reaktion auszulösen. Die Stäbe gaben ein gespenstisch glühendes Licht ab.

„Ich glaube, ich stehe unter Schock", murmelte Geoff, als er in der Pantry mit John zusammenstieß.

„Wir stehen alle unter Schock", sagte John. „Wir müssen herausfinden, was passiert ist, wie groß der Schaden ist."

Sie knickten noch mehr Leuchtstäbe ab und stellten fest, daß die leeseitigen Kajütfenster, die nicht mit Seeschlagblenden geschützt worden waren, zertrümmert waren und Wind und Wasser hereinließen.

„Ich weiß nicht, ob das Boot untergeht oder nicht", sagte John zu seinen Mitseglern. „Wir sollten lieber Rettungswesten anlegen."

John kletterte über die Steckschotten ins Cockpit hinaus und zog Rettungswesten aus einer Backskiste. Er reichte jedem unter Deck eine. Sie zogen die Westen über für den Fall, daß die WAIKIWI II sinken sollte.

John nahm ein scharfes Messer, das am Heckkorb befestigt war, und schnallte es an seinen Unterschenkel. Dann holte er Pützen aus einer Backskiste und reichte sie nach unten. Alle begannen damit nun, das eingedrungene Wasser durch die zerbrochenen Kajütfenster hinauszuschütten.

Als John zum ersten Mal nach vorn blickte, sah er mit Schrecken, daß der Mast weg war. Alle Relingstützen an der Steuerbordseite fehlten ebenfalls.

Da John nicht wußte, wie schwer der Schaden war und ob sich das Boot über Wasser halten würde, pumpte er die Vierpersonen-Rettungsinsel auf und behielt die Achtpersonen-Insel in Reserve. Der Wind hob die aufgeblasene Rettungsinsel an und tat sein Bestes, sie loszureißen.

Mein Gott, keine Chance, dachte er, als der Wind die Gummiinsel herumschleuderte. *Wir haben keine Chance, in dem Ding zu überleben.*

Er ging unter Deck, gab Geoff einen Behälter mit Notraketen und probierte das Funkgerät aus. Es blieb stumm. Sie beschlossen, ihre Seenotfunkboje anzustellen. Es war Montag, der 6. Juni, kurz nach 0800 Uhr.

Drei Stunden lang schöpften sie Wasser und schütteten es aus den zerbrochenen Kajütfenstern. Sie warfen auch eine Batterie hinaus, die sich losgerissen hatte. Dann verschlossen sie die zerbrochenen Fenster mit Ölzeughosen und Sperrholzplatten.

John befürchtete aber, daß diese Verschalung nicht stark genug wäre, das Wasser abzuhalten, sollte das Boot erneut durchkentern und eine Weile auf dem Kopf liegenbleiben. Dann würde die See hineinstürzen. Beim nächsten Mal würden sie nur geringe Überlebenschancen haben. Sie konnten aber gegenwärtig nichts dagegen tun. Ausgelaugt vom Kampf gegen das Wasser und durch Schlafmangel, fielen sie in die Kojen, noch immer mit Rettungswesten.

Der Sturm ließ nicht locker. Jedesmal, wenn der Bug einsetzte, hörte man etwas Hartes an den Rumpf schlagen. Es mußte der Mast sein, der noch an seiner Takelung hing.

„Oh Gott, muß ich schon wieder raus?“ fragte John, als er daran dachte, an Deck zu müssen, um das Rigg zu kappen. Er fragte sich, ob der Mast sich irgendwie selbst losreißen würde, um ihm bei dem fürchterlichen Wetter diese qualvolle Decksarbeit zu ersparen. John war völlig erschöpft. Er hatte zwei Nächte nicht geschlafen, fror und fühlte sich schwach.

Aber er wußte in seinem Innersten, daß er hinaus mußte, ob er wollte oder nicht. Der Mast konnte das Boot versenken. John suchte Hammer, Zange und einige Schraubenzieher zusammen, dann kletterte er vorsichtig an Deck. Der Mast war mehrfach gebrochen und lag quer über dem Deck. Aus dem Mastfuß kam ein Gewirr von Kabeln heraus. Der Baum war noch in Ordnung. Zuerst ging der Skipper an die Achterstag-

Spannschrauben, die sich leicht drehen ließen und schon bald gelöst waren. Zu seiner Überraschung war es recht warm, obwohl die Seen ihn überschütteten und der Wind heulte. John konnte nicht sagen, ob es regnete: Alles war grau, weiß und voller Gischt. Der Lärm des Sturms und der tobenden See war ohrenbetäubend. Merve sah John hilflos vom Cockpit aus zu.

Nachdem er die Achterstagen gelöst hatte, sah er sich das restliche Rigg an und überlegte, wie er die Sache anpacken sollte. Die meisten Drähte des stehenden Gutes waren mit ihren Steckbolzen an Püttings an der Bordwand befestigt, so daß er gefährlich dicht am Decksrand arbeiten mußte. Er bewegte sich vorsichtig, am Strecktau eingepickt. Aber er mißtraute ihm und fürchtete, daß es sein Gewicht vielleicht nicht aushalten würde. *Wenn ich über Bord gehe, bin ich tot,* dachte er. Am ersten Rüsteisen machte er Halt, nahm seine Sorgleine um einen Handlauf herum und belegte sie so kurz, daß er nicht zu weit fallen konnte. Er ging erst mit einer Zange, dann mit Hammer und Schraubenzieher auf den Splint los.

Nachdem er fast das ganze stehende Gut gelöst hatte, blieb nur noch der Steckbolzen, der das Vorstag hielt. Obwohl es bis dort nur wenige Meter waren, hätte es ebensogut ein Fußballfeld sein können. Auf dem Vordeck gab es nichts zum Festhalten, auch schnitt der Bug immer wieder tief unter und schaufelte Wasser, das in Sturzbächen das Deck entlanglief. Das Wasser hatte enorme Kraft. Es konnte ihn so leicht wegfegen, wie es ein Blatt vom Ufer spült. John wartete auf eine Gelegenheit, dann kroch er auf allen vieren nach vorn zu dem ein- und austauchenden Bugkorb.

Dort klemmte er sich fest, so gut es ging, und bearbeitete den Splint, der das Vorstag sicherte. Das Stag stand stark unter Last, da das Vorschiff sich hob und senkte. Wellen überspülten John, und er klammerte sich an einer Backbord-Relingstütze fest, bis das Wasser sich wieder so weit zurückgezogen hatte, daß er sich den Splint erneut vornehmen konnte.

Es überraschte ihn, wie er auf die Gefahr reagierte. Das Adrenalin, das durch seine Venen strömte, wärmte ihn, und es bereitete ihm tatsächlich eine sonderbare Freude, ganz vorn auf dem Bug inmitten von Gefahren zu sein und das Leben aufs Spiel zu setzen, um die anderen zu retten. Es war ihm völlig klar, daß ein einziger Fehltritt, ein einziger Irrtum seinen Tod bedeuten würde.

Aber aus dieser Hochstimmung wurde Trübsinn, als er das Vorstag zusammen mit dem nagelneuen Rollvorsegel, für das sie erst wenige Wochen vorher 3000 Dollar bezahlt hatten, vom Boot abfallen sah. Der Sturm war so laut, daß niemand die Orion hörte, obwohl sie kaum 100 m über ihnen flog. Merve sah das Flugzeug und begann von der Plicht aus zu rufen. John vergaß für einen Augenblick seinen gefährlichen Platz am Bug, hob die Arme, winkte und schrie.

„Hier bin ich!“ rief er.

Dann arbeitete er sich zur Plicht zurück, bitter enttäuscht, daß er wegen der groben See Mast und Segel nicht hatte bergen können. „Ich konnte nur den Spinnakerbaum und einige Fallen retten, aber die Schoten habe ich alle“, berichtete er den anderen außer Atem.

Der Besuch der Orion hob die Stimmung beträchtlich. Die Besatzung der Waikiwi II war außerdem erleichtert, daß wiederholte Überprüfungen keinen Schaden am Rumpf gezeigt hatten. Das Boot machte kein Wasser mehr. Die Mannschaft fragte sich, ob sie ihre Yacht wirklich verlassen wollte.

„Shit, wir werden im Laufe der nächsten ein oder zwei Stunden gerettet“, sagte John. Aber ohne Funkverbindung zu den Fliegern konnten sie nicht nachfragen, um sicher zu sein.

Als der Nachmittag fortschritt und weit und breit nichts von einem Rettungsschiff zu sehen war, vergegenwärtigten sich die Segler ihre Situation. Der Motor sprang aus irgendwelchen Gründen nicht an, eine der Batterien hatten sie über Bord geworfen, und das Ruder ließ sich nicht bewegen. Sie hatten keine Segel und keine Funkverbindung, aber ein Spinnakerbaum war noch da. Sollte der Wind auf etwa 20 Knoten zurückgehen, würden sie vielleicht ein Notrigg aufstellen können. Sie schätzten, daß es noch mit 50 Knoten wehte, so daß sie nur geduldig das Abziehen des Sturms oder die Ankunft eines Rettungsschiffs abwarten konnten.

„Wir müssen die EPIRB-Boje in Betrieb lassen, denn das ist unsere letzte Verteidigungslinie“, sagte John.

Die Dunkelheit brachte weder das geringste Anzeichen eines Rettungsfahrzeugs, noch irgendeinen Hinweis, daß der Sturm nachlassen würde. Er hatte jetzt 36 Stunden lang mit anscheinend unverminderter Kraft gewütet. Die See ging noch immer 12 bis 15 m hoch, gewaltige Brecher mit überstürzenden Kämmen schlugen an die Bordwand der WAIKIWI II und warfen sie beim Anprall jedesmal zur Seite.

Plötzlich durchbohrte helles Licht die Finsternis, und man hörte, wie das Motorengedröhn der Orion das Heulen des Sturms durchdrang. Alle stürzten an Deck und sahen, wie der Suchscheinwerfer der Orion das Wasser 200 m vom Boot entfernt anstrahlte, um sich dann zu entfernen, ohne sie in der Dunkelheit finden zu können. Enttäuschung packte alle, als sie das Dröhnen der Motoren in der Ferne abschwellen hörten. Aber im Zielflug auf das Nahsignal der Funkboje kam das Flugzeug zurück, und John zündete eine Fackel. Die Flieger erkannten das Leuchtsignal und warfen eine Sonarboje ab, um die Position der Yacht zu kennzeichnen. Da die Maschine beim vorherigen Überflug keine Ortungsboje abgeworfen hatte, nahmen die Segler das als Zeichen, daß ihre Rettung unmittelbar bevorstand. Sie warteten hoffnungsvoll auf das Rettungsschiff, aber auch jetzt erschien keins aus der Dunkelheit. Die Orion kam im Laufe der Nacht wieder zurück und am nächsten Tag noch einmal. Jedesmal wiederholte sich das gleiche Ritual: Signalfackeln abbrennen und Rettung erwarten. Die Sicht war so schlecht, daß die Orion schon verschluckt wurde, als sie in etwa 120 m Höhe vorbeiflog, und ohne Verständigungsmöglichkeit fühlte sich die Crew der WAIKIWI II behindert wie Taubstumme.

Dienstag, 7. Juni

„Mist, wir werden unser Boot aufgeben müssen“, murmelte John, als ihm die Folgen einer Rettung zum ersten Mal dämmerten. Das Boot verlieren? Das war nicht eingeplant. Vielleicht könnten sie im Schlepp den nächsten Hafen erreichen, es aufräumen, neu auftakeln und wieder unter Segel gehen.

„Ich möchte zu gern wissen, was da draußen vor sich geht – wie wir gerettet werden sollen“, seufzte Cath.

Bei allem, was sie durchmachten, war das Fehlen jeder Verständigungsmöglichkeit das Schlimmste. Sie konnten das Flugzeug sehen, winken und rufen, hatten aber keine Möglichkeit, zu erfahren, was für ihre Rettung geplant war. Weder konnten sie sicher sein, daß ein Schiff in der Nähe war, noch, daß Hilfe kommen würde, bevor der Sturm nachließ. Sie konnten für die Hilfeleistung nichts planen, weil sie nicht wußten, wie die Aktion vor sich gehen würde. Würden sie in der Lage sein, irgendwelche Habseligkeiten mitzunehmen? Wieviele wohl? Wie würden sie von Bord kommen? Sie kannten die Antworten nicht.

„Wer weiß, wohin es uns verschlagen wird?“ sagte John. Damit spielte er darauf an, daß ein Rettungsschiff zu jedem beliebigen Hafen der Welt unterwegs sein konnte.

„Vielleicht landen wir ja in Tonga“, witzelte jemand.

Die Orion kehrte zurück und begann über ihnen zu kreisen. Das war zumindest ein Zeichen, daß sich irgend etwas tat.

„Da ist ein Schiff! Ich sehe es!“ schrie Merve aufgeregt aus dem Cockpit.

Sie drängten aus der Kajüte heraus, um sich zu Merve in die Plicht zu setzen, konnten das Schiff, das sich in den Riesenseen hob und senkte, aber nur dann und wann ausmachen. Es dauerte ungefähr fünf Minuten, bis alle den schwarzen Rumpf deutlich sahen.

„Mein Gott, sieh dir an, wie es schlingert“, rief Merve, als das Schiff über die Kimm wuchs.

Der 30000 BRT große norwegische Massengutfrachter NOMADIC DUCHESS, der mit einer Ladung Stahl nach New Orleans unterwegs war, stolperte über den Ozean auf sie zu. Seine Aufbauten pendelten über den gewaltigen Seen wie ein Metronom hin und her. Die Segler der WAIKIWI II gingen wieder unter Deck, um Dinge zusammenzusuchen, die sie hofften, mitnehmen zu können.

„Sollte ich die mitnehmen?“ fragte John, und hielt dabei die Handbohrmaschine hoch, die Cath ihm geschenkt hatte.

„Was ist mit den elektronischen Geräten, Computer und so? Hätte es Sinn, davon was mitzunehmen?“ fragte Cath. „Das Medaillon von meiner Oma, das muß ich mitnehmen“, sagte sie und stopfte dabei eilig ein paar Kleidungsstücke zum Wechseln in eine Tasche auf Geoffs Rucksack.

Sie tat Kreditkarten, Pässe und Schiffspapiere dazu. John griff sich die neuseeländische Flagge und packte sie ein.

„Wird der Kapitän des Schiffs uns erlauben, all das mitzunehmen?“

„Es wird unterwegs naß werden.“

An Deck wurde ein Rauchsignal abgebrannt, damit man die Yacht von der NOMADIC DUCHESS aus besser erkennen konnte.

Das Schiff wurde immer größer, bis seine vier Ladekräne und fünf Luken deutlich zu sehen waren. Als der Frachter noch etwa 500 m Abstand hatte, begann er die Yacht langsam zu umkreisen. Ohne Funkgerät fühlten die Segler sich stumm und hilflos.

Während die NOMADIC DUCHESS sich neben die Yacht manövrierte, waren drei Fallreeps zu erkennen, die an der Backbordseite des Schiffs herabbaumelten und bis zum Wasser reichten. An einer anderen Stelle hing ein großes Kletternetz. Aus etwa 120 m Abstand wurden Raketenleinen zur Yacht geschossen, aber der Wind erfaßte die Geschosse und trug sie fort. Es war immer noch gefährlich, in der ungeschützten Plicht des Segelboots zu stehen, und niemand konnte sich mit dem Gedanken anfreunden, an Deck zu gehen, um eine Schießleine zu bergen und zu belegen, zumal an einer Bootsseite die Seereling fehlte. Schließlich wurden die Raketenleinen aber doch nicht gebraucht.

Die NOMADIC DUCHESS drehte bei und trieb auf die WAIKIWI II zu. Während Leinen und Trossen an der Bordwand heruntergeworfen wurden, riefen und schrien die Seeleute an Deck in einer fremden Sprache, wodurch die Verwirrung noch größer wurde.

Ohne Vorwarnung kollidierten die beiden Schiffe, sie krachten und knirschten aneinander. An Bord der Yacht konnte man sich kaum auf den Beinen halten. Der Lärm, die gewaltige schwarze Stahlwand und die unberechenbaren, heftigen Bewegungen jagten der WAIKIWI II-Crew Angst ein. Das Ganze war schrecklicher und furchterregender als alles, was die Segler bis dahin durchgemacht hatten. Die Rettung war greifbar nahe, und doch hatte das Riesenschiff, das gegen die kleine Yacht krachte und rumste, anscheinend nichts als Zerstörung zu bieten.

Zwischen den beiden Schiffen brodelte wütend weißes Wasser. Die beiden Rümpfe bewegten sich aufeinander zu und wieder voneinander weg, wie die Wellen sie zusammenwarfen und auseinandersogen.

Das Aussteigen war eine fürchterliche Aussicht. Über ihnen erhob sich die stählerne Felswand, eingehüllt in Kletternetze, und erwartete ihren Sprung. Das Überspringen verlangte exaktes Augenmaß und ging nur in dem kurzen Moment, wenn beide Schiffe sich im gleichen Takt hoben. Wer im falschen Augenblick springen würde, würde unweigerlich zwischen die Bordwände geraten und dort zerquetscht oder in den aufgewühlten Ozean gerissen werden. Das Ergebnis wäre in beiden Fällen dasselbe: Der Tod.

Schreckensstarr beobachteten die Neuseeländer die Bewegungen der beiden Rümpfe, während die philippinische Besatzung oben an Deck ihnen in einer Sprache, die sie nicht verstanden, Mut zurief. Immer wieder machten die Yachtleute sich zum Verzweiflungssprung bereit, verloren dann aber durch die heftigen Bewegungen ihres Bootes das Gleichgewicht. Oder die Leitersprosse, auf die sie es abgesehen hatten, entwischte plötzlich nach oben oder unten, und wieder einmal hatte ihnen die Dünung einen Strich durch die Rechnung gemacht.

Bis dahin hatten sie die Zerreißprobe mit Sturm und haushohen Seen bestanden, indem sie bei allem mit äußerster Vorsicht vorgingen. Sie hatten sich daran gehalten, daß niemand an Deck ging, ohne seinen Sicherheitsgurt einzupicken. Jetzt waren sie den Elementen voll ausgesetzt, mußten aber dennoch ihre Gurte aushaken und ablegen, um den furchtbaren Sprung in die Sicherheit wagen zu können.

Cath und John als erfahrene Bergsteiger fürchteten sich nicht davor, an der Bordwand des Schiffs hochzuklettern. Sie hatten kräftige Beine, und die Höhe würde ihnen nichts ausmachen. Das Hindernis war die Kluft, die sie von der stählernen Steilwand trennte und sich dauernd veränderte. Geoff, ebenfalls Bergsteiger, war wegen der Rückenverletzungen, die er sich bei der Durchkenterung des Bootes zugezogen hatte, nicht besonders in Form.

Zur rechten Zeit von John am Hinterteil geschubst, war Cath plötzlich von Bord und kletterte hoch. Starke Arme packten sie und zogen sie in Sicherheit, wo hilfsbereite Seeleute auf sie zu stürzten und sie in Decken hüllten.

„Ich will was sehen, ich will was sehen", protestierte Cath, als die Seeleute sie vom Schanzkleid wegdrängten.

Sie blickte sich um und sah Geoff an Bord kommen. Sie hatten ihn an seinem Gurt mit einer Leine hochgezogen.

John blickte zum Frachter auf, als die am Bug der Yacht belegte Leine brach. Ganz plötzlich war das Boot hoch auf einer Welle, ideal zum Übersteigen. John sprang und rief Merve und Shirley zu: „Springt! Springt!"

Ebenso schnell wie das Boot ihnen die flüchtige Gelegenheit zum Entkommen geboten hatte, sackte es wieder weg. Merve und Shirley waren noch an Bord.

„Shirley kann keine Leitern hochklettern!" rief Merve.

John fühlte sich schuldig. Er, der Skipper, hatte das Boot verlassen, während die beiden noch an Bord waren. Aber es war zu spät, seinen Entschluß rückgängig zu machen, und er kletterte weiter das Netz hinauf, der Sicherheit entgegen.

Ohne den Halt durch die Vorleine trieb die WAIKIWI II zum Heck des Bulkcarriers hin, wo sich der Spiegel bedrohlich in der Dünung hob und senkte und die Schrauben mit ihrem Sog die Yacht in die Höhlung unter der Bordwand lockten. John eilte auf die Brücke, um mit dem Kapitän zu sprechen.

„Wir werden noch einmal herumgehen", sagte der Kapitän ruhig und befahl, Fahrt voraus aufzunehmen. Merve und Shirley kauerten in der Plicht der Yacht. John hatte eine orangefarbene Signalplane über das Kajütdach gezogen. Ihre grelle Farbe ließ die Yacht in der grauen, sturmzerwühlten See wie eine Fahrwassertonne leuchten. Die Farbe, die in dieser tristen Weite so fremd war, hatte schon der Besatzung des Orion-Flugzeugs geholfen, das Boot auszumachen. Ebenso half es jetzt Harald Moegster, dem Kapitän des Frachters, die WAIKIWI II im Auge zu behalten.

„Können wir das Boot bergen?" fragte John, obwohl er wußte, wie die Antwort lauten würde.

„Die Seeleute sagen, daß Kräne an Bord sind", fügte Cath hinzu, die ebenfalls auf die Brücke kam.

Der Kapitän wollte versuchen, die WAIKIWI II bis zu einer Wetterbesserung in Schlepp zu nehmen, um sie dann per Kran an Deck zu hieven.

Die Seeleute liefen aufgeregt an Deck herum und bereiteten eine Trosse vor, die übers Heck ausgebracht werden sollte, um die Yacht in Schlepp zu nehmen. John sah auch, wie sie Leinen mit Augen klarlegten, um Shirley an Bord zu hieven.

Als die beiden Schiffe sich annäherten, wurden Merve Anweisungen zugerufen, wo er die Trosse belegen sollte, und Shirley wurde zugerufen, wie man sie an Bord nehmen würde.

„Stell die Funkboje ab“, schrie John Merve zu. „Die Orion sagt, wir müssen sie abstellen.“

„Sollen wir sie behalten?“ fragte John Cath.

Es war mehr als nur eine EPIRB-Funkboje. Caths Vater hatte sie ihnen geschenkt und war in der Zwischenzeit verstorben. Wie es sich ergeben hatte, war die Boje wahrscheinlich zum Wichtigsten geworden, das er ihr jemals geschenkt hatte. Sie hatte ihr Leben gerettet. Leider konnten sie die Boje nicht mitnehmen.

„Los! Los! Los!“ riefen sie Shirley zu, während sie sich das Auge der Sicherungsleine umlegte. Die Leine sollte verhindern, daß sie in die See stürzte, falls sie beim Sprung das Netz verfehlen sollte. „Los! Los, Shirl!“

John holte an der Leine und zog Shirley damit auf die Lotsentreppe. Sie hielt sich daran fest, und die Seeleute holten die Leine ein, um die Frau an Bord zu ziehen. Merve sprang an die Lotsentreppe und begann hochzuklettern, als Shirley schon an Deck stolperte und vor Erleichterung weinte.

„Es geht mir gut, es geht mir gut“, sagte sie gerührt unter Tränen. Das stand ganz im Gegensatz zu der stoischen britischen Ruhe, die sie während der schrecklichen Erlebnisse auf der WAIKIWI II gezeigt hatte.

Die Besatzung des Frachters rannte umher und machte Trossen zum Schleppen der WAIKIWI II klar, aber die Leine, die das Boot hielt, brach erneut, so daß die Yacht zum Heck des Frachters trieb, wo sein Spiegel sich in der Dünung hob und senkte. Die WAIKIWI II konnte dem Sog nicht entkommen. Sie lag dort unter dem riesigen Hinterteil des Schiffs, und schon donnerte die NOMADIC DUCHESS auf die Yacht und stanzte ein 1,5 m großes Loch in das Kajütdach.

Kapitän Moegster befahl volle Kraft voraus und überließ die Yacht der See, die die Wunden des Bootes schon gefunden hatte.

Springen! Springen!

Es war grauenhaft, die SAN TE MARU 18 fing so gut wie nichts. Während die Langleine eingeholt wurde, pflückten die jungen Fischer die Ködermakrelen geschickt von den Haken. Manchmal stockte die Arbeit, wenn sie widerspenstige Tintenfische von den Köderhaken lösen und über Bord werfen mußten. Jeden Fisch mußten sie in achteinhalb Sekunden abnehmen, bevor der nächste kam. An 36 Seemeilen Langleine waren 2000 Haken zu entködern. Aber weit und breit kein Thunfisch zu sehen. Nichts, kein lebendiger Fisch ließ sich blicken, und das auf den sonst sehr ergiebigen Lieblingsfanggründen des Kapitäns Bruce White.

Die neuen Leute bewähren sich, dachte Bruce. Zwei von ihnen waren vorher noch nie auf einem Fischereifahrzeug gefahren, die beiden anderen noch nicht in der Fernfischerei. Anscheinend aber hatten sie inzwischen den Dreh heraus, wie man die Haken rasch be- und entködert, und schienen trotz der schweren, eintönigen Arbeit nicht nachzulassen.

Bruce White war auf der Jagd nach Bigeye-Thunfisch für den japanischen Markt. Richtig große konnten 15000 Dollar pro Stück bringen. „Letztes Jahr um diese Zeit hatten wir hier ziemlich guten Fang", sagte er zum Maschinisten, der bei ihm auf der Brücke war. „Letztes Jahr um diese Zeit haben wir hier oben eine ganze Menge Fisch rausgeholt."

Aber diesmal nichts, noch immer nichts. Und weiter nahmen die Männer die ganz gebliebenen Köderfische von den Haken und ließen die Langleine durch die Fischluke an Steuerbord unter der Brücke fallen.

Es war auf dieser Reise Whites zweiter Versuch, Thunfisch zu finden. Vorher hatte er näher an der neuseeländischen Küste gefischt, aber ebenso glücklos wie jetzt vor den Kermadec-Inseln. Als er zu der Ansicht gekommen war, daß die SAN TE MARU zu groß war, um mit den zehn kleineren Kuttern zu konkurrieren, die in dem Gebiet fischten, hatte er die Leine eingeholt und die neuseeländische Küste verlassen.

„Die haben an die 1000 Haken pro Boot. Hier in diesem begrenzten Gebiet sind es fast 12000 Haken", erklärte er. „Ich meine, die Fische sind mißtrauisch und beißen nicht, so viel haben sie zu fressen. Wir können einfach nicht mithalten."

Nachdem Bruce beschlossen hatte, die küstennahen Fanggründe zu verlassen, wies er seine Mannschaft an, die orangefarbene Markierungsboje am Ende der 36 Seemeilen langen Leine aufzunehmen und damit anzufangen, die Haken zu entködern, während die Leine mit der Winde eingehievt wurde.

Die nächsten 30 Stunden fuhr er nach Norden, bis er über einer Bank vor den Kermadec-Inseln stand, wo er im Vorjahr Tausende von Fischen herausgeholt hatte. Die Wassertemperatur war günstig, und während die Haken beködert und die Leine ausgebracht wurde, war er zuversichtlich, erneut Glück zu haben. Sobald alles über Bord war, fuhr White weiter nach Norden und brachte noch eine Langleine aus, aber keines der beiden Geschirre fing etwas. Jetzt wurde die zweite Leine wieder aufgeholt.

Am Vortag, auf dem Weg zu den Kermadec-Inseln, hatte der Schiffsführer über Kerikeri Radio gehört, daß ein Boot mit Motorschaden Hilfe brauchte. Er hatte angeboten, Beistand zu leisten, dann aber erfahren, daß eine Yacht unterwegs war, um Hilfe zu leisten. Jetzt, am Sonnabend, hörte er zufällig, wie Jon Cullen bei den Mittagsmeldungen davon berichtete, daß Yachten weiter nördlich schweres Wetter hätten.

Bruce fand es merkwürdig, daß er mit 15 Knoten Wind und ruhiger See wunderbare Bedingungen hatte, während weiter im Norden Yachten mit einem Sturm kämpften. Aber er war nicht besorgt, denn es machte sich keines der gängigen Schlechtwetterzeichen bemerkbar. Er beobachtete den Seegang, der nach seiner Erfahrung eine Wetteränderung immer zuerst verriet, konnte aber nichts Ungutes entdecken. Er war sich sicher, daß Seegangsänderungen die ersten Vorboten für herannahendes Schlechtwetter sein würden. Der Himmel verriet nichts; er zeigte weder Streifen- noch Haufenwolken, die Vorzeichen für aufziehenden Starkwind.

Vier Stunden später aber gab die See endlich ihre Zeichen. Sie wurde unregelmäßig und aufbrausend. Plötzlich entstanden Schaumkämme und begrüßten eine bei 30 Knoten Windgeschwindigkeit von Südosten heranrollende Dünung. Über der Kimm zog sich eine graue Wolkendecke zusammen und verschleierte die Sonne. Damit kündigte sich frühe Dunkelheit an, die das Fischen für diesen Tag vorzeitig beendete. Bruce White ließ 12 Seemeilen Langleine für die Nacht an einer Leuchtboje liegen, weil er befürchtete, das Fanggerät zu beschädigen, wenn er bei dem schlechter werdenden Wetter die Arbeit im Dunkeln fortgesetzt hätte.

„Das Wetter wird mistig", sagte er. „Wir bleiben hier, boxen langsam gegen die See an und holen die Leine morgen ein." Er hatte vor, das Schiff die ganze Nacht mit etwa vier Knoten gegen die See angehen zu lassen. „Wir laufen mit ganz wenig Fahrt gegen die See, ganz sachte", erklärte er. „Wir dampfen einfach gegen die Dünung an – ein Kinderspiel."

Der Pazifik aber hatte andere Pläne. Der Sturm nahm im Laufe der Nacht zu, und Riesenseen mit brodelnden Kämmen krachten heftig gegen den Bug des Schiffs, das sich durch die Wellen kämpfte.

Das Schiff hatte gerade den zweiten 10-Seemeilen-Kreis um die im Ozean hängende Langleine vollendet, als Bruce, der achtern in der Messe gerade beim Abendessen saß, anfing sich Sorgen über die starke Vibration zu machen, die von der Kavitation der Propeller in der starken Dünung ausging. Er ließ sein Essen stehen und kehrte auf die Brücke zurück.

„Was ist hier los?" fragte er. „Irgendwas läuft hier schief."

Die Wache beobachtete, wie die gewaltigen Brecher gegen das Vorschiff anrannten. Die heftigen Schläge dröhnten durch den ganzen 22 Jahre alten Stahlrumpf. Die Besatzung schien sich zu fürchten, besonders diejenigen, die vorher noch nicht auf See gewesen waren.

„Also gut, wir gehen auf Nordkurs und lenzen", sagte Bruce entschieden. Er erläuterte den beiden Wachgängern, in welchem Winkel sie die Wetterfahne des Windrichtungsanzeigers halten sollten, damit die San Te Maru vor dem Sturm ablief. Dabei betonte er, daß das Schiff kein Wasser an Steuerbord übernehmen durfte: Sollte die See dort durch die Fischluke unter der Brücke eindringen, könnte das Schiff Schlagseite bekommen und schließlich kentern.

Bruce ging zur Koje, flog aber schon um 0600 Uhr buchstäblich wieder hinaus, als eine gewaltige See an Deck brach und anscheinend genau die Kapitänskajüte traf, die sich unter der Brücke nahe bei der verwundbaren Deckluke befand.

Er kletterte ins Brückenhaus und schrie die Wache an: „Seht ihr das nicht?“ Dabei zeigte er auf die Windfahne des Anemometers, die stur nach Backbord wies. Die Wache hatte sich nicht an die Anweisungen gehalten. Sie hätten am Autopiloten einen anderen Kompaßkurs einstellen müssen, um den Winkel zum Wind beizubehalten.

Der Kapitän konnte kaum glauben, was er in der blassen Morgendämmerung sah. Wellenkämme, die sich oberhalb von ihm überstürzten und einen schwarzen, gähnenden Hohlraum entstehen ließen. Das waren echte hohle Brecher mit Sturzkämmen – wie Brandung, die auf den Strand donnert.

Whites Leidenschaft war das Surfen. Wenn er nicht auf See war, verbrachte er die meiste Zeit beim Wellenreiten an Aucklands Westküste. Er las Zeitschriften und Bücher über diesen Sport und beobachtete genau die Form der Wellen, die auf seinen Surfstrand schlugen. Jetzt sah er hier mitten im Südpazifik hohle Brecher.

Er staunte. Oft war er auf seinem Surfbrett durch solche Tunnelwellen geritten und hatte die Kämme über seinen Körper stürzen gefühlt, aber hier draußen auf dem Pazifik? Er schüttelte den Kopf.

Argwöhnisch beobachtete er die Seen. Sie stürmten im Abstand von 15 oder 20 Sekunden in Dreiergruppen auf die San Te Maru los. Der mittlere Brecher drohte stets das Schiff zu verschlingen. Bruce blieb den ganzen Tag auf der Brücke, Eigenart und Rhythmus dieses Seegangs faszinierten ihn. Die erste Welle einer Gruppe war immer voll geformt und niedrig. Sie lief so schnell, daß sie der nachfolgenden Welle die Masse entzog, als versuche sie die vorauslaufende See einzuholen. Durch das ablaufende Wasser höhlte sich die Front des zweiten Brechers aus, bis der Wind oben darauf einen mindestens 1,5 m hohen rollenden Kamm formen konnte. Der Abstand zwischen den Kämmen war ungefähr halb so groß wie die Schiffslänge von 55 Metern.

Die Sturzbrecher erhoben sich über die San Te Maru, manche brachen an Backbord, manche an Steuerbord. Nur ab und zu fielen sie direkt über das Schiff her und drückten sein Heck tief ins Wasser.

Bruce war noch nie bei solchen Bedingungen gefahren, es war der gröbste Seegang, den er in 20 Jahren Fischerei erlebt hatte. Er mußte 10 Knoten Fahrt machen, um Ruder im Schiff zu behalten. Während er in seinem Brückenstuhl saß, dachte er darüber nach, welche Taktiken in Frage kamen. Die Benutzung eines Fallschirmseeankers schied für ihn aus, weil dieser durch seinen Zug nach unten das Vorschiff unterschneiden lassen würde.

Whites Sorge war, daß Wasser durch die Fischluke eindringen könnte, sollte das Schiff nach Steuerbord ausscheren. Durch diese Luke holten sie an guten Tagen den Thunfisch und das Fanggerät an Bord und bearbeiteten den Fang. Anders als die übrigen Luken war die Fischluke nur mit Holz verschlossen und anfällig. Wenn die See sie zertrümmerte, würde das Hauptdeck überspült, und das Schiff würde Schlagseite bekommen. Sollte dann eine zweite Welle die SAN TE MARU in diesem verwundbaren Zustand erwischen, würde sie mit Sicherheit kentern. Deshalb seine Sorge, als das Schiff vom Kurs abgeirrt war, weil die Konzentration der Wache nachgelassen hatte.

Als der Sturm zulegte, bestand der Kapitän darauf, daß die Mannschaft die Speigatten überprüfte. Diese Wasserpforten durften auf keinen Fall durch Abfälle verstopft sein, sondern mußten das an Deck gekommene Wasser rasch ablaufen lassen, statt es zurückzuhalten, denn dadurch würde das Fahrzeug topplastig und kenteranfällig.

Alle an Bord waren dankbar, daß der schlimmste Teil des Wirbelsturms tagsüber durchzog, denn selbst Bruce war in der Dunkelheit nicht ohne Besorgnis. Er blieb den ganzen Tag im Brückenhaus und hörte den Funkverkehr zwischen Kerikeri Radio, den weiter nördlich stehenden Yachten und den Orion-Flugzeugen ab. Die Yachten waren mit Sicherheit in Schwierigkeiten. Sie hielten sich im Sturm nicht gut. White meldete sich bei Kerikeri Radio und gab seinen Schiffsort durch, um darauf aufmerksam zu machen, daß er Hilfe leisten könne.

Beim Blick nach draußen verstand er sehr gut, warum die Yachten in Bedrängnis waren. Beim Lenzen vor der See rutschte die SAN TE MARU von den Wellenkämmen und schoß an der Vorderseite der Wellen 15 Meter weit im Winkel von 45° hinunter. Das Wasser fetzte 6 Meter über der Wasserlinie über das Vorschiff, statt unter dem hohl ausfallenden Bug abzurollen.

Bei diesem Wetter zog Bruce es vor, für sich allein zu sein, und schickte die Seeleute weg; sie sollten in ihren Kojen bleiben. Den ganzen Tag aber erschienen immer wieder Leute auf der Brücke, die wegen des groben Wetters in Angst und Sorge waren. Er erlaubte ihnen, kurz zu bleiben, aber immer nur einem zur Zeit, und ließ sie Bettzeug holen, um es unter die Tür zu stopfen, wo Wasser einsickerte.

Der Wind zupfte an der Takelung der SAN TE MARU wie an Saiten, zerrte an der Funkantenne, an den Drähten, die die Masten hielten, und an dem Genickstag zwischen den Toppen. Die Vibrationen waren überall an Bord als Summen zu hören, das den Lärm der jagenden Seen übertönte und die Mannschaft zwang, lauter zu sprechen.

Bruce war voller Bewunderung für diesen japanischen Langleiner, der mit 360 BRT das kleinste Schiff seiner Klasse war. Ein japanischer Fischer, mit dem der Neuseeländer zusammengearbeitet hatte, hatte die SAN TE MARU uneingeschränkt gelobt und über die Seetüchtigkeit ihrer Schwesterschiffe in Stürmen und Orkanen berichtet, die größeren Schiffen den Garaus machen konnten. Er fühlte sich an Bord gut aufgehoben. Nur eine einzige Unart war dem Schiff nicht abzugewöhnen – die starken Kavitationen vom Propeller wenn das Heck hochgehoben wurde und die Schraube Luft schlug. Abgesehen von diesen kleinen Schwächen folgte das Schiff unbeirrbar seinem Nordkurs, als kenne es seine Verantwortung genau.

Die Seeleute, die auf die Brücke kamen, teilten Bruce mit, daß Proviant und andere achtern untergebrachte Vorräte aus ihren Schapps gefallen seien, und daß sich die Zurrungen eines Sonnensegels auf dem Achterdeck gelöst hätten. Das Segeltuch schlug wie wild im Wind. White sagte, es könne ruhig wegfliegen. Niemand sollte deswegen an Deck, und die wasserdichten Türen sollten fest verschlossen bleiben, darauf bestand er.

„Was zum Teufel machen Sie hier?"

Die Stimme schreckte Bruce auf. Sie kam aus dem Lautsprecher des Funkgeräts und stammte von einer Orion, die offenbar sehr nahe war, obwohl die Maschine nicht zu sehen war.

„Mann, ich bin seit 24 Stunden auf diesem Kurs. Der Sturm hat uns unten erwischt und wir verholen uns jetzt nach Norden. Was anderes bleibt uns nicht übrig."

„Warum sagen Sie das niemandem?“

Bruce biß sich auf die Zunge. Er wollte antworten, daß Kerikeri Radio seine Position kenne, und daß es nicht sein Problem sei, wenn niemand die Air Force informiert hätte, daß er in der Nähe sei und Hilfe leisten könne. Aber er verkniff es sich. „Also, wir brauchen Ihre Hilfe.“

„Fordern Sie mich an?“

„Ja.“

„Also gut, wohin soll ich?“

Die Stimme aus der Orion berichtete ihm von der HEART LIGHT, die mit vier Personen an Bord ungefähr 63 Seemeilen weiter nördlich stand und durch ein Leck in einem Rumpf sowie durch beschädigte Kajütfenster Wasser machte. Bruce notierte, daß er die Meldung am Sonntag, den 5. Juni, 1800 Uhr empfangen hatte, und teilte mit, daß er den havarierten Katamaran nicht vor Mitternacht erreichen würde.

Er war gerade unten beim Abendessen, als der Koch, der mit dem Wachgänger auf der Brücke gewesen war, in die Messe stürzte und aufgeregt herausplatzte: „Wir haben gerade ein Backbordlicht gesehen!“

„Wo?“

„An Steuerbord.“

Bruce sprang vom Essen auf, stürmte auf die Brücke, griff sich das Fernglas und suchte nach dem roten Licht.

„Es ist nach achtern ausgewandert“, sagte der Wachgänger, aber Bruce sah nichts.

Er trug die Position in die Karte ein und rief über Funk die Orion, die über den havarierten Yachten kreiste. Die Maschine flog zu der angegebenen Position, und die Flieger meldeten dann, daß sie eine Yacht mit gebrochenem Mast gefunden hatten, die nicht funken konnte. Sie wußten noch nicht, daß sie die PILOT entdeckt hatten, und forderten die SAN TE MARU auf, umzukehren und nachzusehen.

„Auf keinen Fall. Ich werde mit diesem Schiff nicht drehen. Es ist mir egal, was Sie sagen“, antwortete er, nachdem er sich die durchgesagten Koordinaten genau angesehen hatte.

Bruce’ Hauptsorge galt der Sicherheit seiner zehnköpfigen Besatzung und der seines Schiffs. Er war bereit, zur HEART LIGHT zu laufen, denn das war auf einem Kurs, den er für den sichersten hielt. Er befürchtete, daß sein Fischereifahrzeug bei einem Versuch, im Dunkeln zu drehen, querschlagen und kentern könnte.

Dann kam von der Orion die zweite Anfrage: „Können Sie nach der Silver Shadow sehen?“

Wenn man Bruce eher gefragt hätte, hätte er erwogen, den Kurs zu ändern, jetzt aber widerstrebte es ihm. Die Silver Shadow stand 23 Seemeilen südwestlich. Er hatte vorher schon das Gespräch der Orion mit der Silver Shadow verfolgt und von der Yacht die Antwort mit zwei Klicks gehört, als die Segler gebeten worden waren, den Ernst ihrer Lage auf einer Skala von 1–5 einzuordnen. Für White bedeutete das, daß sie nicht in allzu großer Gefahr waren. Er glaubte, daß die Besatzung der Heart Light auf die gleiche Frage mit fünf Klicks geantwortet hätte, denn sie berichtete, daß ihr Boot dabei sei unterzugehen. Selbst dann, wenn er zur Silver Shadow gefahren wäre, wäre er nicht in der Lage gewesen, den verletzten Segler zu übernehmen. Weder bei der Silver Shadow noch bei der Pilot hätte er vor Tagesanbruch mehr ausrichten können, als in der Nähe zu liegen und zu beobachten.

„Also, kehren Sie jetzt um, um nach der Silver Shadow zu sehen?“ fragte die Orion.

„Nein. Die Heart Light macht Wasser, das heißt für mich, daß sie dabei ist zu sinken. Deshalb laufe ich ohne Umweg dahin.“

Bis dort waren es nur noch 33 Seemeilen, und Bruce hatte ein Bild vor Augen, daß nur noch ein Rumpf des Katamarans über Wasser sei und die Crew in Erwartung seiner Ankunft darauf kauere.

„In Ordnung, es ist Ihre Entscheidung“, sagte der Funker der Orion.

„Ja, denn diesen anderen Leuten geht es soweit gut, sie sind nicht in ernsten Schwierigkeiten, das wissen Sie.“

Etwa 80 Minuten später bekam Bruce die erste Funkverbindung mit der Heart Light. Er erzählte Diviana, daß er einen Hund namens „Storm“ habe, und Diviana sagte, daß ihr Spitzname „Storm“ sei. Bruce plauderte und scherzte weiter, denn es schien die Segler zu beruhigen. In sechs Seemeilen Entfernung machte er das Licht des Katamarans aus, und am Montag, den 6. Juni, um 0020 Uhr hatte er die Heart Light im Lichtkegel seiner starken Suchscheinwerfer.

Der Zustand des Bootes überraschte ihn. Anders als er es sich vorgestellt hatte, lag kein Rumpf unter Wasser. Das Schiff sah noch immer seetüchtig aus und schien bei dem inzwischen besser gewordenen Wetter gut in der See zu liegen, obwohl noch dann und wann eine Welle über das Kajütdach brach.

Als Bruce nach den Schäden fragte, berichtete Darryl ihm, daß ein Rumpf gerissen sei und beide Motoren nicht mehr liefen. Die Kajütfenster leckten noch immer, und die Treibankertrosse hatte sich um die Schraubenwelle gewickelt. Sie hatte sich außerdem in den Rudern verfangen, die dadurch blockiert waren. Das wußte zu der Zeit aber noch niemand.

Bruce hielt seine Scheinwerfer auf die Yacht gerichtet und überlegte, was er tun sollte, falls vor Morgengrauen ernsthafte Schwierigkeiten auftreten sollten.

Er entschloß sich, in Lee des Bootes liegenzubleiben, so daß die Segler auf sein Schiff zugetrieben würden, wenn sie gezwungen wären, ihre Yacht aufzugeben und ins Rettungsfloß zu steigen. Nach wie vor hielt er die HEART LIGHT im Lichtkegel seiner zwei hellen Suchscheinwerfer. Als er überzeugt war, daß für beide Fahrzeuge keine Gefahr bestand, schaltete er einen Scheinwerfer ab, teilte die Wachen ein und fiel in seine Koje, um zum ersten Mal seit 20 Stunden zu ruhen. Während ab und zu überstürzende Monsterseen die Bordwand der SAN TE MARU trafen, schlief er unruhig.

Am Montagmorgen kam er um 0600 Uhr wieder auf die Brücke, löste den Steuermann ab und saß nachdenklich in seinem Stuhl, während das Wetter sich besserte und zwischen grauen Wolken freundlich blauer Himmel sichtbar wurde. Die HEART LIGHT schien nicht in unmittelbarer Gefahr zu sein, deshalb besprach er mit Diviana verschiedene Alternativen. Alles, was die Segler besaßen, war an Bord des Katamarans, und sie hatten keine Versicherung. Die Reederei, bei der Bruce White angestellt war, bestand unerbittlich darauf, daß er nicht versuchen solle, die HEART LIGHT in Schlepp zu nehmen, weil die Firma bei einer mißglückten Bergungsaktion haftbar werden könnte.

„So ist die Lage, ich werde das Schiff nirgendwohin schleppen“, hatte er absolut entschieden erklärt, nachdem er den Standpunkt seiner Reederei erläutert hatte.

„Wir werden es Ihnen bezahlen.“

„Egal, wenn ich erst einmal die Trosse belegt habe, bin ich verantwortlich, und das nehme ich nicht auf mich", hatte er ihnen gesagt.

Dann begann Diviana, hartnäckig darauf zu bestehen, daß sie die HEART LIGHT erst verlassen würden, wenn Bruce sich bereit erklärte, das Boot anschließend zu versenken. Aber er weigerte sich, weil er befürchtete, dadurch sein Patent zu verlieren. Plötzlich brach die Treibankertrosse der HEART LIGHT, so daß der Katamaran begann, schnell zu treiben. Diviana weigerte sich aber noch immer, von Bord zu gehen, bevor Bruce auf ihre Bitte einging. Erst als er nachgab, packte sie mit ihrer Familie die Sachen. Währenddessen beruhigten sich Wind und See überraschend und gaben der SAN TE MARU eine gute Gelegenheit, zur Rettung der Segler an den Katamaran heranzugehen.

Während die SAN TE MARU durch den Seegang auf sie zu schlingerte, fürchtete Darryl, daß das Schiff die HEART LIGHT rammen und die GFK-Rümpfe zertrümmern würde, bevor die Familie von Bord gekommen wäre.

Bruce blieb gelassen. Beim Fischen manövrierte er die SAN TE MARU häufig in stürmischem Wind längsseits an Bojen heran. Einfach war es allerdings nicht. Zum Achterausgehen mußte Bruce die 22 Jahre alte Maschine jedesmal stoppen, umsteuern und neu starten. Das erforderte vorausschauendes Timing, besonders bei Winden von Sturmstärke.

Von seinem Brückenstuhl aus beobachtete Bruce die HEART LIGHT genau. Er brachte seinen Thunfischfänger auf die Luvseite des 12,5-m-Katamarans. Dann stoppte er die Maschine, steuerte um, startete neu und gab „zurück voll", um die 360 BRT daran zu hindern, über das Ziel hinauszuschießen. Er wollte für die HEART LIGHT Lee machen, um sie während der Annäherung zu schützen.

„Das Miststück springt kreuz und quer durch die Gegend", murmelte der Kapitän ärgerlich, während er den Katamaran beobachtete. „Will uns einfach nicht rankommen lassen." Die HEART LIGHT trieb schneller mit dem Wind als die SAN TE MARU. Der Abstand vergrößerte sich, deshalb entschloß Bruce sich, erneut herumzugehen und sich dichter in Luv der Yacht zu legen, um sie in den Windschatten zu nehmen, damit sie nicht wegtrieb. Auch diesmal war es wichtig, den richtigen Zeitpunkt zu treffen. Bruce hatte nur sechs Sekunden Zeit, die Maschine der San Te Maru zu stoppen, umzusteuern und neu zu starten, um das Schiff mit „zurück voll“ genau an der richtigen Stelle aufzustoppen. Die HEART LIGHT tanzte auf dem durcheinanderlaufenden Seegang herum und blieb auch dann nicht ruhig liegen, als der Thunfänger ihr den Wind nahm.

Die SAN TE MARU trieb auf die Yacht zu und krachte gegen die Niro-Beibootdavits des Katamarans.

Der heftige Anprall warf die Besatzung der HEART LIGHT um. Als alle wieder auf den Beinen waren, warteten sie auf die Gelegenheit, zur SAN TE MARU überzuspringen. Die Situation war äußerst gefährlich, weil sie weder Rettungswesten noch Sicherheitsgurte trugen. Stephanie machte den Anfang. Genau in dem Augenblick, als die HEART LIGHT in ein Wellental fiel und die SAN TE MARU sich hob und vom Katamaran entfernte, sprang sie in die Netzbrook, die an dem Fischereifahrzeug hing. Stephanie bekam das Netz mit den Fingerspitzen zu fassen und hing eine Sekunde in der Luft, bis vier starke Arme sie packten und nach oben in Sicherheit zogen.

„Springen! Springen!“ rief die Mannschaft der SAN TE MARU Diviana zu.

„Augenblick“, sagte sie und winkte sie fort.

Ihre innere Stimme sagte ihr, sie solle zum Kajüteingang zurückkehren und abwarten. Sie gehorchte und wartete einige Minuten, bis eine Welle die HEART LIGHT auf die Höhe des Schanzkleids der SAN TE MARU hob. Die beiden Schiffe bewegten sich aufeinander zu, und mit einem Schritt war Diviana drüben. Sie landete direkt in den Armen der Fischer.

„Tag, Jungs. Gut gefangen!“ sagte sie.

Darryl und Shane warfen ein Dutzend oder mehr Plastikmüllsäcke mit den Sachen, an denen sie am meisten hingen, auf die SAN TE MARU und folgten dann den Frauen ohne große Mühe. Dann aber merkten sie, daß sie einiges vergessen hatten. Sie fragten Bruce, ob sie noch einmal zurück könnten, um etwas mehr zu bergen.

„Nein, jetzt habe ich Sie hier, und Sie bleiben hier“, antwortete er bestimmt.

Nachdem die Besatzung der HEART LIGHT sicher an Bord war, richtete Bruce den Bug seines Schiffs auf den Katamaran, um seinen Teil der seltsamen Vereinbarung zu erfüllen, die er mit Diviana abgeschlossen hatte.

*

Die neuseeländische Luftwaffe hatte Bruce gebeten, die Rettungsinsel der QUARTERMASTER zu bergen, die mit einer sendenden EPIRB-Boje über die See jagte und durch die Funkboje leicht zu finden war. Dafür hielt die SAN TE MARU sich nach Beendigung der HEART-LIGHT-Rettungsaktion bereit und wartete auf die Rückkehr der Orion, die die aktuelle Position der Rettungsinsel angeben sollte. Unterdessen ging die Besatzung der HEART LIGHT nach achtern, um bei ihrem Boot die Sterbewache zu halten. Das Doppelrumpfboot lief allmählich voll und versank langsam, wie Diviana es meditierend vorausgesehen hatte. Mit gebrochenen Herzen standen die vier hilflos dabei. Bruce, der sich gut in sie hineinversetzen konnte, schickte seinen Koch, der die trauernde Yachtbesatzung im Auge behalten sollte.

Während die Rümpfe der HEART LIGHT sich mit Wasser füllten, drehte sich das Boot kieloben. Von seinem Posten aus sah Bruce die um beide Schrauben und Ruder vertörnten Leinen. Eine der Schraubenwellen war so stark verbogen, daß er den Knick von der Brücke aus erkennen konnte. Als die Kajüte der HEART LIGHT vollief, tauchte die Yacht ab.

Während sie versank, begannen Dutzende von Sachen aufzuschwimmen. Bruce fuhr langsam um das Treibgut herum, während seine Leute auffischten, was sie konnten. Als sie schließlich zufrieden waren, weil sie so viel wie möglich geborgen hatten, nahm das Schiff Kurs auf die letzte bekannte Position der Rettungsinsel der QUARTERMASTER, eine Entfernung von 21 Seemeilen.

Als die SAN TE MARU die angegebene Position erreichte, hatte der Wind nachgelassen, und die Sonne schien. Sie sahen aber nichts und fuhren noch sieben Seemeilen weiter, bis eine Orion ihnen neue Koordinaten durchgab. Bruce kehrte um und fand die Insel, die wie ein orangefarbener Spielball auf den Wellenkämmen entlanghüpfte.

Der Wind begann wieder stärker zu werden, mit Spitzen bis zu 40 Knoten, als White die Insel zu bergen versuchte. Beim umständlichen

Umsteuern auf „zurück" blieb die Maschine der SAN TE MARU jedoch stehen, die Insel schaukelte vorbei und blieb unerreichbar.

Daß man in der Rettungsinsel möglicherweise Leichen finden würde, beunruhigte einen Mann der Besatzung. Der Seemann verwahrte sich dagegen, Leichen bergen und an Bord nehmen zu müssen.

„Das ist unsere Pflicht, ob es dir gefällt oder nicht", polterte Bruce ungeduldig zurück. „Du brauchst auch nicht mitzuhelfen, sie herauszuziehen."

Er verbannte ihn zum Heck, weg von der Fischluke, wo andere Besatzungsmitglieder sich mit Wurfdraggen bereithielten. Bruce sagte: „Wenn es so kommt, werden wir sie nicht drinlassen, sondern an Land bringen."

Endlich gelang es ihm, das Schiff so aufzustoppen, daß die Rettungsinsel an die Bordwand getrieben wurde. Wind und See hatten die Insel übel zugerichtet. Das Dach, das die Insassen vor den Unbilden der Witterung schützen sollte, war zerfetzt. Von dem orangen Zeltdach war oberhalb der Luftkammern des Floßes nur noch ein etwa 30 cm breiter Streifen übrig. Es gab aber eindeutige Beweise, daß ein oder mehrere Besatzungsmitglieder der QUARTERMASTER irgendwann in der Rettungsinsel gewesen waren. Jemand hatte die Seenotfunkboje in das Rettungsfloß gebracht, die noch immer ihr Notsignal sendete, und eine kleine Notration zeugte von der vergeblichen Überlebenshoffnung irgendeines Floßinsassen. Die Rettungsinsel wurde an Bord genommen, dann ging es durch den Sturm zurück zu den Langleinen, die vor den Kermadec-Inseln liegengeblieben waren.

Diviana zwang ihren zerschundenen, schmerzenden Körper unter Deck in eine kleine Koje hinter dem Maschinenraum, aber der Gestank, der das Schiff durchzog, störte sie. Zwei Jahrzehnte hatte die SAN TE MARU 18 Fisch und Tintenfisch gefangen und transportiert. 20 Jahre lang hatten die aufeinanderfolgenden Besatzungen in den engen Mannschaftsräumen ein Vermächtnis von Schmutz und Unordnung hinterlassen.

Die Kammer war so winzig, daß Diviana und Darryl in der für japanische Körpergrößen ausgelegten Enge nicht gleichzeitig stehen konnten. Die Koje kam Diviana wie ein Sarg vor. Trotz aller Erschöpfung fand sie darin keine Ruhe. Am Kopfende stieß sie gegen das Schott, am

Fußende kam sie an die andere Wand. Die Maschine nebenan dröhnte so laut, daß Diviana nicht schlafen konnte.

Außerdem war sie ausgehungert. Während des Martyriums auf der Heart Light hatte sie nichts gegessen, und von der Verpflegung auf der SAN TE MARU wurde ihr übel. Die Seeleute vertilgten mit herzhaftem Appetit große Wurst- und Fleischportionen, die Diviana als Vegetarierin verabscheute. Während der dreitägigen Rückreise nach Auckland aß sie nur einige Scheiben Weißbrot mit Tomaten.

Sobald die SAN TE MARU an der Position der HEART LIGHT wieder Fahrt aufgenommen hatte, begann der Sturm erneut zu wüten. Das Schrecklichste war für Diviana, daß sie sich im Schiffsbauch wie gefangen fühlte, während sie die See an die stählerne Bordwand schlagen hörte und spürte, wie der Thunfischer aus dem Kurs und wieder zurück gierte. Wie sie es einschätzte, war der Fischdampfer in diesem Sturm in größerer Gefahr abzusaufen als vorher die HEART LIGHT, denn verglichen mit dem Katamaran bewegte sich das Fischereifahrzeug im Seegang für sie ungewohnt und unverschämt grob. Sie fragte sich, ob sie nicht besser auf dem eigenen Boot geblieben wäre.

Hier war sie in einem stählernen Sarg eingesperrt, und wenn das Schiff kenterte, würde es weder für sie noch für ihren Geist ein leichtes Entkommen geben. Hier war sie im schmutzigen Bauch eines stinkenden Fischdampfers eingeschlossen, das war unangenehmer als alles, was sie auf der HEART LIGHT mitgemacht hatte.

… noch einmal davongekommen

Auch nachdem die MONOWAI die Besatzung der SILVER SHADOW gerettet hatte, konnte sie noch nicht wieder an ihre ursprüngliche Aufgabe gehen, der MARY T zu helfen. Statt dessen wurde sie noch einmal umgeleitet, um sich an der Suche nach der QUARTERMASTER zu beteiligen. Zwei Tage brachte das Vermessungsschiff damit zu, die Weite des Ozeans nach der Yacht zu durchkämmen. Dabei wurde auch der Wasp-Hubschrauber im Tiefflug ausgesandt, wenn das Wetter es erlaubte. Das Schiff stand währenddessen in ständiger Verbindung mit den Orions, die das Seegebiet, in dem die Yacht zuletzt gemeldet worden war, akribisch in sich erweiternden Quadraten abflogen. In der Zwischenzeit hatte die MARY T nach Wetterbesserung ihren Dringlichkeitsruf aufgehoben.

Der Wunsch, die QUARTERMASTER zu finden, war bei allen Beteiligten der Suchaktion – dem Team in der Seenotleitstelle, den Cullens, der neuseeländischen Luftwaffe und Marine – und bei allen mithörenden Yachtseglern so stark, daß er sich wie hypnotisch auf die Suchmannschaften übertrug. Die Retter hatten während der vier Sturmtage Bemerkenswertes geleistet. In dem Unwetter, das als „Pazifischer Fastnet-Sturm“ bekannt werden sollte, hatten sie von sieben Yachten 21 Seelen gerettet und dabei Durchhaltevermögen, Hingabe, Tapferkeit und Einfallsreichtum bewiesen. Nur drei Menschen waren noch vermißt: Robert und Marie Rimmer sowie Maries Sohn Kim Anderson. Jeder wollte, daß sie sicher heimkehrten.

Die MONOWAI fahndete nach Treibgut, das etwas Gutes oder Schlechtes über das Schicksal der QUARTERMASTER verraten könnte. Die Hoffnung stieg, als schwimmende Wrackteile in Sicht kamen. Aber das aufgefischte Zeug verwirrte die Seeleute. Ein Stück trug den Namen PLEIADES CHILD, obwohl keine Yacht dieses Namens in dem Seegebiet gemeldet war. Erst später stellte es sich als früherer Name der HEART LIGHT heraus. Die Wheelers hatten ihren Katamaran vor der Abreise aus Neuseeland umgetauft.

Von der QUARTERMASTER fand sich keine Spur. Die Suche wurde eingestellt, und die MONOWAI nahm Kurs auf Tonga.

„Ich erwarte nichts Ungewöhnliches, aber halten Sie auf alle Fälle guten Ausguck“, wies Fregattenkapitän Larry Robbins den Wachhabenden an.

Um 2200 Uhr ließ der Wachhabende den Kommandanten auf die Brücke holen, nachdem er ein weißes Blitzlicht ausgemacht hatte. Es war ein Rätsel: Auf dem Radarschirm erschien kein Echo von einem Fahrzeug.

„Es könnte die Blitzlampe einer Rettungsweste sein“, meinte jemand. Die MONOWAI drehte auf das Licht zu. Mit der Aussicht, das Rätsel um die QUARTERMASTER zu lösen, stiegen die Hoffnungen wieder.

Es erwies sich als schwierig, in der Dunkelheit den Abstand zu bestimmen. Dann aber zeigte ein Radarecho ein fünf Seemeilen entferntes Fahrzeug. Die MONOWAI rief über UKW, ohne eine Antwort zu erhalten. Als das Schiff das Licht erreichte, war dort eine gut 12 m lange Yawl zu sehen, deren Segel schlaff im Wind killten. Die MONOWAI rief erneut auf UKW – wieder keine Antwort. Robbins manövrierte das Schiff vorsichtig bis auf weniger als 200 m heran, dann betätigte er das Typhon. Augenblicklich wurde es auf dem Geisterschiff lebendig, und aus dem UKW-Gerät krackste eine Stimme.

„Hier ist MARY T. Hier ist MARY T“, rief Carol.

Sigmund schämte sich sehr. Es war seine Wache, aber er war fest eingeschlafen. Nach dem langanhaltenden Sturm hatte ihn die Erschöpfung übermannt. Weder das laute Tuten der MONOWAI noch ihr heller Scheinwerferkegel hatte ihn geweckt. Carol mußte ihn wachrütteln.

„Sie haben uns zu Tode erschreckt“, sagte Carol der Marine.

„Um ehrlich zu sein, hatten wir eigentlich gehofft, daß Sie die QUARTERMASTER wären.“ antwortete Kapitän Robbins, noch immer ein wenig enttäuscht.

Die Menschen auf der MARY T empfanden eine seltsame Mischung von Trauer und Dankbarkeit. Trauer um die tapfere Besatzung der

QUARTERMASTER, die während der verzweifelten Versuche, das Untergehen der MARY T zu verhindern, als Übermittlungsstelle zu Kerikeri Radio fungiert hatte. Damals, als es so aussah, als ob die Besatzung der MARY T nicht davonkommen würde, war Bob Rimmer so hilfreich und zuversichtlich gewesen. Was jetzt geschehen war, zeigte Sigmund und Carol deutlich, wie unbedeutend und machtlos sie waren und wie wenig sie ihr Schicksal lenken konnten.

Dankbarkeit hingegen verspürten sie, daß die MONOWAI endlich gekommen war, die ihnen vier Tage vorher zur Hilfe geschickt worden war. Damals hatten sie um ihr Leben gepumpt. Wie paradox war es, daß die MONOWAI sie jetzt, nach allem, was sie durchgemacht hatten, aus dem ersten Schlaf seit über 96 Stunden wecken mußte. Wo war das Schiff gewesen, als es wirklich gebraucht wurde?

Aber sie waren weder verbittert noch verärgert und nahmen es ihren Rettern nicht übel, daß sie nicht in den verzweifelten Stunden höchster Not gekommen waren. Die Segler kannten die Zwänge der See und sahen ein, daß ihre Lage weniger ernst war als die Not der RAMTHA, der PILOT und der SILVER SHADOW. Als auf der MARY T erst einmal die Ursache des Wassereinbruchs gefunden und behoben war, hatte es sich für die Crew zum Besseren gewendet. Andere hatten weniger Glück gehabt.

Es munterte die Besatzung der MARY T auf, so dicht bei sich menschliche Stimmen zu hören. Anna und Lianne wollten sich am Gespräch mit der MONOWAI beteiligen und wechselten sich beim Erzählen des Durchlebten am UKW-Gerät ab.

Die Erschöpfung der Segler war nicht der einzige Grund, warum die MARY T ziellos umhertrieb. Die Ruderanlage war beschädigt, sie würden erst weitersegeln können, wenn Sigmund das Ruder repariert hätte. Da er dazu aber ins Wasser mußte, mußte sich die Dünung erst legen.

Die Ankunft der MONOWAI kündigte ihnen das Ende dessen an, das sie „Höllenurlaub" betitelt hatten. Nachdem die See ihnen auf ihren weltweiten Segelfahrten viele Jahre freundlich gesonnen gewesen war, hatte das Meer sie jetzt mit gnadenloser, brutaler Gewalt heimgesucht. 96 Stunden waren sie im Kampf gegen die grimmige See auf sich allein gestellt gewesen. Nur auf ihre eigenen Fähigkeiten angewiesen, hatten sie so schlimmes Wetter überlebt, wie es ihnen kaum jemals anderswo begegnen würde. Sie waren noch einmal davongekommen.

Zeitweise hatten sie Selbstzweifel, Panik, Wut und Spannungen untereinander erlebt. Sie hatten um ihr Leben gekämpft und gesiegt. Wie alle Bootsbesatzungen, die in den Sturm geraten waren, hatten sie ihre eigenen Schwächen überwinden, Probleme lösen und Entscheidungen treffen müssen, vor denen Menschen nur selten stehen.

Es gab aber auch Bedauerliches. Sigmund spürte, daß er seine Mitsegler schonungslos getrieben hatte und sie mehr als Hilfsmittel zum Überleben, weniger als empfindsame menschliche Wesen betrachtet hatte. Besonders bereute er es, daß er für seine Tochter Anna nicht mehr Zeit gehabt und ihre Bedürfnisse und Ängste an Bord des lecken Bootes nicht verstanden hatte.

„Ich habe die Menschen nicht anders gesehen als Winschen oder Segel. Das ist nicht schön", gab er freimütig zu. Zugleich aber lastete auf ihm die volle Verantwortung, die jeder Schiffsführer hat, der in der Not Schiff und Besatzung mit allen zur Verfügung stehenden Mitteln retten muß. Selbst jetzt, als sie mit schlagenden Segeln passiv auf dem Ozean trieben, arbeitete er für das Überleben aller, indem er sich einen Plan zurechtlegte, die Maschine zu reparieren und die Schraube zu klarieren.

Obwohl der Abschied schwerfiel, mußte die MONOWAI weiter.

„Wäre es nicht toll gewesen, wenn einer der Taucher des Schiffs uns bei der Reparatur geholfen hätte?" sagte Carol, als das Vermessungsschiff sich entfernte.

Der Gedanke, daß ein Froschmann ihnen hätte helfen können, die um Schraube und Ruder verhedderten Leinen zu klarieren, war Sigmund überhaupt nicht gekommen.

„Warum hast du sie nicht darum gebeten?" fragte Lianne.

„Um ehrlich zu sein, bin ich einfach nicht darauf gekommen", räumte Sigmund ein.

„Hätte ich sie um Hilfe bitten sollen?"

Seine Crew sah ihn fragend an. Da saßen sie hier auf ihrer Yacht, die sich 500 Seemeilen von den Fidschi-Inseln entfernt steuerlos und ohne Antrieb in der Dünung wälzte, und niemand wußte, ob die Selbststeueranlage sich reparieren ließ.

Mensch, ob ich richtig gehandelt habe?" fragte Sigmund sich.

Ausklang

Mary T

Die Besatzung der Mary T wurde im Yachthafen von Lautoka auf den Fidschi-Inseln von den Seglern der dort vor Anker liegenden anderen Yachten wie Helden empfangen. Sigmund hatte es geschafft, die Hydrovane-Selbststeueranlage zu reparieren, die auch als Behelfsruder dienen konnte. Er hatte die um die Schraube gewickelte Leine lösen können, indem er eine Part über eine Winsch geholt und die Welle mit einer Rohrzange gedreht hatte, bis die Wuhling entwirrt war. Dann hatte er Segel gesetzt und Kurs auf Fidschi genommen.

Die Segler auf den Fahrtenyachten, die dort Schutz gesucht hatten, hatten die Odyssee der Mary T über Funk verfolgt. Als sie jetzt erfuhren, daß die Yacht vor dem Riff von Lautoka angekommen war, boten sie bereitwillig Hilfe an. Die Strider, eine Yacht aus Florida, kam der Yawl bis eine Seemeile außerhalb des Riffs entgegen, gab eine Leine über und schleppte die Mary T durch die Riffpassage zu einem sicheren Ankerplatz.

Sigmunds Gefühle waren dabei zwiespältig. Er fing die Schleppleine dankbar auf und belegte sie, war aber enttäuscht, daß er nach einer Reise, die das seemännische Können und die Fähigkeiten jedes einzelnen an Bord herausgefordert hatte, jetzt eingeschleppt werden sollte. Carol und er vergossen Freudentränen, als sie sich ihrem Ankerplatz näherten und an Land eine Menschenmenge mit einem Transparent erblickten, auf dem stand: „Willkommen, Überlebende auf der Mary T.“

Die beiden waren überwältigt, als sie an Land gingen und dort von den Seglern der Nachbarboote mit Essen bewirtet wurden. Dieser Empfang spiegelte denselben Geist wieder, der hinter der Rettung gestanden hatte: Die Menschen sorgten sich wirklich um sie, und sie wollten ihnen über die schlimmen Erlebnisse hinweghelfen.

Sigmund räumte ein, daß ihm vorher nicht bewußt gewesen war, wie hilfsbereit und engagiert die Seeretter waren.

„Was diese Rettungsleute getan haben ... Es berührt mich sehr, daß Menschen bereit sind, so etwas füreinander zu tun“, sagte er nachdenklich. Er gibt zu, daß dieser Sturm ihm eine Reihe von Lektionen in Seemannschaft erteilt hat. Besonders froh war Sigmund, daß er so vorausschauend gewesen war, Ohrenstopfen mit an Bord zu nehmen, die den heftigen Lärm des Sturms abhielten. Mit einer gelb getönten Skibrille konnte er trotz peitschenden Regens und alles verhüllender Gischt an Deck arbeiten. Der Schein der Dreifarbenlaterne gab nachts genügend Licht zum Arbeiten. Das war besser, als die Salingleuchten zu benutzen. GPS und Amateurfunk waren lebenswichtig.

Es war nicht möglich gewesen, am Großmast ein Trysegel anzuschlagen, aber das vierte Reff im Großsegel machte sich ebenso nützlich wie die Hydrovane-Selbststeueranlage, die als Notruder diente, um bis Fidschi zu steuern. Nach Sigmunds Ansicht war es sehr viel handiger als ein Behelfsruder aus einem Spinnakerbaum und einer Tischplatte, die einzige Alternative.

Der Reis im Dampfdrucktopf war während der schlimmen Zeit ihr “Kraftfutter“ gewesen. Volle Segelsäcke auf dem nassen, rutschigen Kajütfußboden schützten die Segler, wenn sie bei dem unberechenbaren Schlingern des Bootes stürzten. Auf den weichen Säcken konnte man auch ruhen, wenn die Kojen zu feucht waren.

Das Schauglas eines Racor-Treibstoffilters ließ die Ursache des Motorproblems erkennen: Wasser im Dieselkraftstoff. Die an Trossen nachgeschleppten Gegenstände erwiesen sich als bedrohlich, weil sie nicht richtig vom Boot wegtrieben. Durch den Sog geriet die Trosse in die Schraube und vertörnte sich dort.

Es stellte sich auch heraus, daß trotz aller mühsamen Reisevorbereitungen in Neuseeland das Boot noch immer nicht „durchkenterfest“ war. Die Dorade-Lüfter ließen sich nicht dicht verschließen. Deshalb beabsichtigte Sigmund, wasserdichte Verschlußstopfen dafür zu machen. Steckschotten am Niedergang ließen Wasser durch, ebenso Plichtluken und Backskistendeckel, die keine Dichtungen hatten.

Sigmund mußte auch erfahren, daß die wegnehmbaren Bodenbretter nicht groß genug waren: Die Öffnungen erwiesen sich zum Ausspützen der Bilge als zu klein. Außerdem will er alle Luken mit Verschlüssen versehen, die sich auch bei einer Durchkenterung nicht öffnen.

Bevor er von neuem ausläuft, will er dafür sorgen, daß alle Mitsegler an Land oder bei ruhigem Wasser verschiedene Mittel gegen Seekrankheit ausprobieren, um die Wirkung beurteilen zu können. Auf diese Weise würden alle Besatzungsmitglieder Unverträglichkeiten und Nebenwirkungen vor dem nächsten hohen Seegang kennenlernen.

Während des Sturms ging einiges an Ausrüstung entzwei oder versagte. Dazu gehörten die Notruderpinne, die Schraube, der Kompaß, die Maschine, die Mastschiene des Besans, Windfahne und Ruder der Selbststeueranlage, ein Bootshaken und verschiedenes Tauwerk. Kanister wurden über Bord gespült und Relingstützen brachen.

Sigmund betrachtete die Fahrt als Wendepunkt im Leben aller an Bord, als Anlaß zum Nachdenken und zur Neuorientierung. Von der MARY T hörte der Autor zuletzt aus Port Vila auf Efate, Vanuatu.

RAMTHA

Die WINDORA, die nach einem Zwischenaufenthalt auf Raoul Island als eines der letzten Boote Tonga erreichte, hörte zufällig eine andere Yacht davon berichten, eine seltsame grüne Lichtkugel am Himmel gesehen zu haben. Der Sturm war zwar lange vorüber, aber vielleicht war es doch ein Notsignal. Deshalb fragte man die Royal New Zealand Air Force, ob sie eine Orion P3 in der Nähe hätte, die sich darum kümmern könnte.

Die Flieger entdeckten keine Spur von einem Havaristen, fanden aber die verlassene RAMTHA, die auf dem Pazifik herumschaukelte. Zum zweiten Mal hatte ein unerklärlicher Lichtkreis die Retter auf dieses Boot aufmerksam gemacht. Die MONOWAI hatte Robyn und Bill Forbes, die Eigner der RAMTHA, in Nuku'alofa auf den Tonga-Inseln an Land gebracht. Gerade als sie dort zum Flugplatz wollten, um nach Neuseeland zurückzukehren, wo sie ein neues Leben beginnen wollten, nachdem sie sich damit abgefunden hatten, all ihren Besitz verloren zu haben, erreichte die beiden die Nachricht, daß die RAMTHA gesichtet worden war.

Die RAMTHA wurde von einer anderen neuseeländischen Yacht in den Hafen geschleppt, und nach schwierigen Verhandlungen über die Rechte der Berger hatten Bill und Robyn ihren Katamaran wieder. In der Zwischenzeit sind sie nach Australien zurückkehrt, wo Bill wieder als Berufspilot fliegt, um für neue Segelfahrten die Reisekasse zu füllen. Bill hatte auf dieser Fahrt keine Fallschirm-Leuchtraketen an Bord gehabt, würde auf zukünftigen Reisen aber nicht mehr darauf verzichten, denn Handsignalfackeln reichten unter den erlebten Bedingungen nicht aus.

Auch Naßtauchanzüge sollten in Zukunft unbedingt zur Ausrüstung gehören und bei Wetterverschlechterung grundsätzlich angelegt werden.

„Wenn man ins Wasser fällt, ist Ölzeug oder anderes Schlechtwetterzeug hinderlich", erklärte er. Ein Neoprenanzug aber bewahrt die Körperwärme, und man kann sich darin ohne Mühe bewegen. Als wir von Bord der RAMTHA geholt wurden, hätte andere Bekleidung sich in den Leinen oder an anderen Ausrüstungsteilen verfangen können. Wir spürten in den Anzügen auch weder Nässe noch Kälte."

Robyn und Bill wollen auch dafür sorgen, daß alles an Bord genügend deutlich mit dem Bootsnamen gekennzeichnet wird. Diese Lehre haben sie aus der Bergung von Wrackteilen der HEART LIGHT gezogen. Das Treibgut gab der Suchmannschaft Rätsel auf, weil das meiste davon nicht zuzuordnen war, abgesehen von einem Gegenstand mit dem früheren Bootsnamen PLEIADES CHILD. Erst an einem herausgefischten Medizinfläschchen fanden sie Hinweise, anhand derer die Seenotleitstelle feststellen konnte, daß Wrackteile der HEART LIGHT gefunden waren.

Während des Sturms hatten die Forbes' einen Rettungsring verloren, der nicht gekennzeichnet war. Sie werden dafür sorgen, daß das nicht noch einmal passiert.

Sie betonten, wie wichtig für sie in der schlimmen Zeit die Streßbeherrschung war und die Methode, mit der sie Furcht und Angstphantasien abwehrten und eine stabile geistig-seelische Verfassung aufrechterhielten.

SILVER SHADOW

Fünf Monate nachdem Peter O'Neil und seine Mitsegler die SILVER SHADOW aufgegeben hatten, fand ein Hubschrauberpilot die Yacht auf einem Riff vor der Insel Maewo, ungefähr 200 Seemeilen nördlich von Port Vila (Vanuatu-Inseln).

Der Pilot sah zehn Inselbewohner um das Boot herumtorkeln. Offenbar hatten sie sich an den Getränken gütlich getan, die sie an Bord gefunden hatten. Die SILVER SHADOW hatte nur ein kleines Loch an Backbord, aber der Flossenkiel war gebrochen, und die See hatte die Yacht so hoch auf das Riff gespült, daß eine Bergung unmöglich war. Einige Monate zuvor war sie 250 Seemeilen östlich von Noumea gesichtet worden. Peter O'Neil war mit einem Bergungsfahrzeug hingefahren, aber das Boot war verschwunden. Peter hatte den Verdacht, daß ein unbekanntes Fahrzeug mit Bergungsabsichten die Yacht in Schlepp genommen hätte. Als er das Schiff schließlich auf der Insel Maewo fand, war es völlig ausgeschlachtet. Das waren nicht die Eingeborenen gewesen, sondern Yachtsegler, die wußten, was gut und teuer ist: Anker, Ankerketten, Schäkel, Angelgeräte, das Barometer, die Uhr und andere Ausrüstungsgegenstände fehlten.

Peter war überzeugt, daß seine Yacht für Hochseereisen gut geeignet und gut ausgerüstet war, und die Art, wie sie sich bei den erlebten Wetterverhältnissen verhielt, bestätigte das. Sicher gab es noch verbesserungswürdige Systeme an Bord. Eine völlig wasserunempfindliche Verkabelung des Kurzwellen-Funkgeräts wäre z.B. sehr nützlich gewesen, wenn so etwas überhaupt möglich ist.

Die mitgeführte extragroße Lenzpumpe hatte sich bezahlt gemacht. Der Eigner betrachtete sie als unentbehrliche Zusatzausrüstung für Langfahrtyachten, weil kleinere Pumpen wenig schaffen und viel Energie verbrauchen.

SOFIA

Nachdem die französische Marine entschieden hatte, sein Boot nicht von der Meeresoberfläche wegzuschießen, war Keith Levy entschlossen, sein Versprechen zu halten und die SOFIA heimzuholen. Aber mit den

Monaten schwanden die Aussichten, das Schiff zu finden, immer mehr. Daher verfiel Keith auf eine neuartige Methode, wieder auf See zu kommen: Er bat Freunde und Bekannte um Spenden für Bootsbausperrholz, aus dem ein neues Boot namens SHOE STRING werden sollte. Er hielt den Namen für passend, denn das Boot durfte nicht viel kosten*.

Kurz nachdem Ursula („Uschi“) Schmidts Visum abgelaufen war und sie Neuseeland verlassen hatte, wurde die SOFIA gefunden. 230 Seemeilen nordöstlich der Stelle, wo Keith das Boot aufgegeben hatte, hatte sich der weggefierte Anker an einem Unterwasserhindernis verhakt. Die GAFIA II, eine australische Yacht, fand das Boot genau sechs Monate nach seiner ersten Durchkenterung. Keith hielt, was er der SOFIA versprochen hatte, und schleppte sie zurück nach Auckland. Als diese Zeilen geschrieben wurden, machte er das Schiff gerade verkaufsfertig.

Wenn er sie für eine neue Langfahrt ausrüsten müßte, sagt er, würde er so wenig Ausrüstung wie möglich an Deck fahren und alles so sicher wie möglich festlaschen.

Auf seiner Liste unentbehrlicher Ausrüstung würde auch ein wasserdichtes UKW-Handsprechfunkgerät stehen, das mit einem Kabel an eine nur dafür reservierte 12-Volt-Motorradbatterie angeschlossen werden könnte. Auch Sturzhelme würden auf der Liste stehen und bei extremen Bedingungen getragen werden, um Kopfverletzungen wie diejenige zu vermeiden, durch die er bewußtlos geworden war. Wichtige Werkzeuge wie der Bolzenschneider würden Bändsel haben, um sie an Deck sichern zu können, wenn das Boot stampft und schlingert. Auch würde er ernsthaft daran denken, das Deck der Yacht grell-orange zu malen, um es für Suchflugzeuge besser sichtbar zu machen.

DESTINY

Obwohl die DESTINY mit offener Luke verlassen wurde und der Mast noch gegen den Rumpf hämmerte, sank sie nicht. Sechs Monate später fand man sie auf den nördlichen Vanuatu-Inseln an Land getrieben. Inselbewohner schlachteten das Schiff aus und verbrannten es dann im Streit um die Rechte am Wrack. Einige kleinere Dinge schickte ein

Missionar, der in der Gegend arbeitete, an Dana und Paula zurück. Dadurch konnte die Identität des Wracks festgestellt werden.

Dana und Paula kehrten nach Kalifornien zurück, wo Danas zertrümmerter Oberschenkelknochen operiert werden sollte. Wenn sie sich noch einmal auf Blauwasserfahrten wagen sollten, würden sie sich besonders viele Gedanken um die Schwierigkeiten und Grenzen einer nur zweiköpfigen Besatzung machen und vor allem für den Fall einer schweren Verletzung des stärkeren, nicht des schwächeren Besatzungsmitglieds vorsorgen. Sie bedauern, daß sie sich keinen Plan zurechtgelegt hatten, nach dem Paula einige der Notmaßnahmen allein hätte treffen können. Sie glauben allerdings nicht, damit alleinzustehen, denn das ist vermutlich eines der Themen, über das nur wenige Fahrtensegler sprechen.

Sollten sie wieder einmal von einer Wetterverschlechterung erwischt werden, würden sie sich lieber auf das Schlimmste gefaßt machen, nicht nur auf die neun Windstärken, mit denen am 3. Juni 1994 im Südpazifik alle rechneten.

Dana glaubt, daß sie beide sich bei den herrschenden Bedingungen zweckmäßig verhalten haben, abgesehen davon, daß sie sich nicht auf das Schlimmste vorbereitet hatten. Sie hätten den Sea Squid-Treibanker tiefer fahren können, wenn sie mehr als 60 Meter Trosse ausgebracht hätten. Beim nächsten Mal hätte Dana auch gern einen hydraulischen Bolzenschneider und eine vorbereitete Notantenne für das Kurzwellenfunkgerät dabei. Es wäre auch gut, Funkgeräte zu haben, denen die bei schwerstem Wetter unvermeidliche Feuchtigkeit nichts anhaben kann.

Trotz des Verlustes der DESTINY, der qualvollen Erlebnisse und der erlittenen Verletzungen meinte Dana, daß die Orkanerfahrung ihnen beiden viel gegeben hätte. Er erinnert sich, daß er als Segelanfänger vier Mitsegler benötigt hatte, um ein Boot die 80 Seemeilen von San Diego nach Long Beach zu bringen. Die Fahrt erschien ihm damals als schrecklichstes Erlebnis seines bisherigen Lebens. Das gleiche war der Fall, als die beiden ihren ersten 40-Knoten-Sturm erlebten. Sollten sie jetzt das Pech haben, noch einmal in einen Orkan zu geraten, wären sie innerlich besser darauf vorbereitet.

„Ich glaube, wir haben sehr viel Selbstvertrauen gewonnen, wenn wir auch das Boot verloren haben. Immerhin konnten wir erfahren, wie sich das Schiff unter solchen Bedingungen verhält“, sagte er.

Über nachgeschleppte Seeanker und das Heruntersurfen von äußerst steilen Wellen fügte er hinzu: „Ich habe über Leute gelesen, die das konnten, aber ich habe so etwas noch nicht erlebt. Irgendwie sorgt das Boot auf unterschiedlichste Art für sich selbst.“ Seine größte Sorge war das Querschlagen mit der Gefahr einer Durchkenterung.

Obwohl Dana von den Fähigkeiten der Rettungsmannschaften beeindruckt und dafür dankbar war, stand für ihn die 406-MHz-EPIRB-Funkboje im Mittelpunkt. Sie hatte es der U.S.-Küstenwache ermöglicht, die Angehörigen der Segler buchstäblich innerhalb von Minuten nach Sendebeginn zu benachrichtigen. Sie verkürzte auch drastisch die Zeit, die die Orion-Flugzeuge für die Suche benötigten. Bei der Ausrüstung einer Yacht würde er diese Funkboje für wichtiger halten als eine Rettungsinsel.

PILOT

Greg Forbes und Barbara Parks flogen nach Maine in den USA zurück, nachdem sie vorher vergeblich versucht hatten, einen Frachter zu finden, auf dem sie sich die Überfahrt verdienen konnten. Inzwischen haben sie sich in Maine einen Bootsrumpf mit Deck gekauft und sind dabei, ihn in Florida auszubauen.

Nach ihrer Rettung waren sie der Ansicht, daß ihr neues Boot auf jeden Fall ein hochseetaugliches, wettergeschütztes Cockpit mit guten Rückenlehnen gegen die Ermüdung haben sollte. Auf der PILOT, ihrem 9,75-m-Kutter vom Typ Westsail 32, war die Plicht ungeschützt gewesen und hatte keine Rückenlehnen gehabt. Greg und Barbara hatten das Gefühl, daß ihnen die Erschöpfung während des Sturms zum Verderben geworden war.

Sie meinten auch, daß ihr Idealschiff eine gut abgedichtete Niedergangsluke haben sollte, die auch dann kein Wasser durchläßt, wenn das Boot auf dem Kopf schwimmt.

Gegen die Kritik, daß die PILOT keine Rettungsinsel an Bord gehabt hatte, sagte Barbara, daß sie bei den erlebten Wetterbedingungen höchst ungern in eine Rettungsinsel gestiegen wäre. Das Schicksal der QUARTERMASTER-Crew hatte die damit verbundene Gefahr deutlich gezeigt. Tatsächlich war das Beiboot der PILOT als Rettungsboot ausgerüstet, mit Proviant für mehrere Monate und genügend Auftrieb, um selbst im vollgelaufenen Zustand zwei Menschen zu tragen.

Die Tatsache, daß die vier Yachten, die schwimmfähig geblieben waren – RAMTHA, SILVER SHADOW, SOFIA und DESTINY – alle wieder auftauchten, nachdem sie aufgegeben worden waren, bestätigt die Erfahrung, daß man solange nicht in die Rettungsinsel umsteigen sollte, bevor einem nicht das Wasser im Schiff bis zu den Knien steht.

Greg und Barbara empfahlen auch, einen kräftigen Suchscheinwerfer mit Reservebatterien mitzuführen, lieber als teure Signalfackeln und -raketen. Sie hatten festgestellt, daß diese Leuchtsignale unzuverlässig und nicht so weit sichtbar waren, wie es die Werbung verspricht.

HEART LIGHT

Diviana Wheeler hat ein Buch über ihre Erfahrungen mit dem Außerirdischen während des Sturms geschrieben. Der Titel lautet: „Heart Light: Rescue at Sea".

Ihr Ehemann Darryl hält ein UKW-Handgerät für den Nahbereich und einen tragbaren GPS-Empfänger, der unabhängig vom Bordnetz arbeitet, für lebenswichtig. Als ebenso unentbehrlich empfiehlt er eine EPIRB-Funkboje.

„Das sind die drei wichtigsten Ausrüstungsteile, lebenswichtig, wenn etwas passiert", sagte er.

Nachdem er die Rettungsinsel der QUARTERMASTER über den Ozean jagen sehen hatte, meint er, daß eine Rettungsinsel nur bei einigermaßen ruhigem Wetter brauchbar sei, bei den extremen Wetterbedingungen wäre sie unsicher gewesen.

* Anm. d. Übers.: Wörtlich: Schnürsenkel. „On a shoe string" bedeutet: fast ohne Geld, mit bescheidensten Mitteln. Das Vorhaben gelang, siehe Yacht Nr. 13/1997 vom 18. Juni 1997.

Waikiwi II

Nachdem sie in New Orleans von Bord der Nomadic Duchess gegangen waren, fuhren John Hilhorst und Cath Gilmour zum Ausgleich für die Reise, die mit der Kenterung der Waikiwi II vorzeitig geendet hatte, mit dem Auto durch die Vereinigten Staaten und Mexico. Sie waren vorher gerade zu einer auf fünf Jahre geplanten Weltumseglung aufgebrochen. Ihre Mitsegler kehrten nach Neuseeland und Großbritannien zurück.

Ebenso wie Darryl Wheeler hält auch John ein UKW-Handsprechfunkgerät für den Fall, daß das Bordnetz zusammenbrechen sollte, für unentbehrlich. Ihre Rettung wäre einfacher gewesen, und auch eine Bergung des Bootes wäre in Frage gekommen, wenn sie in der Lage gewesen wären, sich mit den Rettungsflugzeugen und der Nomadic Duchess zu verständigen.

John hält es für wichtig, die Mitsegler gut kennenzulernen, bevor man auf Langfahrt geht, um die Fähigkeiten der einzelnen beurteilen zu können und wie die Mannschaft zusammenpaßt.

Er würde wieder Leuchtstäbe mitnehmen, weil sie nach dem Zusammenbruch des 12-Volt-Bordnetzes eine praktische Lichtquelle gewesen waren. Er würde auch wieder eine grellfarbene Signalplane dabei haben, die an Deck gezeigt wird, denn sie hatte den Fliegern bei der Suche sehr geholfen.

Auch er hält eine 406-MHz-EPIRB-Funkboje für unentbehrlich.

Empfehlungen der Rettungsmannschaften

Die militärischen Rettungsmannschaften, die an der Aktion beteiligt waren, empfahlen folgendes als lebenswichtig für Hochseesegler:

406-MHz-EPIRB-Seenotfunkboje
UKW-Handsprechfunkgerät
Greller Bootsanstrich (orange oder rot)
Segel oder anderes Material in greller Farbe, die auf See auffällt
Fallschirm-Leuchtraketen

Anhang

Meteorologischer Rückblick

Bob MacDavitt, der beim neuseeländischen Wetterdienst für den nördlichen Vorhersagebereich zuständig ist, besitzt langjährige Erfahrungen bei der Analyse des Wetters für Segler. Er ist für die Wettervorhersagen in den beliebten Segelrevieren der nördlichen Küstengewässer Neuseelands verantwortlich und hat auch große Erfahrung bei der Vorhersage des Hochseewetters. Er „machte" das Wetter bei den neuseeländischen America's Cup-Herausforderungen 1987 und 1992 und für die Segelmannschaft des Landes bei den Olympischen Spielen 1992 in Barcelona. Hier ist seine Analyse des Wetters, das die Yachten während des Sturms im Juni 1994 unvorbereitet traf:

Die Geburt einer Bombe

Folgendes spielte sich ab: Ein subtropisches Tief vertiefte sich rasch, und zwar sank der Luftdruck im Zentrum in 24 Stunden um mehr als 14 hPa. Wenn das auf 30°S geschieht, sprechen die Meteorologen von einer „Wetterbombe".

Während der Segelsaison im Südpazifik (Mai bis Oktober) lassen sich die Wettergebilde im Süden schon recht früh vorhersagen, denn sie ziehen auf den mittleren Breitengraden wie auf einer Achterbahn entlang. In den Tropen entsteht die Konvergenzzone wiederholt in unregelmäßigen Abständen und löst sich wieder auf. Sie spielt dabei ihr Spielchen mit den Passaten, aber es geschieht nichts allzu Dramatisches.

Das Hauptproblem verursachen die Tiefdruckgebiete, die sich in den Tropen bilden und in den Subtropen (22°30'S bis 30°S) vertiefen. Diese Tiefs können sehr schnell entstehen (in weniger als einem Tag) und erzeugen in den Tropen eventuell sogar einen kleinen Bereich stürmischer Winde um sich herum. Wenn sie die Tropen im für sie günstigen Zeitpunkt verlassen, treffen sie auf Bedingungen, die ein rasches Vertiefen beschleunigen. Dann entwickeln sich die mitgebrachten stürmischen Winde zum ausgewachsenen Sturm, der mehrere Tage ein weites Gebiet beherrscht. Der Seegang kann bis zu 10 m Höhe erreichen.

Jede gut gebaute und ausgerüstete Fahrtenyacht, die Sturmsegel hat und beiliegen kann, sollte fähig sein, etwa einen Tag lang mit einem Sturm fertig zu werden. Nach mehreren Tagen mit stürmischem Wind oder Sturm und Wellenhöhen von 9–12m beginnen aber Ausrüstungsteile zu brechen, und Besatzungsmitglieder zeigen Ermüdungserscheinungen. Wenn irgend möglich, versucht man, subtropische Tiefdruckgebiete zu meiden, indem man immer die aktuellen Wetterberichte hört und die richtigen Ausweichmaßnahmen ergreift.

Tropische Tiefs können während des ganzen Jahres auftreten. Am unwahrscheinlichsten sind sie im September und Oktober, also gegen Ende des Winters auf der Südhalbkugel, wenn eine ausgeprägte Hochdrucklage herrscht. Am wahrscheinlichsten sind sie zu Beginn der Segelsaison im Süden (Mai und Juni). Dann ist die See noch in der Lage, tropische Tiefs entstehen zu lassen, aber nicht warm genug, sie zu Zyklonen (tropischen Wirbelstürmen) werden zu lassen.

Die Bombe platzt

Am Donnerstag, dem 2. Juni 1994, waren die Bedingungen fast ideal für eine Südseereise von Neuseeland zu den Tonga- oder Fidschi-Inseln. Über Neuseeland lag ein Hochdruckgebiet fest. Zwischen den Kermadec-Inseln und Tonga wehten stetige Passatwinde.

Am Freitag, dem 3. Juni begann sich zwischen Vanuatu und Fidschi aber eine tropische Depression zu bilden. Das war *kein* tropischer Zyklon, weil der zentrale warme Kern fehlte, der für solche Gebilde typisch ist.

Erst als dieses Tief nach Süden und damit aus den Tropen heraus zog, konnte es sich rapide vertiefen: Es begann sehr kalte Luft nachzuziehen, die das Hoch über Neuseeland ganz aus 60°S herangeholt hatte. Wenn kalte auf warme Luft trifft, wird die Warmluft nach oben aus dem Weg gestoßen. Wenn dann, wie in diesem Fall, der Höhenwind die aufsteigende Luft schneller wegführt, als der Bodenwind Nachschub bringen kann, dann fällt der Luftdruck in Meereshöhe in der unmittelbaren Umgebung rasch.

Von Freitag, dem 3. Juni, 0000 Uhr Ortszeit bis Sonnabend, den 4. Juni fiel der Druck im Zentrum von 1001 hPa um 15 hPa auf 986 hPa, wodurch dieses Gebilde zur „Wetterbombe“ wurde. Die im Uhrzeigersinn um den Tiefdruckmittelpunkt kreisenden Winde nahmen während des Samstags auf über 50 Knoten zu und warfen wild durcheinanderlaufende Sturzseen mit steilen Hängen auf. In der Nähe von Raoul Island wurde aus Schönwetter in 24 Stunden schweres Wetter.

Die Wetterentwicklung erreichte am Sonntag, dem 5. Juni, gegen 0600 UTC[1]) (1800 Uhr Ortszeit) ihren Höhepunkt: Der Druck im Zentrum betrug etwa 978 hPa, und der entstandene Seegang war 9 bis fast 14 m hoch. Ein langgedienter Pilot des 5. Geschwaders der neuseeländischen Luftwaffe erklärte, daß er trotz seiner 10 000 Flugstunden Erfahrung noch nie zuvor derartigen Seegang gesehen hätte.

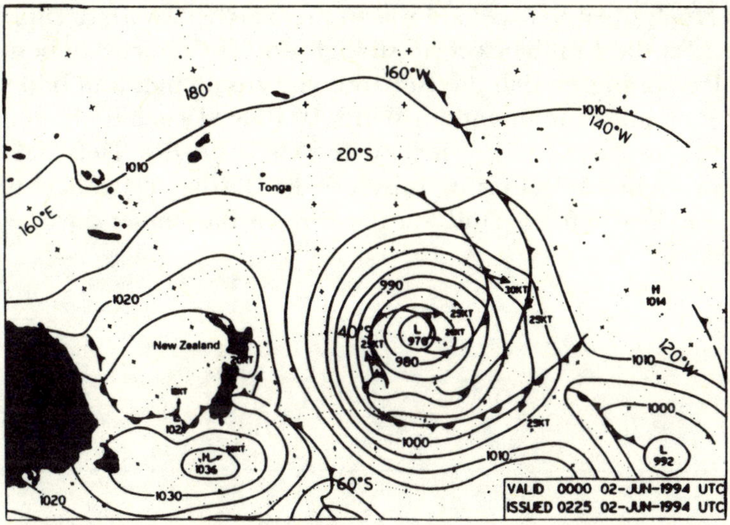

Donnerstag, 2. Juni 1994, 1200 Uhr (neuseeländische Normalzeit = NZST) (Ocean Navigator)

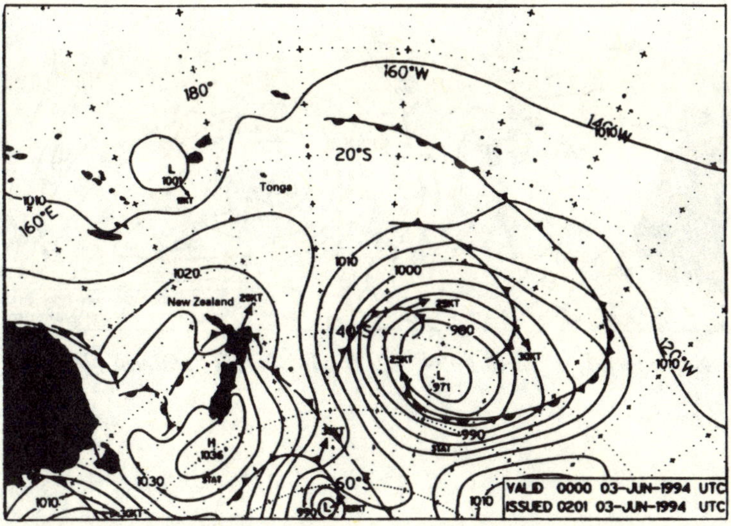

Freitag, 3. Juni 1994, 1200 Uhr (NZST) (Ocean Navigator)

Das Hoch über Neuseeland war in mehrfacher Weise Komplize des Sturms. Da die Luftdruckwerte südlich des Tiefs hoch blieben (über 1030 hPa), drängten sich die Isobaren eng zusammen und bildeten einen Gürtel mit zunehmendem Wind. Weil der Druck im Süden hoch blieb, war es für alle, die sich in der Zugbahn des Tiefs befanden, schwierig, seine Annäherung durch bloße Barometerbeobachtung zu erkennen. Der heftige Wind war da, ehe das Barometer davor warnen konnte.

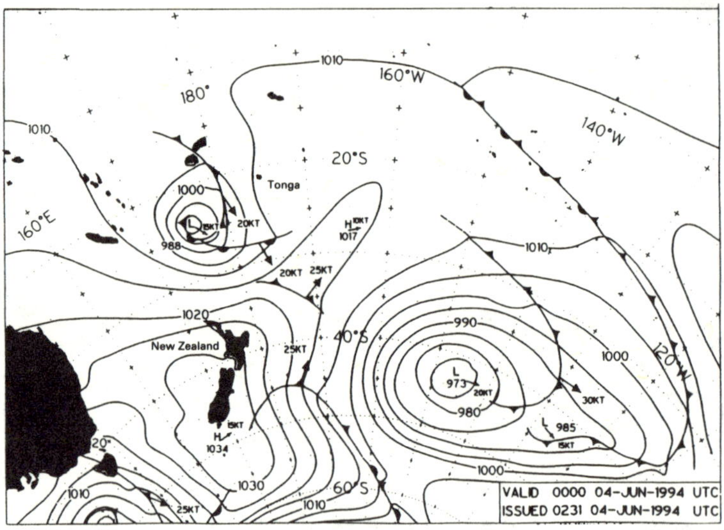

Sonnabend, 4. Juni 1994, 1200 Uhr (NZST) (Ocean Navigator)

Sonntag, 5. Juni 1994, 1200 Uhr (NZST) (Ocean Navigator)

Die „Bombe" auf dem Papier

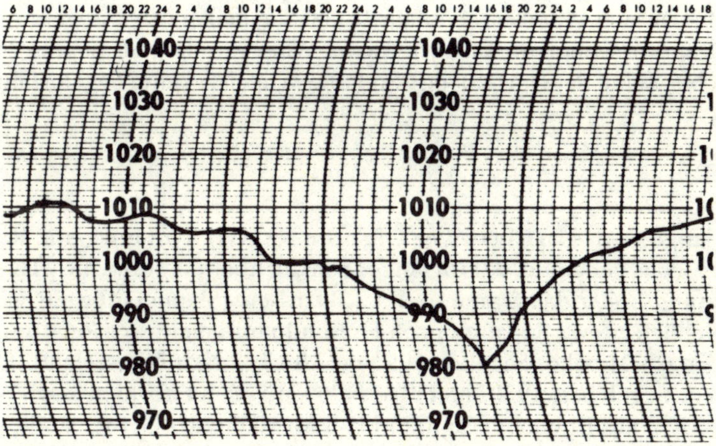

Barographenaufzeichnung von der TUI CAKAU III, *dem Schiff, das die Besatzung der Yacht* DESTINY *rettete. Das Diagramm zeigt den schnellen Druckabfall (20 hPa in 24 Stunden), der eine „Wetterbombe" hervorbrachte* (TUI CAKAU III)

Einzelheiten über die Boote und ihre Besatzungen

Destiny

Registriert in den USA. Typ Norseman 447, kuttergetakelt, Lüa 13,7 m, Konstrukteur Robert Perry. UKW- und GW/KW-Funkgerät, Sechspersonen-Rettungsinsel, 121,5/406-MHz-EPIRB-Seenotfunkboje. AVON-Schlauchboot, 3,05 m.

Besatzung/Erfahrung: Dana R. Dinius (Skipper) und Paula D. Dinius. Beide über 20000 Seemeilen Segelerfahrung, meist auf hoher See.

Heart Light

Registriert in den USA. Sloopgetakelter 12,2 m langer Katamaran vom Typ Catalac, konstruiert von Tom Lack. GW/KW- und UKW-Funkgerät, Rettungsinsel für sechs Personen, Schlauchboot und 121,5/243-MHz-EPIRB.

Besatzung/Erfahrung: Darryl Wheeler (Skipper): über 16000 Seemeilen Ozeansegeln. Diviana Wheeler: ebenfalls 16000 Seemeilen Ozeansegeln (gemeinsam mit ihrem Ehemann Darryl). Shane Wheeler: ehemals bei der U.S.-Küstenwache. Keine Segelerfahrung. Stefanie Wheeler: keine Segelerfahrung.

Mary T

12,2 m lange Yawl, Typ Cheoy Lee Offshore 40. GW/KW-Funkgerät, Rettungsinsel für sechs Personen, 3,05 m langes Schlauchboot, 121,5/243-MHz-EPIRB.

Besatzung/Erfahrung: Sigmund T. C. Baardsen (Skipper): Segelt seit 1944, einschließlich zweier Regatten nach Honolulu und mehrerer Reisen von Kalifornien nach Mexiko. Segelte 1992 von Mexiko nach Neuseeland. Carol B. Baardsen: Segelt seit 1950, mehrere Fahrten von Kalifornien nach Mexiko. Segelte 1992 mit Ehemann Sigmund von Mexiko nach Neuseeland. Anna K. Baardsen: Segelt seit 1978. Zwei Reisen von Mexiko nach Kalifornien, 1992 von Mexiko nach Neuseeland. Lianne Odette: Hochseeregatten und viele Überführungsfahrten.

Pilot

Registriert in den USA. Spitzgattkutter Typ Westsail 32, konstruiert von William Atkin und William Crealock, 9,75 m Lüa. Amateurfunkempfänger, UKW-Handgerät und 12 Handsignalfackeln. Weder EPIRB, noch Rettungsinsel an Bord, aber Beiboot mit Auftriebskörpern.

Besatzung/Erfahrung: Gregory Forbes (Skipper): Kapitänspatent der U.S.-Küstenwache und 25 Jahre Ozeansegeln. Barbara Parks: 10 Jahre Ozeansegeln.

Quartermaster

In Neuseeland registrierte 12,2-m-Sloop mit UKW- und GW/KW-Funkgerät, Rettungsinsel für acht Personen und 121,5/243-MHz-EPIRB.

Besatzung/Erfahrung: Robert G. Rimmer (Skipper): Restricted Launchman's License (ein bestimmter Bootsführerschein – d. Übers.). Segelerfahrung insgesamt 35 Jahre, davon zwei Jahre Hochsee. Marie L. Rimmer: 25 Jahre Bootssport, drei Jahre Küstensegeln. James M. Anderson: fünf Jahre Bootssport.

Ramtha

In Australien registrierter 11,6 m langer sloopgetakelter Katamaran, Entwurf von Roger Simpson. UKW- und GW/KW-Funkgerät, Fünfpersonen-Rettungsinsel, 3,05 m langes festes Kunststoffbeiboot und 121,5/243-MHz-EPIRB.

Besatzung/Erfahrung: William Forbes (Skipper) und seine Frau Robyn. Fünf Jahre Fahrtensegeln an der Küste von Südost-Queensland. Eine Reise von Australien nach Neuseeland über Neukaledonien und 20 Monate Segeln zwischen Whangaroa und Tauranga.

Silver Shadow

In Neuseeland registrierte 12,8 m lange Renn-/Fahrtensloop aus formverleimtem Holz, entworfen von Peter Craddock. UKW- und GW/KW-Funkgeräte, Wetterfax, GPS, Radar, Rettungsinsel für sechs Personen, zwei 121,5/243-MHz-EPIRB-Funkbojen.

Besatzung/Erfahrung: Peter O'Neil (Skipper): große Hochseeerfahrung, 20 Jahre Regatta- und Fahrtensegeln einschließlich Überquerung der Tasmansee und Reisen zu den Südseeinseln. Murray O'Neil: reichhaltige Segelerfahrung, internationaler Repräsentant des neuseeländischen Hochseeregattasports. John McSherry: gehörte bei Hochseeregatten während der vorhergehenden drei Jahre zur Besatzung der SILVER SHADOW. Überführungstörns. Richard Jackson: reichhaltige Segelerfahrung einschließlich vieler Hochseeregatten und Überführungsfahrten.

SOFIA

In Neuseeland registrierter, von William Atkin konstruierter 9,75 m langer Spitzgattkutter vom Typ Thistle[2], UKW- und GW/KW-Funkgerät, Vierpersonen-Rettungsinsel, 121,5/243 MHz-EPIRB.

Besatzung/Erfahrung: Keith Lewis Levy (Skipper): drei Hochseefahrten und Küstensegeln. Ursula Schmidt: begrenzte Erfahrung (Küste).

WAIKIWI II

Registriert in Neuseeland. 13,4 m lange Sloop, konstruiert von Les Rolfe. UKW- und GW/KW-Funkgerät, eine Achtpersonen-Rettungsinsel, eine Vierpersonen-Rettungsinsel, eine 121,5/406-MHz-EPIRB- und eine 121,5/243-MHz-EPIRB-Boje.

Besatzung/Erfahrung: John Hilhorst (Skipper): Segelscheine für Küste und Hochsee (Yachtmaster's Certificates, Coastal und Ocean), Commercial Launchmaster Certificate (ein gewerblicher Bootsführerschein – d. Übers.). Reichhaltige Segelerfahrung an der Küste. Catherine Gilmour: Scheine – Yachtmaster Coastal Certificate und Boatmaster Certificate. Etwas Segelerfahrung (Küste). Geoffrey Spearpoint: Boatmaster Certificate. Etwas Erfahrung als Mitsegler. Merve Bigden: Boatmaster Certificate. Segelerfahrung in geschützten Gewässern. Shirley Bigden: Watchleader- (Wachführer-) und Boatmaster-Scheine der Royal Yachting Association, Erfahrung auf Ozeanreisen.

---

1 Anm. d. Übers.: UTC = Universal Time Coordinated, koordinierte Weltzeit, entspricht praktisch der Weltzeit 1 (UT 1) und der mittleren Greenwichzeit (MGZ)

2 Anm. d. Übers.: Gleiche Größe und Rumpflinien wie der Typ Westsail 32. Der Typ Thistle ist praktisch die aus Holz gebaute Vorgängerin der Westsail 32.

Bericht der neuseeländischen Schiffssicherheitsbehörde

Neuseelands Schiffssicherheitsbehörde (Maritime Safety Authority), die für die Sicherheit auf See zuständig ist, untersuchte die dramatischen Ereignisse, die sich in der ersten Juniwoche 1994 im Südpazifik abspielten. Es folgen Auszüge aus dem Bericht:

Die Heftigkeit des „Queen's-Birthday-Sturms" war nicht vorhersehbar gewesen, und die Yachten konnten wenig ausrichten, als sie erst einmal in sein Wüten hineingeraten waren. Auch hier muß wieder betont werden, wie wichtig es ist, umfassend auf alles vorbereitet zu sein, was eintreten kann. Auf einer der in Not geratenen Yachten fehlte wichtige Seenotausrüstung, das Boot wurde rein zufällig gefunden.

Besonders bemerkenswert ist die Rolle der EPIRB-Funkbojen und auch der Funkgeräte. Der Wert der EPIRB-Bojen, die aus der „Such- und Rettungsaktion eine reine Rettungsaktion machen", weil sich der Ort des Seenotfalls genau bestimmen läßt, ist nicht zu unterschätzen. Über Funk erhielten viele Bootsbesatzungen während jener qualvollen Tage auf See sowohl praktische als auch seelische Unterstützung.

Auch die Rolle der SAR-Teams, der Flugzeug- und Schiffsbesatzungen, die den Yachten bereitwillig zur Hilfe kamen, und das zweifellos unter großer Gefahr für sich selbst, wird dankbar gewürdigt.

Dieses Drama hat sich den Überlebenden wie den Familien und Freunden der auf See Gebliebenen unauslöschlich eingeprägt. Die See kennt keine Freunde, erst recht schont sie niemanden. Auf das Schlimmste vorbereitet zu sein, bleibt die beste Vorsichtsmaßnahme.

Wetter

Der neuseeländische Wetterdienst ist von einigen dafür kritisiert worden, daß er die Yachten in der Südsee, besonders nördlich von Neuseeland bis hinauf zu den Fidschi- und Tonga-Inseln, nicht früh genug vor dem Sturm gewarnt hat.

Das Sturmzentrum war auf den Satellitenbildern schwer zu bestimmen. Nach den Angaben in den Sturmwarnungen zu urteilen, gingen Nadi (Fidschi) und Wellington (Neuseeland) von unterschiedlichen Positionen des Zentrums aus.

Nadi ist für Warnungen verantwortlich, wenn ein Sturmzentrum nördlich von 25°S liegt, Wellington ist für das Gebiet südlich von 25° zuständig. Jedes der beiden Wetterämter ist verpflichtet, Winde von Sturmstärke und darüber anzugeben, die sich auf beide Gebiete auswirken. Nadi hat das auf jeden Fall getan. Es ist auch üblich, daß die Meteorologen in Wellington warnen, wenn im Gebiet südlich des 25. Breitengrades mit Starkwind oder Sturm zu rechnen ist, obwohl das Sturmzentrum noch im Vorhersagegebiet von Nadi liegt. In diesem Fall hat man auch das getan.

Das subtropische Seegebiet reicht zwischen 25° und 40°S von der australischen Küste bis 170°W. Zweimal täglich, ungefähr um 0800 Uhr und um 2000 Uhr Ortszeit (NZST) werden Vorhersagen ausgegeben. Die Küstenfunkstelle Auckland verbreitet die Meldungen um 2230 Uhr bzw. 0830 Uhr. Außerdem sendet die Küstenfunkstelle Taupo Maritime Berichte täglich um 0903 Uhr und 2033 Uhr UTC.

Das Feld von Yachten wurde von einer tropischen Depression, einem Tief, überfallen, nicht von einem tropischen Zyklon oder Wirbelsturm. Dieses Tief begann sich am 3. Juni in der Nähe der Fidschi-Inseln zu bilden. Als es nach Süden zog, vertiefte es sich rasch: Der Druck fiel in 24 Stunden um mehr als 10 hPa (nach einigen Beobachtungen 15 hPa – der Herausgeber). Sobald das Tiefdruckgebiet sich in Bewegung gesetzt hatte, zog es sehr kalte Luft nach, die eine Antizyklone (Hochdruckgebiet) über Neuseeland weit aus dem Süden herangeholt hatte.

Wenn Kaltluft auf Warmluft trifft, bildet sich eine Konvergenzzone, an der entlang der Luftdruck am Boden manchmal sehr schnell absinken kann. Der hohe Druck im Süden bewirkte, daß das Tief eine Art „Knautschzone" ausbildete, was zu sehr starkem Wind in seinem südlichen Sektor führte. Diese raschen Entwicklungen machten es den Yachten unmöglich, der Sturmbahn auszuweichen.

Bemerkenswert ist, daß alle Yachten, die in Schwierigkeiten kamen, außer RAMTHA und MARY T, in der Südhälfte des Sturms standen.

Rettungsgeräte und Sicherheitsausrüstung

Alle neuseeländischen Yachten müssen für Hochseetörns die Sicherheitsanforderungen der Kategorie I der New Zealand Yachting Federation – NZYF erfüllen. Diese verlangen:

„... Yachten müssen über längere Zeiträume völlig autark sein, schwere Stürme abwettern können und darauf vorbereitet sein, ernste Notfälle ohne Hoffnung auf fremde Hilfe zu bewältigen."

Die Yachten dieser Kategorie wurden durch je zwei ehrenamtliche, vom NZYF anerkannte Yachtbesichtiger inspiziert.

Die Besichtigung besteht aus einer gründlichen und ins einzelne gehenden Kontrolle von Rumpf, Takelage, Sicherheits- und Notausrüstung, Proviant, Wasser und Bordapotheke. Die Stabilität des Bootes und seine Eignung für Hochseeregatten werden ebenso geprüft wie die Ausbildung und Erfahrung von Bootsführer und Besatzung.

Es war dafür gesorgt, daß diese Besichtigungen gründlich und zuverlässig durchgeführt wurden, und es gab weder Beweise noch Anhaltspunkte, daß das nicht der Fall war.

Bei den Yachten, die an der Tonga-Regatta teilnahmen (SILVER SHADOW, QUARTERMASTER, WAIKIWI II UND RAMTHA) wurde besonders auf die Sicherheit von Schiff und Besatzung geachtet.

Die Veranstalter organisierten vor dem Auslaufen der Boote ein ganztägiges „Vorbereitungsseminar" und ein ganztägiges „Blauwasser-Sicherheitsseminar". Das letztgenannte befaßte sich mit allen Sicherheitsaspekten des Ozeansegelns, Schwerwettersegeln, Erste Hilfe, Technik an Bord und allgemeinen Vorbereitungsthemen. Regelmäßige Rundbriefe gaben Beratung und Vorschläge, wie und wo Skipper und Mitsegler weitere Beratung und Fortbildung erhalten konnten.

Die „City of Sails Maritime School" (und ähnliche Einrichtungen) boten eine ausgezeichnete Ausbildung im Hochseesegeln, z. B.: Astronomische Navigation, Medizin, Theorie und Praxis von GPS, Wetterkunde und allgemeine Sicherheitsmaßnahmen auf See. Diese Veranstaltungen standen allen Regattateilnehmern offen.

Die Bescheinigung der Kategorie I ist für neuseeländische Yachten vorgeschrieben und war auch bei diesem Rennen Pflicht.

Es gab zwar eine offizielle Startzeit, wann die Boote aber wirklich ausliefen, stand im Belieben der Skipper, und die Regattaregeln legten regelmäßige Funkkontakte fest – zweimal täglich.

Was die anderen Boote betrifft, die in das schwere Wetter gerieten, so war zwar den neuseeländischen Yachten die Überprüfung nach Kategorie I vorgeschrieben. Alle anderen beteiligten Boote jedoch (DESTINY, HEART LIGHT, PILOT und MARY T) waren als ausländische Schiffe dazu nicht verpflichtet.

Dennoch schienen sie alle gut ausgerüstet zu sein, ausgenommen die PILOT, die keine Rettungsinsel, keine EPIRB-Boje und kein Funkgerät hatte, abgesehen von einem defekten Handsprechfunkgerät.

Wenn die PILOT allein unterwegs gewesen wäre und nicht zusammen mit einer großen Flotte von Yachten, wäre das Boot wohl kaum gefunden worden. Ausgehend von den Angaben im „Zehnminutenfragebogen" (einer Erklärung über Boot, Besatzung, Erfahrung, Ausrüstung, Angehörige und Reiseziel), die alle Boote, die Neuseeland verlassen, ausfüllen sollen, hätte die Suche frühestens nach der geschätzten Ankunftszeit begonnen, die für Tongtapu oder Vava'u mit 15. Juni angegeben war. Dabei ist schon unterstellt, daß irgend jemand auf die PILOT-Crew gewartet hätte, was sich aber aus ihrem Formular nicht ergab. Die SAR-Mannschaften hätten dann vor ungeheuren Problemen gestanden, weil die letzte bekannte Position der Yacht ihr Abgangsort in Neuseeland gewesen wäre. Das Flugzeug fand die Yacht nur mit Glück, denn sie erzeugte kein Radarecho. Die PILOT wurde nur entdeckt, weil das Flugzeug auf der Suche nach einer anderen Yacht war.

Rettungsinseln

Rettungsinseln sind für jedes Schiff ein wichtiger Bestandteil der Sicherheitsausrüstung. Vier der in Schwierigkeiten geratenen Yachten aber verloren ihre Rettungsinseln bei einer Durchkenterung. Das hieß, daß die Segler keine Alternative hatten, als an Bord zu bleiben, bis Rettung möglich wurde.

Einer der geretteten Skipper gab an, daß er bei dem herrschenden Wetter nur sehr ungern in die Rettungsinsel gegangen wäre, es sei denn, sein Schiff wäre ihm unter den Füßen weggesackt. Er hatte Angst, daß die Rettungsinsel kentern würde.

Rettungsinsel der QUARTERMASTER. Es liegen zwei Berichte von Fachleuten für Wartung und Pflege von Rettungsinseln vor. Beide Experten, die die Rettungsinsel untersuchten, kamen zu ähnlichen Schlüssen, die hier zusammengefaßt sind: Irgendwann muß die QUARTERMASTER heftig flachgelegt worden oder gekentert sein, wobei der Behälter der Rettungsinsel – vielleicht durch den abgeknickten Mast – zerbrach. (Ein kleines Stück des Behälters hing noch an der Fangleine.) Daher mußte die Besatzung die Rettungsinsel von Hand aufpumpen.

Es ist bekannt, daß die Seenotfunkboje zusammen mit den Resten einer Art Tragetasche in der Rettungsinsel befestigt war. Das deutet darauf hin, daß man beschlossen hatte, das Schiff aufzugeben. Über den Grund kann man nur Mutmaßungen im Hinblick auf die damaligen Wetterbedingungen anstellen. Es kann durchaus sein, daß die Yacht so schwer beschädigt war, daß den Seglern nur noch übrigblieb, in die Rettungsinsel zu gehen.

Untersuchungen nach der Bergung der Insel ergaben eindeutig, daß die Besatzung irgendwann an Bord gewesen war. Die Einstiegsöffnung war verschlossen worden, die Einstiegsleiter war heruntergelassen und die Ausguckklappe zu der inneren Halteleine heruntergebunden. Es ist nur eine Mutmaßung, aber es scheint, daß die Insassen später aus dem Rettungsfloß herausgewaschen wurden und ertranken.

Schlußfolgerungen und Empfehlungen

Vor dem Verlassen Neuseelands müssen sich alle in Neuseeland registrierten Yachten einer Besichtigung nach Kategorie I durch ehrenamtliche Yachtbesichtiger unterziehen. Dadurch soll sichergestellt werden, daß das Schiff, die Ausrüstung und die Fähigkeiten der Besatzung auf dem erforderlichen Stand sind.

Für ausländische Yachten ist diese Vorsorgemaßnahme nicht Pflicht, aber es sollte ernsthaft überlegt werden, sie vorzuschreiben. (Einige Zeit nach diesem Bericht hat Neuseeland umstrittene Pflichtinspektionen für auslaufende ausländische Yachten eingeführt. Siehe „Neuseeländische Seesicherheitsbestimmungen" – der Herausgeber.)

Das Zehnminutenformular

Yachten, die Neuseeland verlassen, müssen ein sogenanntes „Zehnminutenformular" ausfüllen. Er enthält einen wesentlichen Teil der Informationen, die dem Seerettungsdienst vorliegen, wenn eine SAR-Aktion notwendig wird. Yachtskipper sollten sich deshalb genügend Zeit nehmen, das Formular auszufüllen, damit der Rettungsdienst bei seinen Aktionen genügend Einzelangaben hat.

Man sollte auch daran denken, die Erklärung durch Angaben über das Baumaterial des Bootes, z.B. GFK, Stahl usw., zu ergänzen. Diese Angaben wären im Falle einer Radarsuche nützlich für die Helfer.

Auch schrieben einige Bootsführer bei der Frage nach der Seenotausrüstung nur: „Geprüft nach Anforderungen der Kategorie I." Es müssen aber genaue Einzelheiten angegeben werden, besonders zu Anzahl, Art und Farbe der Signalfackeln und Leuchtraketen.

Schließlich würden genaue Angaben zu den Angehörigen einschließlich ihrer Anschriften und Telefonnummern den Behörden dabei helfen, Angehörige schnell zu benachrichtigen, bevor die Medien Informationen verbreiten.

Seeanker/Lenzsäcke

Es sollte überlegt werden, die Anforderungen der Kategorie I dahin zu ergänzen, daß Yachten einen Treibanker oder Lenzsack angemessener Größe mitführen sollen. Z. Zt. fehlt eine solche Bestimmung.

Beiliegen

Die beste Methode zum Beidrehen ist für jedes Schiff anders, so daß es schwierig ist, starre Leitlinien festzulegen. Dennoch ist es unabdingbar, daß alle Yachtskipper, bevor sie über See gehen, wissen, wie ihr eigenes Fahrzeug am günstigsten beidreht, um besser auf der See beizuliegen.

Ausrüstungssicherheit

Zweifellos war der Sturm, in den die Yachten gerieten, äußerst heftig, der Seegang grob und wirr, was dazu führte, daß viele Yachten durchkenterten. Alle Besatzungen, deren Boote durchkenterten, berichteten, daß Ausrüstungsteile in der Kajüte herumflogen. Es ist unabdingbar, daß alle Schränke einen zweiten Verschluß haben und daß offene Fächer mit Schutzkleidern ähnlich Kojensegeln verschlossen werden. Deckel, die sich nach oben öffnen, müssen Drehknopfverschlüsse haben, Bodenbretter müssen befestigt, Kocher und schwere Gegenstände gesichert sein. Sonst können Medikamente und Verbandszeug, Rettungsmittel wie Stablampen und Signalfackeln beschädigt werden oder verlorengehen und die Menschen ernsthaft verletzt werden.

Zwar kann es einem das Gefühl der „Sicherheit in der Menge" geben, wenn man mit mehreren Yachten etwa zur gleichen Zeit zu einer Hochseereise aufbricht, das ändert aber nichts daran, daß jede Yachtbesatzung auf sich allein gestellt ist, wenn erst einmal etwas schiefgeht.

Fahrtenyachten gehen oft mit nur zweiköpfiger Besatzung auf See, z.B. Mann und Frau. Dann ist möglicherweise nur eine Person befähigt, das Schiff zu führen, und grobes Wetter, Erschöpfung oder Verletzungen können das Vorhaben gefährden. Die Skipper sollten bei der Reise zu den Südseeinseln darauf achten, eine geeignete Besatzung an Bord zu haben. Es genügt nicht zu sagen: „Ich habe die Überfahrt schon oft ohne Schwierigkeiten gemacht, mir kann nichts passieren."

Der erlebte Sturm war außergewöhnlich, aber auch früher hat es Yachten schon schlimm erwischt. 1983 gerieten mehrere Yachten in Schwierigkeiten, als sie im Anschluß an das Hochseerennen von Auckland nach Suva (Fidschi) nach Neuseeland zurückkehrten. Dabei gingen die LIONHEART mit siebenköpfiger Besatzung sowie eine weitere Yacht und ein Segler verloren. Diese Tragödie spielte sich 1983 sogar zur selben Zeit des Jahres ab, vom 4. bis 7. Juni.

Selbststeuerung

Segler sollten die Probleme kennen, die mit der Benutzung eines Autopiloten oder einer Wind-Selbststeueranlage bei schwerstem Wetter verbunden sind. Keine automatische Steuerung kann ein kleines Schiff bei heftigem Wind in grober, durcheinanderlaufender See genau genug und sicher steuern. Jeder Führer einer Yacht sollte darauf achten, daß sein Schiff ausreichend bemannt ist, so daß auch bei längerem Schlechtwetter durchgehend von Hand gesteuert werden kann.

Rettungsinseln

Rettungsinseln sind wirklich die letzte Rettung, wenn ein Schiff sinkt. Es ist deshalb wichtig, daß die Segler wissen, wie man sie handhabt. Viele Skipper und erst recht Mitsegler haben von ihrer Rettungsinsel noch nie etwas anderes als den verschlossenen Behälter gesehen. Es wird vorgeschlagen, daß Kurse für Segler durchgeführt werden, um sie mit Rettungsinseln vertraut zu machen.

Betont werden muß, wie wichtig es ist, daß die Rettungsinsel die richtige Größe für die Besatzungsstärke hat. Die Hersteller und die Zulassungsbehörden haben umfangreiche Untersuchungen angestellt, bei denen es um Auftrieb, Ballast, Zusammensetzung der Besatzung, gegenseitigen Halt und Verringerung der Auskühlung in einer Rettungsinsel der passenden Größe ging.

Acht Personen wären in der Rettungsinsel der QUARTERMASTER dicht gedrängt gewesen. Nur drei Personen in der Achtmanninsel aber waren zu wenig Ballast. Die Rettungsinsel war dadurch leichter als vorgesehen. Weniger Insassen, das bedeutet gleichzeitig, daß die Schiffbrüchigen in der Rettungsinsel herumgeworfen werden und damit die richtige Gewichtsverteilung und das Gleichgewicht gefährdet sind.

Neuseeländische Seesicherheitsbestimmungen

Nach dem Sturm erließ die Regierung Neuseelands Bestimmungen, die Anforderungen an einheimische und ausländische Boote stellen, die von Neuseeland aus in See gehen. Die Neuregelung war bei den ausländischen Fahrtenseglern sehr umstritten. Sie hielten diese für eine Überreaktion der neuseeländischen Schiffssicherheitsbehörde auf den Junisturm.

Obwohl die Vorschriften nach dem Sturm in Kraft traten, hatten sie in Wirklichkeit wenig damit zu tun, denn sie standen schon 1993, also lange vor dem Sturm, im ersten Entwurf des Verkehrsreformgesetzes (Transport Reform Bill). Sie sollten die Anforderungen des Neuseeländischen Segelverbandes an Hochseerennyachten ersetzen.

Die neue Regelung verlangt von allen Yachten, die Neuseeland verlassen, mindestens Folgendes:

Sicherheitsausrüstung

- Funktionsfähige EPIRB-Funkboje
- Rettungswesten in gutem Zustand, passend für alle an Bord
- mindestens zwei geeignete Sicherheitsgurte
- ein Sprechfunkgerät (mindestens UKW) mit Notruffunktion
- geeignetes Rettungsmittel, das im Notfall die Besatzung trägt (z.B. Rettungsinsel, Rettungsboot)
- Verbandskasten und Bordapotheke
- geeignete Seenotraketen
- geeignete Bilgepumpen
- genügend Trinkwasser
- ausreichende Feuerlöscher
- geeignete Ankereinrichtung
- geeignete Navigationsgeräte
- die wichtigsten Werkzeuge und Ersatzteile.

Die Besichtiger erheben eine Gebühr und können die Ausstellung des Zertifikats auch ablehnen, wenn andere Ausrüstungsteile oder der Zustand des Schiffs mangelhaft sind und die Sicherheit von Schiff und Besatzung gefährden könnten.

Aufgrund der Einwände ausländischer Besucher Neuseelands wurden diese Bestimmungen im Juli 1995 überprüft.

Würdigungen

Die Retter erhielten beträchtliche Anerkennungen für ihre Bemühungen. Unter denen, die ihnen Hochachtung erwiesen, war auch William S. Cohen, der republikanische Senator des U.S.-Bundesstaates Maine, der am 21. 7. 1994 im amerikanischen Senat erklärte:

„Frau Präsidentin,
jedes Jahr besuchen Hunderte amerikanischer Bürger die Gewässer Neuseelands an Bord von Yachten, um die Wirbelsturmzeit im Südpazifik zu meiden. Die Neuseeländer wiederum lassen Seereisenden aus aller Herren Länder großzügig Wachsamkeit und Schutz zuteil werden. Das zeigte sich, als zwei Bürger von Maine in einen heftigen, todbringenden Südpazifiksturm gerieten.
Barbara Parks und Greg Forbes aus South Harpswell waren in der ersten Juniwoche 1994 auf dem Südpazifik von Neuseeland zu den Tonga-Inseln unterwegs. Obwohl die Wetterberichte anfangs gutes Segelwetter verhießen, lief die Yacht der beiden plötzlich in ein tropisches Tief mit Windgeschwindigkeiten von über 103 Meilen in der Stunde hinein. Obwohl Greg und Barbara erfahrene Segler waren, die mit schlechtem Wetter umgehen konnten, konnten sie gegen diesen heimtückischen Sturm wenig ausrichten.*
Als die Zeit verging und der Sturm zunahm, wurde die Yacht allmählich übel zugerichtet. Greg litt zu diesem Zeitpunkt an einer beginnenden Unterkühlung und wurde schwächer. Glücklicherweise führte die Königlich Neuseeländische Luftwaffe inzwischen eine Such- und Rettungsaktion durch. Als der Sturm ein wenig nachzulassen begann, bemerkte Barbara ein Orion-P3-Flugzeug, das die Yacht überflog. Sie schoß zwei Fallschirm-Leuchtraketen in den Himmel, aber die Orion-Besatzung bemerkte sie nicht. Dann leuchtete Barbara mit einem Suchscheinwerfer, den die Flieger sahen. Besatzungsmitglieder des Flugzeugs nahmen Verbindung mit der neuseeländischen Marine auf und informierten sie über den Standort der havarierten Yacht. Während die Marine auf dem Weg war, um Barbara und Greg zu retten, kreiste das Orion-Flugzeug über der Yacht, um das Boot nicht aus den Augen zu verlieren. Schließlich fand das Marineschiff die Yacht, und Barbara und Greg wurden an Bord genommen. Dort wurden sie verpflegt und medizinisch versorgt.
Frau Präsidentin, sowohl Greg als auch Barbara sind der neuseeländischen Luftwaffe und Marine äußerst dankbar für die Rettung bei einem Segeltörn, der fast tödlich geendet hätte. Ich möchte diesen heldenhaften Männern und Frauen, die den beiden das Leben retteten, meine Hochachtung aussprechen und erklären, wie sehr ich ihren selbstlosen Einsatz für andere zu schätzen weiß."

*

Auch Königin Elizabeth II. würdigte die Leistungen der Militärangehörigen. Hauptmann Bruce Craies erhielt die höchste Auszeichnung, das Air Force Cross, Major Mike Yardley erhielt eine Belobigung der Königin für wertvolle fliegerische Dienste.

Die Königin würdigte auch die Arbeit von Jon und Maureen Cullen, die während des ganzen Sturms selbstlos arbeiteten und den ums Überleben kämpfenden Menschen Rat und Trost spendeten. Beide erhielten königliche Verdienstorden. Die Neuseeländische Marine sprach dem Hauptgefreiten Abraham Whata, dem Obergefreiten Linton Hemopo und dem Sanitätshauptgefreiten Michael Wiig höchste Belobigungen (Maritime Commander's Commendations) aus für ihre Tapferkeit bei der Rettung der Segler von der SILVER SHADOW und der PILOT.

Die Belobigung für den Hauptgefreiten Whata lautet:
„Als Bootsführer eines Festrumpfschlauchbootes leistete der Hauptgefreite Whata bei äußerst grober See und heftigem Wind einen wichtigen Beitrag zu der verbundenen SAR-Aktion. Er manövrierte das Boot beim Abbergen der Schiffbrüchigen. Hauptgefreiter Whata zeigte außerordentliche seemännische Fähigkeiten und führte die Besatzung des Schlauchbootes mit beispielhafter Ruhe. Am Ende konnte das Boot mit der gesamten Besatzung sicher wieder an Bord genommen werden, obwohl die Bootsbesatzung oftmals in erheblicher Gefahr war.
Aus einer Gemeinschaftsleistung mit dem Ziel der Rettung von Menschenleben ragt die mutige Pflichterfüllung des Hauptgefreiten Whata heraus. Sein Einsatz und sein berufliches Können unter äußerst schwierigen Umständen sind ein ausgezeichnetes Vorbild für alle."

In der Belobigung für den Obergefreiten Hemopo stellt das Flottenkommando fest:
„... (Er) leistete einen wichtigen Beitrag zur Sicherheit des Festrumpfschlauchbootes und trug dazu bei, daß die Besatzungen der beiden Yachten PILOT *und* SILVER SHADOW *unter den herrschenden äußerst schwierigen Bedingungen in Sicherheit gebracht werden konnten. Die Schlauchbootbesatzung geriet mehrmals in erhebliche Gefahr.*
Aus einer Gemeinschaftsleistung mit dem Ziel der Rettung von Menschenleben ragt Obergefreiter Hemopo durch sein Pflichtbewußtsein, seine Sorgfalt und besonnene Pflichterfüllung heraus. Seine selbstlosen Leistungen sind ein ausgezeichnetes Vorbild für uns alle."

Über den Sanitätshauptgefreiten Wiig sagt das Flottenkommando:

„... (Er) ging an Bord der Yacht (SILVER SHADOW), *die im schweren Seegang heftig arbeitete, und versorgte Mr. O'Neil medizinisch. Der Sanitätshauptgefreite Wiig band ihn dann auf eine Trage und unterstützte das Rettungskommando und die übrige Besatzung dabei, den Verletzten wohlbehalten an Bord des Schlauchbootes zu schaffen.*

Das Boot kehrte dann zum Mutterschiff zurück, wo Mr. O'Neil mit Hilfe eines Davits sicher an Bord von HMNZS MONOWAI *genommen wurde. Auch dabei war der Sanitätshauptgefreite Wiig wieder maßgeblich beteiligt.*

Während des Rettungseinsatzes leistete Wiig weit mehr als das im normalen Dienstbetrieb von ihm Erwartete. Sein Handeln zeigte beispielhaft Mut und Selbstlosigkeit unter schwierigsten Bedingungen."

Fregattenkapitän Larry Robbins von der MONOWAI erhielt von Königin Elizabeth II. den Orden des Britischen Empire. Vorher waren er und seine Besatzung vom Oberbefehlshaber der Marine mit folgender Belobigung ausgezeichnet worden:

„Im Zeitraum vom 4. bis 7. Juni 1994 wurde im Südpazifik in dem Seegebiet um 25 °S 178 °E herum eine großangelegte Such- und Rettungsaktion durchgeführt. Dabei ging es um 11 Schiffe in Seenot und die Rettung von 21 Menschen bei Winden von Sturmstärke.

HMNZS MONOWAI *stand in der Nähe des Suchgebietes, als der erste Notruf einging. Das Schiff änderte daher den Kurs, um drei Yachten Hilfe zu leisten und acht Menschen zu retten.*

Die schwierigste Rettung wurde bei 10 m hohem Seegang mit Windgeschwindigkeiten bis zu 70 Knoten geleistet. Dabei schlingerte das Schiff 35 °.

Die äußerst gekonnte Art, in der diese Rettungsmanöver trotz höchst unangenehmer und oft gefährlicher Umstände bewältigt wurden, spiegelt die besten Traditionen der Streitkräfte wider. Kommandant, Offiziere und Mannschaften des Schiffs haben unter schwierigsten Bedingungen Hervorragendes geleistet.

Was die MONOWAI *während der SAR-Operation vollbracht hat, hat der Königlich neuseeländischen Marine hohes Ansehen eingetragen, wofür der Kommandant, die Offiziere und Mannschaften belobigt werden.*

Gut gemacht."

---

* Anm. d. Übers.: mph = miles per hour, hier sind Landmeilen (statute miles) zu 1,609 km gemeint. Das entspricht so angegeben 90 Knoten.